颜笑 高伟 何俊宏 秋叶 著

教师助手 ②

巧用 DeepSeek 高效工作

北京大学出版社
PEKING UNIVERSITY PRESS

内容提要

本书聚焦AI技术在教育场景的深度应用，系统阐释如何通过DeepSeek等智能工具重塑教师工作范式。全书涵盖行政办公、学生管理、党团建设、心理健康、网络思政等核心场景，提供公文撰写、课件制作、数据分析、危机预案生成等实操方案，助力教师从事务性工作中解放，实现"人机协同"的精细化育人。同时，探讨AI赋能下的教育公平路径，强调技术工具与人文关怀的平衡，引导教育者在效率提升中坚守育人初心，为新时代学生工作提供兼具实用性与前瞻性的解决方案。

图书在版编目(CIP)数据

教师助手.2，巧用DeepSeek高效工作 / 颜笑等著. 北京：北京大学出版社，2025.7. -- ISBN 978-7-301-36263-1

Ⅰ.G434

中国国家版本馆CIP数据核字第2025C8W061号

书　　　名	教师助手2：巧用DeepSeek高效工作 JIAOSHI ZHUSHOU 2: QIAOYONG DeepSeek GAOXIAO GONGZUO
著作责任者	颜笑　高伟　何俊宏　秋叶　著
责任编辑	刘云　姜宝雪
标准书号	ISBN 978-7-301-36263-1
出版发行	北京大学出版社
地　　　址	北京市海淀区成府路205号　100871
网　　　址	http://www.pup.cn　新浪微博：@北京大学出版社
电子邮箱	编辑部 pup7@pup.cn　总编室 zpup@pup.cn
电　　　话	邮购部 010-62752015　发行部 010-62750672　编辑部 010-62570390
印　刷　者	北京宏伟双华印刷有限公司
经　销　者	新华书店
	880毫米×1230毫米　32开本　9.25印张　266千字 2025年7月第1版　2025年7月第1次印刷
印　　　数	1-6000册
定　　　价	79.00元

未经许可，不得以任何方式复制或抄袭本书之部分或全部内容。
版权所有，侵权必究
举报电话：010-62752024　电子邮箱：fd@pup.cn
图书如有印装质量问题，请与出版部联系，电话：010-62756370

前言
Preface

科技的浪潮正重塑着每个行业的边界，教育领域的学生工作也迎来了崭新的蜕变。当教师们仍在为繁杂的事务性工作熬夜奋战时，AI工具已悄然推开办公室的门，成为教师案头最智慧的伙伴。

一、一场静默的效能革命

过去，教师的工作常被淹没在通知起草、活动策划、数据统计的海洋中。而今，AI工具只需数秒便能生成精准的公文框架，AI工具五分钟内即可完成往年需数小时设计的主题班会方案。从心理普查数据的可视化分析到个性化职业路径的智能规划，从即时生成危机事件汇报文本到自动润色思政网文，AI工具正将教师从重复劳动中解放，让教育工作者回归育人的本质。

二、从"单兵作战"到"人机协同"新范式

AI工具绝非替代教师的冰冷机器，而是重塑教育智慧的催化剂。在党团建设中，AI工具能快速生成迎新海报与军训视频脚本，但活动背后的育人理念仍需教师精心雕琢；在心理辅导时，AI工具可分析谈话记录提炼关键点，而情感共鸣与价值引导始终是人类独有的天赋。这种"AI处理事务，教师专注育人"的双轨模式，正在重新定义学生工作的内涵。

三、全场景赋能，让教育精准触达

AI工具的多模态能力正在突破传统工作的维度，具体体现在以下几点。

- **数据洞察**：通过学业预警系统捕捉学风动态，用智能算法绘制班级成长图谱。
- **创意迸发**：自动生成五四青年节宣传视频，让思想政治教育插上数字艺术的翅膀。
- **精准服务**：为每个学生定制职业发展方案，使就业指导从

群体覆盖走向个体适配。

- **危机应对**：实时生成突发事件处理预案，将经验判断与数据推演深度融合。

当AI渗透到谈心谈话、就业指导、舆情管理等多个核心场景，教育工作者终能突破时间与精力的桎梏，实现从"粗放管理"到"精耕细作"的跨越。

四、教育公平的新举措

AI工具有望缓解教育资源分配的不均衡：偏远地区的教师可通过智能工具获得与名校比肩的活动设计方案；新手教师借助AI工具可快速掌握资深教师的数据处理经验；个性化学习推荐系统让每个学生都能获得量身定制的成长路径。因此，AI技术不是制造鸿沟的利刃，而是跨越差距的桥梁。

五、在敬畏中拥抱未来

AI技术的深度应用也带来新的思考：如何避免技术依赖削弱教育工作者的人文感知？怎样在数据采集与隐私保护间寻求平衡？是否会让程序化应答替代心灵的温度？这些挑战恰是教育进化的契机，要求我们始终将AI技术作为延伸教育理想的工具，而非定义教育本质的主宰。

本书既是AI工具的实战手册，也是一场关于教育工作者角色重塑的思辨。它不提供标准答案，而是邀请所有一线教师，共同探索"人机协同"的黄金分割点，在AI技术赋能中守护教育的初心。

本书将以DeepSeek为主、其他AI工具为辅阐述教师如何在日常工作中运用AI工具来提高工作效率，激发教育新思维。

让我们以AI工具为舟，以育人为楫，驶向学生工作的新蓝海。此刻，未来已来。

温馨提示：本书提供的附赠资源，读者可以通过扫右侧二维码，关注"博雅读书社"微信公众号，输入本书77页的资源下载码，根据提示获取。或扫码关注"秋叶AI校园"，回复关键词"教师助手2"，也可领取相应资源。

博雅读书社　　秋叶AI校园

第1章 你的超级智能助手上线了 ... 001

1.1 AI大模型的工作逻辑 …………………………002
1.2 AI技术如何改变教师的工作 …………………003
1.3 如何向AI工具提出好问题……………………006

第2章 教师要掌握的 AI基础工具 ... 019

2.1 通用语言大模型 ………………………………019
2.2 视频类AI工具 …………………………………022
2.3 图片处理类AI工具 ……………………………024
2.4 数据分析类AI工具 ……………………………025
2.5 公文写作类AI工具 ……………………………027

第3章 掌握DeepSeek高阶用法 ... 029

3.1 DeepSeek的核心竞争力 ………………………029
3.2 如何使用DeepSeek批量解读文档 ……………030
3.3 如何使用DeepSeek做出精美图片 ……………031

3.4　如何使用DeepSeek高效制作课件 ·· 034
3.5　如何使用DeepSeek 制作教学视频 ·· 038
3.6　如何使用DeepSeek生成图表 ·· 041
3.7　如何使用DeepSeek处理表格并生成图表 ······································ 043

第4章　巧用DeepSeek 高效搞定日常行政办公 ·············· 045

4.1　使用DeepSeek撰写专业介绍 ·· 045
4.2　使用DeepSeek撰写工作总结和计划 ·· 048
4.3　使用DeepSeek撰写行政通知 ·· 052
4.4　使用DeepSeek撰写暑期社会实践汇报 ·· 054
4.5　使用DeepSeek撰写活动策划方案 ·· 060
4.6　使用DeepSeek撰写学生就业计划书 ·· 063

第5章　巧用DeepSeek 优化学生日常事务管理 ·············· 068

5.1　放假通知，DeepSeek助你精准表达 ·· 068
5.2　设计调查问卷，统计学生开学返校情况 ······································ 073
5.3　谈心谈话，快速记录并提炼要点 ·· 078
5.4　起草违纪处理文件不用愁 ·· 088
5.5　通知文件太多记不住？AI工具帮你快速检索要点 ······················ 095

第6章　巧用DeepSeek 做好党团和班级建设 ·················· 103

6.1　智能生成主题班会方案 ·· 103
6.2　迎新海报设计其实很简单 ·· 110

第 7 章 巧用 DeepSeek 做好学风建设 ··· 121

7.1 用数据说话，AI 工具帮你摸清学风"脉搏" ······················· 121
7.2 个性化学习，AI 工具为学生量身定制 ······························126
7.3 学习资源推荐，AI 工具比你还懂学生 ······························132
7.4 打造智能体管家，让 AI 二十四小时在线服务 ·····················135

第 8 章 巧用 DeepSeek 做好学生心理健康与危机事件应对 ················· 147

8.1 解决数据杂乱，AI 工具让心理普查结果清晰可见 ··············147
8.2 不知如何与心理问题学生沟通？AI 工具提供专业建议 ·······152
8.3 害怕面对家长？AI 工具助你站在家长角度思考问题 ··········159
8.4 工作汇报：及时生成汇报文本 ··165
8.5 危机事件处理：录音快速生成会议记录、纪要 ····················169

第 9 章 巧用 DeepSeek 做好网络思政教育 ··· 175

9.1 学生军训视频策划，AI 脚本助手来啦 ······························175
9.2 一分钟快速生成思政教育短视频 ······································181
9.3 文案与配图，AI 工具让五四青年节更燃 ···························187
9.4 网文写作，AI 工具赋能技巧 ···192

6.3 活动新闻稿不用改到天昏地暗 ··115
6.4 为你的班级做纪念视频 ··117

第10章 巧用 DeepSeek 做学生职业规划与就业创业指导 ········· 202

10.1 使用AI工具实现个性化职业测评 ·············· 202
10.2 定制化职业路径规划 ····················· 210
10.3 AI工具智能匹配就业机会 ················· 215
10.4 一键生成就业分析报告，轻松把握毕业生去向 ········ 226

第11章 巧用 DeepSeek 做好科研助手 ························· 236

11.1 文献阅读：AI工具助你高效整合文献资料 ·········· 236
11.2 选题敲定：AI工具助你研究方向快速定位 ·········· 240
11.3 研究框架：AI工具助你完整梳理选题逻辑 ·········· 244
11.4 结构扩充：AI工具助你完整表达写作思路 ·········· 248

第12章 巧用 DeepSeek 助力教师成长与发展 ····················· 260

12.1 高效备课，快速搭建课程框架并提炼课程内容 ········ 260
12.2 作业批改："形势与政策"课程论文给分不用愁 ········ 265
12.3 用AI工具进行邮件沟通，提升效率 ·············· 269
12.4 思政微课大赛PPT，5分钟高效制作 ············· 275
12.5 优秀演讲稿，AI助你脱颖而出 ················ 280
12.6 年终总结，AI帮你高效完成 ················· 283

第1章

你的超级智能助手上线了

假如我有一位超级助理，它能高效处理我生活中的琐碎事务，让我在繁忙的教师工作中稍作喘息，那该有多好？现在，这个愿望的实现已不再遥不可及。

2022年11月，由美国OpenAI研发的聊天机器人ChatGPT首次亮相，其先进的自然语言处理能力迅速吸引了全球目光。目前，ChatGPT已迭代至GPT-4.5版本，不仅整合了DALL·E 3的图像生成功能还具备代码执行能力及丰富的插件生态，成为一个支持文本、图像、数据分析等多模态交互的AI助手。

ChatGPT借助深度学习技术能够从海量的数据中自动学习并提取特征，从而理解和生成自然语言文本，实现与人类的流畅对话。它能够轻松应对多样化的任务，无论是撰写文章、编写代码，还是生成图片、视频，ChatGPT都能出色完成。

此外，全球AI大模型的发展已呈现多元化的格局。例如，中国深度求索（DeepSeek）公司推出的DeepSeek-R1（2025年1月发布），专注于数学推理与复杂逻辑处理，其开源版本在代码生成、金融数据分析等垂直领域展现出了卓越的性能。

看到这里，你可能已经了解这位超级助理了，它并非传统意义上的助手，而是一款基于最新人工智能技术开发的AI大模型。

1.1 AI 大模型的工作逻辑

要想更好地利用 AI 大模型，我们就需要理解 AI 大模型的工作原理。

当我们想知道明天的天气情况时，可能会打开搜索引擎，输入关键词，然后从众多链接中筛选出答案。但如果我们向 AI 大模型提问："我在北京，明天适合穿什么衣服？"它可以直接给出建议："气温 25 摄氏度，有阵雨可能，建议穿短袖并携带雨伞。"这两种工具虽然都能回答问题，但其背后的逻辑却大相径庭——搜索引擎主要是"搬运"已有的信息，而 AI 大模型则是"生成"新的内容。

这种区别就像"查字典"和"问智者"：搜索引擎更像是一部依赖关键词匹配和数据库检索的百科全书；而 AI 大模型则更像是一个"会思考的智者"，通过理解问题、分析知识点并组织语言来生成答案。以 ChatGPT 和 DeepSeek 为代表的 AI 大模型，其核心能力正是基于学习、推理和生成这三大步骤实现的。

1. 学习：从海量数据中汲取知识

AI 大模型的第一步是学习。它们通过分析海量的文本数据（如书籍、文章、对话记录等）来掌握语言的结构、含义和上下文。这个过程类似于人类通过阅读、听讲等方式来积累知识。模型在学习过程中会捕捉到词汇间的关联、句子的语法规则以及不同语境下的表达方式。

以 ChatGPT 为例，它通过学习互联网上的海量文本，掌握了回答问题、生成文章甚至模拟对话的能力。而 DeepSeek 则可能专注于特定领域的数据进行学习，从而在特定任务上展现出更高的专业性。学习的过程为 AI 模型构建了庞大的"知识库"，为后续的推理和生成提供了坚实的基础。

2. 推理：根据用户的输入理解问题并找到解决方案

当用户向 AI 大模型提出问题时，AI 大模型会进入推理阶段。这个阶段的核心是理解用户的意图，并从学习到的知识中提取相关信息。推理过程类似于人类在脑海中快速搜索并筛选答案的过程。

例如，当你问 ChatGPT "如何做一道番茄炒蛋"时，它会分析问题的关键词（"番茄炒蛋"），并从学习到的烹饪知识中提取出制作步骤和注意事项。同样地，DeepSeek 在面对专业问题时，可能会结合特定领域的知识库，提供更精确、更专业的答案。推理能力决定了 AI 模型能否准确地理解问题并找到有效的解决方案。

3. 生成：用自然语言输出结果

AI 大模型需要将推理的结果转化为人类能够理解的自然语言。这一过程并非简单的信息复制，而是要根据上下文和语境，生成流畅、连贯且符合人类表达习惯的文本。

以 ChatGPT 为例，它不仅能回答问题，还能根据对话的上下文调整语气和风格。例如，当你用轻松的语气提问时，它可能会用更幽默的方式回应。而 DeepSeek 在生成内容时，则可能会更注重专业性和准确性，确保输出的信息符合特定领域的要求和标准。生成能力决定了 AI 大模型能否以用户喜欢的方式呈现结果。

总之，AI 大模型的工作逻辑可以总结为三点：学习、推理和生成。无论是 ChatGPT 还是 DeepSeek，它们都遵循这一逻辑框架，只是在不同场景下侧重点不同。理解这三点，有助于更好地掌握 AI 大模型的工作逻辑。

1.2 AI 技术如何改变教师的工作

AI 技术正在深刻变革教师的工作模式，推动其从传统的"事务应对"向"育人创新"转型。这种转变并非简单的技术替代，而是通过 AI 工具、预警系统和数据分析等手段，全面提升教师的工作效率和育人能力。具体而言，AI 技术从以下三个方面重构了教师的工作模式：优化日常事务性工作、强化危机干预能力、提升思政教育精准度。这种转型不仅节省了教师的时间，还使他们能投入更多精力专注于学生的个性化成长与价值引领。

1. AI 技术如何优化教师工作流程

教师的工作长期以来被大量事务性任务占据，如数据统计、文档整理、心理筛查等。这些工作不仅耗时费力，还容易分散教师的注意力，影响对学生的深度辅导。随着教育信息化的推进，AI 技术的引入为解决这一问题提供了新途径。

AI 技术通过自动化工具和数据分析，显著提升了教师的工作效率。表 1-1 展示了 AI 技术在教育领域的实际应用场景。

表1-1 AI技术在教育领域的实际应用场景

AI应用	功能	效果
智慧学工平台	自动生成谈心谈话记录摘要，优化查寝路线，实时捕捉舆情信息	压缩了事务性工作时间，让教师有更多时间投入对学生的深度辅导
智能排班系统	根据学生行为数据（如门禁记录）动态调整查寝频率	确保资源精准投放，提升工作效率，降低人力成本
智能课堂系统	实时监测和分析教师的教学行为、学生的学习行为、教学内容与课堂组织形式	对教师的教态风格、学生的专注度、教学知识点等多维度指标进行量化评估和可视化展示

可以说，AI 技术通过优化工作流程，使教师能够将更多精力投入学生的个性化辅导和思政教育中，实现了从"事务应对"到"育人创新"的转型。未来，随着 AI 技术的进一步发展，教师的工作模式将更加智能化、高效化，为学生的全面发展提供更有力的支持。

2. AI 技术催生的教师能力新要求

随着 AI 技术在教育领域的深入应用，教师的工作场景发生了显著变化。传统的谈心谈话、班级管理和思政教育逐渐与智能工具深度融合。

例如，某省教育厅推出的"AI+思政"能力认证项目，旨在培养能够操作智慧学工平台、设计数字思政方案、解读教育大数据的复合型教师。数据显示，持证教师的晋升速度提升了 30%。这一趋势表明，AI 技术正在重新定义教师的职业能力标准。

表1-2展示了AI时代教师能力的升级维度。

表1-2 AI时代教师能力的升级维度

能力维度	核心技能	实际应用
AI数据素养	掌握智能学工系统数据看板解读、学生数字画像构建等能力	通过数据分析精准识别学生需求,为个性化辅导提供依据
AI协作能力	熟练使用AI写作助手、心理预警系统等工具	提升工作效率,将更多时间投入创造性育人工作
AI思政设计	在主题班会中整合AI技术,开发沉浸式思政教育场景	通过AI技术增强思政教育的吸引力和感染力

表1-3展示了AI工具多维度助力教师与学生的沟通场景。

表1-3 AI多维度助力教师与学生的沟通场景

场景名称	工具支持	效果提升
AI辅助谈心谈话	AI分析工具捕捉学生情绪波动点、记录谈心谈话内容并生成总结	帮助教师更精准地把握学生心理状态,提升谈心谈话效果
AI辅助家校沟通	AI工具自动生成个性化家访报告,智能匹配家长沟通时段	优化家校协作,促进合力育人
AI辅助危机干预	AI工具自动生成针对性危机事件处置方案	提升应急响应能力,降低突发事件风险

AI技术的普及对教师提出了新要求,AI数据素养、AI协作能力和AI思政设计能力成为新时代教师的必备技能。未来,教师需要主动适应技术变革,不断提升自身能力,以更好地服务学生成长和教育创新。

3. AI技术赋能教师工作的四大核心场景

传统教师工作面临诸多痛点,如心理危机发现滞后、个性化指导效率低、突发事件应对经验不足、思政教育形式单一等。AI技术的引入为解决这些问题提供了新方案。

以某高校为例,该校引入的"AI心理预警系统"通过分析学生的课堂出勤率、访谈记录、心理测试问卷等数据,成功预警了多起潜在心理危机事件,并将心理筛查效率提升了50%。这一案例表明,AI技术正在为教师工作注入新的活力。

表1-4展示了AI技术赋能教师的四大核心场景。

表1-4 AI技术赋能教师的四大核心场景

传统工作痛点	AI解决方案	实操案例
心理危机发现滞后	多模态行为预警系统	融合消费异常、社交沉默、课堂状态数据,提前预警潜在心理危机
个性化指导效率低	学生成长数字画像	自动生成结合霍兰德职业兴趣测评结果的职业生涯规划建议书,为学生提供个性化指导
突发事件应对经验不足	历史案例智能匹配系统	输入"实验室事故"获取10所高校的事故处置模板,为教师提供应对参考
思政教育形式单一	虚拟仿真思政教育平台	开发"长征路线VR沉浸式体验"课程,增强思政教育的吸引力和感染力

对于教师来说,通过AI技术赋能四大核心场景,不仅能提升工作效率,还能为其提供更多创新育人的可能性,从而推动思政教育的数字化转型。当然,掌握AI的关键不仅在于理解其技术原理,更在于实践中的有效应用。接下来,我们将探讨如何通过提问技巧,充分挖掘AI的潜力。

1.3 如何向 AI 工具提出好问题

我们总是期待能从AI工具那里得到最精准、最贴心的回答。但很多时候,结果却不尽如人意,于是我们自然而然地责怪起AI工具:"你怎么这么笨,连这么简单的问题都回答不上来!"然而,真相往往并非AI不够智能,而是我们的提问方式有待改进。

接下来，我们来聊聊三种让AI工具更懂你的提问方法。通过这些方法，你能更好地与AI工具沟通，让它真正成为你工作生活中的超级助手。记住，好的问题，才是打开AI工具智慧之门的钥匙！

1. 角色扮演式提问：让 AI 工具秒变 100 个在线专家

当你在工作中遇到一个棘手的技术难题时，你会选择向谁求助？是行业内的资深专家，还是刚入行的新手？显然，专家的意见往往更具参考价值。这其实就引出了我们今天要聊的"角色扮演式提问"。

在运用AI工具时，我们同样可以让AI工具扮演相关领域的专家，从而获取高质量的答案。怎么做呢？很简单，只需在提问时给AI工具设定一个专家角色。例如：

- 我想让你扮演……
- 假设你是……
- 请你担任……
- 你是一位……

这样，AI工具在回答时就会生成更符合专家身份的回复，给出的回复自然也更专业。例如，以下两种情况。

提问一：

如何处理学生管理问题？

AI回答：

处理学生管理问题需要综合考虑教育心理学、校规校纪，以及学生的个体差异。以下是一些处理学生管理问题的策略。

1. 了解背景

- 深入了解每位学生的家庭背景、学习习惯及个人兴趣，以理解其行为背后的原因。
- 与家长保持密切沟通，强化家校合作，共同促进学生的全面发展。

2. 规则制定

- 确立清晰、明确的行为规范和校规校纪，并确保所有学生都知晓。
- 规则应公平合理，同时考虑特殊情况下的灵活应对。

3. 正面激励
- 强调正向行为的重要性,设立奖励机制以鼓励良好表现。
- 及时表扬学生的努力和成就,营造积极向上的学习氛围。

4. 有效沟通
- 与学生保持开放、诚实的沟通,倾听其意见和建议。
- 在面对冲突时,采取建设性的解决方式,避免直接对抗。

5. 个性化支持
- 对于有特殊需求的学生提供个性化的辅导和支持。
- 根据学生的不同情况调整教学策略和管理方法。

6. 培训与发展
- 定期组织教师培训,提升其课堂管理和心理辅导技能。
- 鼓励教师不断学习,增强面对挑战的应对能力。

7. 社区参与
- 鼓励学生积极参与课外活动和社会实践,培养学生的团队精神和社会责任感。
- 营造积极健康的校园文化,增强学生的归属感。

8. 纪律措施
- 对于违反校规的学生实施适当的纪律措施,旨在教育而非惩罚。
- 确保纪律行动透明、公平,并给予学生改正的机会。

9. 评估与反馈
- 定期评估管理措施的有效性,并根据实际情况进行调整。
- 及时向学生和家长提供反馈,明确改进方向。

处理学生管理问题需因时因地因人制宜,关键是找到最适合所在环境和学生群体的方式。希望上述建议能对你有所帮助。如果有更具体的问题或情境,欢迎进一步提问!

提问二:

请你扮演一位有多年教学经验的资深老师,给我一些关于小学生管理的建议。

❤ AI回答：

当然，作为一名拥有多年教学经验的资深老师，我很乐意分享一些关于小学生管理的建议。

1. 建立信任关系

与学生建立深厚的信任关系是管理的关键。你需要让学生感受到你的关心与支持，他们才会更愿意聆听你的指导。这可以通过日常贴心交流、耐心倾听学生的想法和困难，并在其遇到挑战时及时提供帮助来实现。

2. 制定明确的规则和期望

在学生管理的初期阶段，务必清晰地向学生传达你的管理规则和期望。这些规则应具体、清晰且公平合理。同时，确保学生明白违反规则的后果，以便他们能够自觉遵守。

3. 保持一致性和公平性

在执行规则时，无论是对优秀生还是后进生，都应一视同仁，不偏不倚，避免使学生产生不公平感。

4. 鼓励学生积极参与班级活动

鼓励学生积极参与班级活动，培养他们的团队协作精神与责任感。同时，尊重学生的个性化差异，为他们提供适合的发展空间。

5. 及时解决冲突和问题

当学生之间出现冲突和问题时，要及时介入并妥善处理。在处理过程中，要保持冷静与公正，引导学生以积极、理性的方式解决问题，避免事态扩大。

6. 关注学生的心理健康

作为教师，要时刻关注学生的情绪变化和心理需求，为其提供必要的心理支持和引导。若情况严重，应及时寻求专业心理咨询师的帮助。

7. 与家长保持密切沟通

与家长保持密切沟通是管理学生的重要环节。教师应定期向家长反馈学生的在校表现，了解其家庭背景和成长环境，以便更好地为学生提供个性化的帮助。同时，需积极听取家长的意见和建议，共同促进学生的全面发展。

8. 持续学习和反思

学生管理是一个不断学习和反思的过程。教师应关注教育领域的最新动态和研究成果，不断更新自己的教育理念与方法，并定期复盘管理实践，总结经验教训，提高管理水平。

　　希望这些建议对你有所帮助。记住，每个学生都是独一无二的，需通过灵活多样的方法和策略对其进行引导。

在回答第一个提问时，AI工具可能给出通用性建议（如强调规则制定、家校沟通等），而第二个提问通过角色设定（如"资深教师"），AI工具生成的回复包含更多细节（如建立信任关系、个性化支持等），贴近实际教学场景。

因此，角色扮演式提问能促使AI工具生成更具体、实用且可操作的解决方案。需注意的是，AI工具并非调用数据库，而是基于预训练模型生成符合角色设定的回复。为确保效果，提问时需明确指定角色身份，如"资深小学班主任"，并提供必要的背景信息，如学生年龄、具体问题等。

教师工作场景中的专家角色，如表1-5所示。

表1-5　教师工作场景中的专家角色

类别	专家角色
思政教育	思政教育专家、谈心谈话专家、学风建设专家、职业规划专家、心理健康专家
班级管理	班级管理专家、活动策划与组织专家、学业辅导与预警专家、就业指导专家、奖学金评审专家、家校合作沟通专家
数据分析与培训	数据分析专家、教师培训与发展专家、绩效评估与管理专家
文案撰写	发言稿撰写与指导专家、通知公告撰写专家、新闻稿撰写与发布专家
技能指导	面试技巧辅导专家、Excel在教育中的应用专家、课件设计与制作专家
危机应对与活动管理	危机应对与管理专家、社团活动指导与策划专家

续表

类别	专家角色
学生服务与评价	学生事务管理与服务专家、创新创业教育与指导专家、学生综合素质评价与提升专家

因此，在遇到问题时，不妨尝试使用角色扮演式提问，让AI工具成为你的私人专家助手！

2. 要点式提问：一针见血，直击问题核心要素

想要真正驾驭AI工具，掌握对话技巧至关重要。

你知道吗？与AI工具对话就像上级给下级布置任务：清晰的指令能让AI工具更精准地满足需求。想象一下，同样的任务，擅长布置任务的领导能更高效地解决问题。以下案例可供参考。

普通领导的指示：

××老师，新生开学了，我们需要组织一个开学季活动，请你给出一个方案，尽快交给我。

优秀领导的指示：

××老师，请您设计一场别开生面的新生开学季活动，具体要求如下。

（1）活动主题：请紧密围绕"迎新启航，梦想起航"这一主题，设计一系列富有创意、吸引力强的活动环节，确保新生在参与过程中能够深切感受到学校的温暖与关怀。

（2）活动内容：活动应覆盖新生报到流程介绍、校园导览、学长经验分享、趣味互动游戏及迎新晚会等多个环节，力求活动内容丰富多样。

（3）目标人群：本次活动主要面向全体新生，同时鼓励在校老生积极参与，共同营造温馨和谐的校园氛围。

（4）呈现形式与宣传：请制订一份详细的宣传计划，充分利用校园网、微信公众号、海报等多种媒介进行宣传。同时，活动方案请以PPT的形式呈现。

（5）提交时间：请您务必在本周三下午四点前提交完整的活动方案，

包含活动流程、预算计划、安全保障措施等关键要素。

作为下属,自然更愿意执行优秀领导布置的任务,因为这类任务通常具备以下优势。

(1)目标明确:任务描述完整、要求具体。

(2)执行高效:工作要点一目了然,减少沟通成本。

(3)结果可控:具体标准便于质量把控。

这一规律同样适用于与AI工具的交互。想要获得优质输出,我们就需要学习优秀领导下达指令的技巧,即提供要点式提示词。

要点式提示词,亦被称作优质指令,其核心在于提供最有用、最关键的信息。优质指令的四大原则,如图1-1所示。

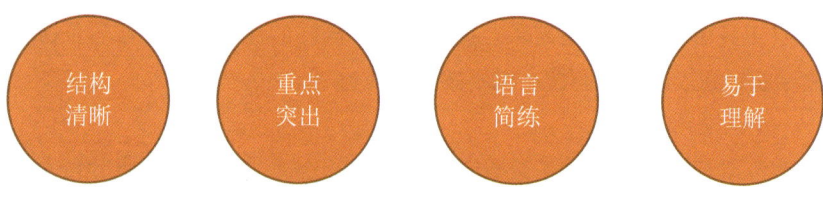

图1-1 优质指令的四大原则

- 结构清晰:指令应具有明确的结构,前后逻辑连贯。
- 重点突出:通过使用换行、适当的标点符号等技巧,有效地突出重要信息。
- 语言简练:多用短句,避免冗长的句子,精简信息。
- 易于理解:尽量使用可量化的词汇或具体的场景描述,如使用"300字以内"替代"不要太长"。同时,避免使用生僻字句,采用直白易懂的表达方式。

我们结合以上的案例和原则,总结要点式提示词的模板格式如下。

要点式提示词=目标任务+具体要求

根据……(背景描述),请完成……(具体任务),要求如下。

要求1(详细描述第一项要求)

要求2(详细描述第二项要求)

要求3（详细描述第三项要求）

……

具体要求维度清单，如表1-6所示。

表1-6　具体要求维度清单

维度	说明	举例
框架	材料应涵盖的几个方面或板块	迎新活动方案应包括活动主题、内容、目标人群、宣传方式等
方法	提供多样化的途径，以获取同一主题下的不同类型内容	采用问卷调查、小组讨论、个别访谈三种方式收集学生意见
步骤	指示AI按照预设的步骤进行输出	按照以下步骤处理学生违纪事件：了解事情经过→与学生谈话→制定改正措施等
风格	需符合特定文体或平台的特点	符合学校官方通知的正式风格，或符合教师与学生沟通的亲切风格
格式	输出内容的整合形式	可以整合成一段工作总结，或以表格形式展现学生活动安排，包含活动目标和具体内容
人称	回复时使用的视角或人称	在与学生交流时使用第一人称，如"我会尽快帮你解决这个问题"
参考	提供参考内容或示例	请参考以下教师工作日志的风格进行撰写
字数	对输出内容的字数要求	撰写一篇关于学生心理健康教育的文章，不少于800字
限制	输出时需避免的内容或行为	避免泄露学生隐私，不使用过于严厉的措辞，不忽视学生的感受等

3. 示例式提问：以案例为师，让 AI 工具触类旁通解难题

有时，一个典型案例比冗长描述更能精准传达需求。通过提供具体案例，可帮助 AI 工具快速理解核心要素（如文体风格、逻辑框架等），从而生成更符合预期的内容。

例如，教师常需撰写比赛演讲、开学典礼等场景的演讲稿，但创作出高质量的演讲稿面临主题聚焦、结构设计、情感表达等多重挑战。此时可采用示例式提问，具体步骤如下。

（1）提供 1～2 篇同类型优秀演讲稿。

（2）引导 AI 工具分析案例中的关键要素，如演讲主题切入点、听众定位方法、核心观点递进逻辑等。

（3）基于分析结果形成具体指令，如"参照案例的排比式开场，围绕'育人初心'主题撰写 800 字演讲稿"，即可获得符合场景需求的稿件。示例式提问流程如图 1-2 所示。

图 1-2　示例式提问流程

第1步 ▶ 将演讲稿全文发给 AI 工具学习并总结要点。

> 🎙 **向AI提问：**
>
> 请分析并总结以下演讲稿的亮点与特色。
>
> 我是张××，我是一名演员。
>
> 今年春节，我在社交媒体上收到的最多评论是"恭喜你，张××，你的春天来了"。大部分朋友对我的肯定都夹杂着些许同情。大家都觉得，在无人知晓的角落，我默默努力了二十年。
>
> 我从小就对花花草草情有独钟。第一次种花的记忆与四岁那年我家的隔

壁邻居卢伯伯有关。卢伯伯有个爱好，喜欢到后山挖些矮小的树根，回来种在盆里。不久，这些不起眼的树根便会长出枝叶。卢伯伯种过许多形态各异的盆栽，我看着便也心生欢喜，想自己尝试一番。然而，无论我怎么努力，每次都以失败告终。后来，卢伯伯告诉我："你知道哪里出错了吗？你只想着挖取上面的部分，却忽略了根部，枝繁叶茂是你能看见的，但支撑它的是根系。只有根系扎得深、扎得牢，有朝一日才能绽放鲜花。"

我常常将演员的工作比作城市中的"绿植"。只有与土地紧密相连，才不会被大风吹倒。我这二十多年并非虚度。在那些不为人知的日子里，我从未沮丧。每一天，我都在汲取作为演员应有的养分。我们常说："不要试图去比植物与天地的高度，那是遥不可及的。你要做的是让它根系更深、树干更粗，这才是它应有的宽度。"

我感激那段不被瞩目的二十年。在这二十多年里，我用眼睛观察万物，用心感受身边的每一个人。你永远不要轻视自己，不要害怕那些被视为缺点的特质。在你人生的剧本里，你是主角。你要相信，总有一天会散发出属于你的光芒。

春天来了，天空湛蓝，人群熙攘。如果你愿意相信我们是一颗种子，请再给它浇点水，让它多见阳光。终有一天，我们会长成参天大树。

❤ **AI回答：**

这段演讲稿的亮点与特色如下。

1. 感人个人经历的引入：演讲以个人经历开篇，迅速吸引了听众的注意力并引发了共鸣。这种亲身经历的分享方式，使听众更容易与演讲内容建立情感连接。

2. 明确的主题与生动的比喻：演讲稿巧妙地运用了"种植与根深叶茂"这一比喻，将演员的成长历程与植物的生长过程作类比，有力地传达了"努力、耐心和深耕是成功的关键"这一主题。这种具象化的表达方式使抽象的概念变得可视化，更易被听众理解和接受。

3. 情感共鸣的激发：通过详细描绘张××二十多年的不懈努力和奋斗历程，演讲稿成功地激发了听众的情感共鸣。听众能够从中感受到希望、坚持和成长的力量，从而与演讲内容产生更深的情感联系。

4. 积极的鼓励：演讲中强调了每个人都应珍视自己的努力，并坚信自己的潜力。这种鼓励能够增强听众的自信心，激发他们追求人生目标的勇气。

5. 简洁明了的语言：演讲稿采用了简洁明了的语言和直观的比喻，使内容更加通俗易懂。这样的表达方式有助于广大听众跟上演讲的节奏和思路。

6. 连贯紧凑的结构：演讲稿具有清晰的起承转合结构，从个人经历的引入，到植物比喻的阐述，再到人生观点的提炼，结构紧凑且逻辑流畅，便于听众理解和接受。

7. 积极向上的氛围营造：演讲整体传递出一种积极向上的情绪和氛围，使听众在聆听过程中能够感受到希望，进而激励他们勇敢追求自己的梦想。

第2步 将总结的要点转化为指令，让AI工具按要求撰写内容。

向AI提问：

请基于以下指令和要求，撰写一篇主题为"青年的担当与责任"的致辞。

1. 感人个人经历的引入：以一段感人的个人经历作为开篇，迅速吸引听众的注意力，并让他们与演讲内容产生共鸣。

2. 明确的主题与生动的比喻：清晰地阐述主题，并运用生动的比喻将抽象的概念具体化，使听众更容易理解。

3. 情感共鸣的激发：通过讲述或描述，引发听众的情感共鸣，使他们与演讲内容产生更深的情感联系。

4. 积极的鼓励：在演讲中穿插积极的鼓励，增强听众的自信心，鼓励他们追求自己的目标。

5. 简单明了的语言：使用简单明了的语言和直观的比喻，确保内容易于理解，让广大听众都能跟上演讲的思路。

6. 连贯紧凑的结构：构建清晰的起承转合结构，从个人经历引入，逐步过渡到主题阐述，再到人生观点的提炼，确保结构紧凑且逻辑流畅。

7. 积极向上的氛围营造：整体传递积极向上的情绪和氛围，让听众在听完演讲后感受到希望，激励他们勇敢担当，履行责任。

AI回答：

当我们谈及青年，脑海中常浮现无忧无虑、活力四射的画面。然而，在这些充满激情的年轻人肩上，也承载着沉甸甸的担当与责任。今天，我想与大家分享一个感人至深的故事，以此勾勒出青年的责任与担当。

在我身边，有这样一位朋友，他名叫李鹏（化名）。李鹏自幼家境并不宽裕，却始终怀揣着悬壶济世的理想。少年时期，他便立志成为医生，希望以医术治愈病痛，为社会贡献力量。

然而命运骤然转折。高中时期，李鹏被确诊患有罕见眼疾，视力日渐衰退。对于怀揣医学梦想的青年来说，这无异于晴天霹雳。但李鹏以超乎常人的坚韧，在光明渐逝的困境中坚持学习，用盲文教材钻研医学典籍，用听觉记忆解剖图谱。他的坚持不仅是对医学理想的坚守，更是对生命价值的叩问——真正的医者，能否在黑暗中为他人点燃光明？

李鹏的经历，恰似暗夜中的灯塔。他向我们揭示：青年的担当从不在顺境中彰显，而于逆境里淬炼成形。当命运之锤重击时，有人选择沉沦，有人却在废墟中重建星辰。

想象一艘穿越暴风雨的帆船。年轻舵手面对惊涛骇浪，既要校准航向，又需保持船体平衡。这恰似青年的成长轨迹——既要应对时代浪潮的冲击，又要守护内心的罗盘。

或许有人质疑：个体力量何其渺小？但请记住，李鹏虽失去视觉，却用指尖感知医学典籍的温度，用听觉感知生命跳动的韵律，在黑暗中完成从医学生到眼科专家的蜕变。正如古希腊哲人所言："人的价值不在于占有什么，而在于成为什么。"每个青年都是未完成的雕塑，而担当与责任正是雕琢人生的刻刀。

历史长河奔涌向前，每一代人都要回答时代的命题。今天的我们或许会遭遇技术瓶颈、面临职业困惑、经历理想与现实的碰撞，但正是这些淬炼，让青年的脊梁越发坚挺。当我们选择在实验室彻夜攻关，在三尺讲台默默耕耘，在手术台挽救生命，便是在用具体行动诠释担当——它不在宏大的宣言里，而在脚踏实地的耕耘中。

朋友们，让我们以李鹏为鉴：真正的光明，不在瞳孔反射的物理成像，而在永不停息的探索之心。愿我们都能成为自己命运的舵手，在时代的惊涛骇浪中，既校准个人理想的航向，又汇聚成推动文明进步的磅礴力量。当百年后的青年回望此刻，愿他们看见的是无数个你我以担当为帆、以责任为锚，在浩瀚的人生海域留下的璀璨航迹！

　　谢谢大家！

　　示例式提问实质上是通过"引导"帮助AI工具理解需求，即给AI工具展示优秀演讲稿案例，让其学习并提炼核心要素：主题、受众及核心信息。

　　当我们需要撰写演讲稿时，只需向AI工具传达这些关键信息，它便能迅速"领悟"我们的意图，生成更加贴近实际、高质量的演讲稿。简而言之，示例式提问的核心在于：通过模仿和学习，让AI工具深入理解我们的需求，从而为我们提供更优质的服务！

第 2 章

教师要掌握的 AI 基础工具

AI时代，教师的工作正经历着"AI+"的深刻变革与重构。若想在这场变革中站稳脚跟，甚至引领潮流，了解并熟练掌握各类AI工具无疑成为教师的必修课。

"工欲善其事，必先利其器"，在AI时代，AI工具便是教师的新式"利器"。无论是通用语言大模型助力智能问答与文本生成，还是视频类AI工具辅助制作专业课件，亦或是图片处理、数据分析等工具的赋能，都能使教师的工作更加高效、便捷。

本章，我们将介绍适用于国内教育场景的AI工具，帮助教师将AI技术融入日常工作，构建智能化教学体系。

2.1 通用语言大模型

通用语言大模型具备深度语义理解和自然语言生成能力，正在重塑教育场景的工作范式。教师日常的教案设计、学情分析、作业批改等环节，均可通过大模型实现效率跃升。

下面，我们将介绍几款常用的通用语言大模型，供教师选择和使用。

1. DeepSeek

公司：深度求索（DeepSeek）

产品特点：DeepSeek-R1是2025年1月发布的开源推理模型，专注于数学推理和代码生成，其API成本仅为行业平均水平的3.6%。该模型支持教育场景多轮对话优化，能够自动生成学风建设方案和心理辅导话术，已集成于微信、钉钉等多个主流平台。

官方网址：https://deepseek.com

2. 文心一言

公司：百度

产品特点：通过与用户的对话，文心一言不仅能帮助用户解决问题、获取信息，还能激发用户的创意和灵感。2025年4月，新增深度搜索功能，可调用代码解释器生成带溯源标记的专业报告。在教育场景下，可与DeepSeek-R1模型结合优化学术解题能力。

官方网址：https://yiyan.baidu.com

3. Kimi

公司：月之暗面

产品特点：作为生产力工具，Kimi特别擅长长文总结，且交互体验出色。它支持128K的上下文长度，并采用动态计费方式。此外，月之暗面还推出了Kimi创作空间，即AI视频创作平台，该平台提供了教育课件、微课脚本等12种视频风格模板，很适合教师群体。

官方网址：http://kimi.moonshot.cn

4. 通义

公司：阿里巴巴

产品特点：通义是阿里巴巴阿里云团队推出的大模型，支持百万Token的长文本处理和7K图像动态解析。作为一款综合型AI大模型，通义提供了内容生成、文档分析、图像分析等多方位服务，满足用户在不同场景下的多样化需求。在商业和金融领域，通义表现突出，可帮助用户进行商业分析、报告生成等任务。

体验网址：https://www.tongyi.com

5. 豆包

公司：字节跳动

产品特点：借助抖音平台的强大推荐能力，豆包实现了用户数量的快速增长。豆包提供多模型家族，包括通用模型、语音识别模型、文生图模型等，为用户提供丰富的AI功能，满足不同用户群体的个性化需求。豆包集成了自研的深度思考模型，支持思维链式问题拆解，并新增了拍照解题功能，日均Token处理量超过4万亿。

官方网址：https://www.doubao.com

6. 腾讯元宝

公司：腾讯

产品特点：腾讯元宝是腾讯推出的一款重要的人工智能产品，利用先进的大模型技术为用户提供丰富的AI功能。无论是文本生成、智能问答，还是情感分析、机器翻译，腾讯元宝都能轻松应对，满足用户在不同场景下的需求。此外，腾讯元宝新增了"溯源标记"功能，可自动标注商业报告中的数据来源。

官方网址：https://yuanbao.tencent.com

7. 智谱清言

公司：智谱华章

产品特点：智谱清言以其丰富的产品矩阵和多模态生态产品而著称。它提供文本、图片、视频、音频等多种形式的AI服务，并持续推动开源文化的发展，为用户提供更为灵活和多样的AI应用体验。此外，大模型还专注于科研、学术等领域的应用，提供了丰富的学术资源和强大的知识推理能力。智谱清言还提供学术图表自动生成功能，在论文解析任务中表现优秀，是科研人员进行学术研究、论文撰写的得力助手。

官方网址：https://chatglm.cn

8. 讯飞星火

公司：科大讯飞

产品特点：结合科大讯飞在语音识别和自然语言处理领域深厚的技术积累，讯飞星火推出了全方位的AI服务。它不仅支持语音识别和文本生成，还提供智能问答、机器翻译等多种功能。此外，讯飞星火集成了深度搜索功能，支持多种场景的智能体调用，目前日均调用量已突破15亿次。在教育场景中，讯飞星火的解题步骤展示的准确率也得到了大幅提升。

官方网址：https://xinghuo.xfyun.cn

2.2 视频类 AI 工具

视频类AI工具能够迅速将文字或图片转化为生动的视频内容，宛如文字与图片的"魔法师"，彻底革新了传统视频的制作方式，赋能教师快速产出宣传视频与教学课件。

下面介绍几款常用的视频类AI工具。

1. 腾讯混元 AI 视频

公司：腾讯

产品特点：腾讯混元AI视频3.0（2025版）基于动态分辨率架构，支持从文本/图像生成10秒4K视频，并提供运动轨迹控制面板（如模拟物体抛物线运动）。它在画面质量和动态效果上表现出色，且已开源，允许社区参与其开发和优化。

官方网址：https://video.hunyuan.tencent.com

2. 可灵 AI

公司：快手

产品特点：可灵AI支持生成10秒1080p视频，并提供动态物理引擎（如模拟雨滴溅水、滑雪腾空等效果），允许用户通过运动笔刷同时控制

6个物体的运动轨迹。可灵AI支持文本生成视频和图像生成视频，提供首尾帧定制、对口型动画、运动笔刷等高级功能。此外，它还提供了API接口，支持人脸模型训练和AI试衣等扩展功能。

官方网址：https://klingai.kuaishou.com

3. 海螺 AI

公司：MiniMax

产品特点：海螺AI支持无限时长视频生成，通过导演模式实现精准运镜（如平移、缩放、跟踪等）。它是首个支持中文艺术字特效的AI工具，适用于广告设计与短视频创作。海螺AI同样具备文本生成视频和图像生成视频的能力，在泛化能力和创意想象力方面表现出众。

官方网址：https://hailuoai.com

4. 即梦 AI

公司：字节跳动

产品特点：即梦AI支持生成3～12秒的视频。它同样提供文本生成视频和图像生成视频的功能。即梦AI现已开放风格迁移API接口，支持智能画布多图融合（如古风场景无缝扩展），进一步增强了视频生成能力。

官方网址：https://jimeng.jianying.com/ai-tool/home

5. 通义万相

公司：阿里巴巴

产品特点：通义万相2025开源版支持无限时长的1080p视频生成，新增中文水墨字特效（如"福"字的晕染效果），集成文本生成视频和图像生成视频的功能，并提供丰富的视频音效。

官方网址：https://tongyi.aliyun.com/wanxiang

6. 剪映

公司：字节跳动

产品特点：剪映是一款功能全面的视频编辑软件，提供了剪辑、转场效果、滤镜、字幕添加、音频编辑等一系列视频编辑工具。它支持多种视频格式，用户界面直观易用，使视频编辑变得简单快捷。此外，剪映还提供了丰富的模板和素材库，用户可以快速制作出专业级别的视频内容。其移动端应用也非常受欢迎，支持在手机上进行视频编辑，并具备一键成片的功能。新增的移动端实时绿幕抠像与多轨道智能剪辑功能，使剪映更加适配电商直播与微课制作。

官方网址：https://capcut.cn

2.3 图片处理类 AI 工具

图片处理类AI工具凭借文生图或图生图技术，能够迅速完成图片的生成、编辑与优化。用户输入关键词或上传基础图片后，AI工具即可生成专业级图像作品。教师可将其用于制作讲座海报、课件配图等场景。例如，输入"讲座、教育、创新"等关键词，即可快速生成设计感十足的海报。同样，制作课件所需的配图、展示学生活动所需的照片等，都能通过AI工具快速生成或优化。

下面介绍几款常用的图片处理类AI工具。

1. 即梦 AI

公司：字节跳动

产品特点：即梦AI支持文本、图片和视频生成。2025年升级版支持双视频模型，并搭载智能画布实现分层编辑与3D场景扩展。其文生图模型可输出8K超清图片，适用于影视级海报、短视频素材等场景。

官方网址：https://jimeng.jianying.com/ai-tool/home

2. 豆包

公司：字节跳动

产品特点：豆包支持文生图、图生视频及智能排版，新增了跨模态搜索功能，可基于图片反推优化提示词，并提供企业级API接口，用于批量生成带有品牌标识的图片。其AI排版支持自动适配小红书、抖音等平台的尺寸要求。

官方网址：https://www.doubao.com

3. LiblibAI

公司：奇点星宇

产品特点：LiblibAI已升级为多模态创作平台，在2025年接入阶跃星辰视频生成模型，支持540p动态视频生成。用户可通过节点编辑器串联文生图、语音合成、视频渲染等流程，适用于影视分镜预演与动态课件制作。

官方网址：https://www.liblib.art

4. WHEE

公司：美图

产品特点：WHEE在2025年新增了AI动效引擎，可将静态图片转换为带有运镜效果的5秒短视频，支持多人实时协作编辑及单图生成简易3D模型，适用于产品展示动画制作。

官方网址：https://www.whee.com

5. 美图秀秀

公司：美图

产品特点：美图秀秀是一款功能丰富的在线图片编辑工具，提供了在线抠图、拼图、证件照制作等功能。美图秀秀在2025年新增了Live实况图修复功能，能够对动态图片进行智能补帧与降噪处理。

官方网址：https://pc.meitu.com

2.4 数据分析类 AI 工具

数据分析类AI工具能够迅速梳理海量数据，为教师提供精准、有价值的数据洞察，帮助教师分析学生成绩与行为数据，为个性化辅导提供数据支撑。简而言之，数据分析类AI工具不仅极大地提升了教师的工作效率，让教育变得更科学、更有针对性。

下面介绍几款常用的数据分析类AI工具。

1. WPS AI

公司：金山办公

产品特点：WPS AI基于DeepSeek-R1大模型，支持通过自然语言指令生成Excel公式，能够快速地整理、清洗和分析各种数据。其内置的公式和函数能够轻松进行数据计算、统计和可视化。

官方网址：https://ai.wps.cn

2. 办公小浣熊

公司：商汤科技

产品特点：办公小浣熊是商汤科技推出的AI数据分析工具，它基于商汤的大语言模型，支持自然语言输入自动生成可视化结果。该工具支持复杂表格、多表格、多文件的分析理解，能够完成数据清洗、数据运算、比较分析、趋势分析、预测性分析及可视化图表生成等数据分析任务。此外，办公小浣熊还新增了文档解析功能，可以一键将对话内容（如会议记录）转换为结构化报告，支持多表数据关联分析与营销模型预测（如趋势分析）。

官方网址：https://xiaohuanxiong.com/login

3. 酷表 ChatExcel

公司：北京大学元空AI实验室

产品特点：酷表ChatExcel利用自然语言处理技术，让用户能够用日常语言与Excel进行交互，自动执行公式生成、数据清洗等操作，无须编写公式。该工具支持中英文混合指令与多轮对话迭代。2024年增加了在线协作、局部选区操作（如合并单元格处理）等功能，可智能识别表头语义，能一键将PDF/图片转换为可分析的表格，并生成复合图表。

官方网址：https://chatexcel.com

4. 北极九章

公司：北极九章科技有限公司

产品特点：数据智能分析搜索引擎，支持对接OpenAI、文心一言等主流大模型，可自动生成数据洞察报告与业务优化方案（如客户留存提升策略）。

官方网址：https://datarc.cn

2.5 公文写作类 AI 工具

公文写作类AI工具如同教师的"智能笔"，深谙公文写作规范，不仅能理解用户指令，还能通过逻辑思考生成格式规范、条理清晰的文本。教师可摆脱烦琐的格式调整与措辞困扰，专注于内容核心，显著提升工作效率。此类AI工具还可优化语言表达，增强公文的专业性与严谨性。

1. 新华妙笔

公司：新华社媒体融合生产技术与系统国家重点实验室及博特智能联合研发

产品特点：新华妙笔是集检索、撰写、审核、问答、学习功能于一体的AI公文写作平台。提供海量范文库与写作素材库，支持智能写作、校对纠错、润色续写等服务，适用于用户撰写述职报告、工作总结、竞聘材料、发言稿、调研报告等各类公文。

官方网址：https://miaobi.xinhuaskl.com

2. 讯飞文书

公司：科大讯飞

产品特点：基于星火认知大模型研发的AI文书写作工具，为用户提供全流程服务：涵盖素材收集、内容撰写、智能审核、格式优化等环节。该工具支持通知、公告、讲话稿、工作报告等多种公文类型，具备一键成稿、素材联想、格式模板套用、智能校对等特色功能。

官方网址：https://gw.iflydocs.com

随着AI技术的快速发展，上述AI工具的功能模块与交互体验将持续迭代升级。作为新时代的教育工作者，教师需保持技术敏感度，通过订阅产品更新日志、参与官方培训等途径及时掌握AI工具的功能演进，充分释放AI工具的教学辅助潜力。教师应主动将AI工具的学习与应用纳入个人专业发展体系，这不仅有助于突破传统工作模式的效率瓶颈，而且能为职业成长开辟数字化转型的新路径。

在后续章节中，我们将聚焦教学设计、学生评估、行政事务等典型教育场景，结合具体案例详解如何通过AI工具实现以下三大核心价值。

（1）流程自动化：将重复性工作转化为智能批处理。

（2）决策数据化：基于数据分析优化教学策略。

（3）成果专业化：快速生成符合行业标准的文档材料。

第3章

掌握 DeepSeek 高阶用法

2025年初，DeepSeek 在美国 App Store 的下载量超越了 ChatGPT，这一成就引起了国际上的广泛关注，更被 OpenAI 的高管视为"中国 AI 崛起的标志性事件"。自此，国产 AI 大模型开始真正崭露头角，DeepSeek 更是成了最受瞩目的行业标杆。

截至2025年3月，DeepSeek 虽仍聚焦文本生成领域（尚未拓展至图像、视频等多媒体内容生成），但其凭借突破性的核心推理能力和资本市场的强力支持，已成为首个在技术维度可与 ChatGPT 抗衡的中国 AI 大模型。

3.1 DeepSeek 的核心竞争力

DeepSeek 作为认知推理模型的创新性在于"过程可视化"设计，即在输出答案前完整展示问题分析、逻辑推演及信息检索的全过程。相较于 OpenAI 同类产品，其 API 接口价格仅为前者的3%，训练成本也仅为前者的十分之一，这为中国 AI 应用的规模化落地提供了关键支撑。该模型的差异化优势集中体现在中文场景。

（1）无须使用复杂的提示词即可精准理解用户的意图并生成预期内容。

（2）率先采用开源架构，吸引全球开发者共建生态，已在多个主流平台形成应用矩阵。

（3）生成内容兼具专业深度与人性化表达，在技术文档撰写等场景展现出独特价值。

与其他AI大模型相比，DeepSeek在用户体验上的优势如表3-1所示。

表3-1 DeepSeek在用户体验上的优势

维度	核心优势	补充说明
过程呈现	完整展示推理路径	虽然响应时长增加，但思维过程可视化提升可信度
输出质量	提供可执行方案	覆盖大部分日常场景需求
结果验证	附注参考资料来源	建议对量化数据做二次验证
交互感知	拟人化对话风格	用户留存率较行业均值高

3.2 如何使用DeepSeek批量解读文档

DeepSeek虽然功能强大，但操作流程也遵循【注册→登录→提问】的基础逻辑。教师可通过以下步骤快速掌握DeepSeek的核心功能。

通过浏览器进入DeepSeek官方网站，完成注册并登录后即可进入操作界面（当前为免费服务）。页面底部输入区域设有三大功能模块：【深度思考（R1）】【联网搜索】【上传附件】，其中【上传附件】功能支持批量文档处理。

1. 深度思考（R1）

用户选择【深度思考（R1）】功能后，系统将启用R1模型，如图3-1所示。该模式针对复杂问题提供结构化深度解析，适用于学术研究、政策分析等专业场景。

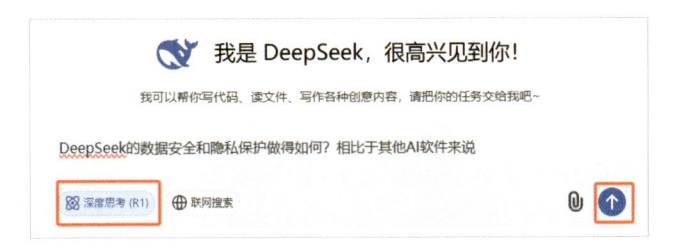

图 3-1　DeepSeek 的【深度思考（R1）】功能

2. 联网搜索

启用【联网搜索】功能后，系统将实时检索网络信息并生成带溯源标注的整合回答，典型应用场景如下。

- 追踪科技突破、政策变更等热点事件。
- 获取金融市场动态、气象预警等实时数据。
- 验证法律法规修订等时效敏感信息。

3. 上传附件

通过【上传附件】功能（支持 PDF、Word、TXT 及图片 OCR 识别），用户可一次性上传多份文档进行批量分析。DeepSeek 基于语义理解自动完成以下任务。

- 核心内容提取与结构化摘要。
- 指定段落精准定位。
- 跨文档关键词检索与对比分析。

典型应用场景如下。

- 教学资料整合：快速提取教案要点，实现多文献交叉比对。
- 学术论文精读：自动生成研究框架，解析专业术语与参考文献。
- 作业智能批改：批量识别学生文档中的逻辑矛盾与格式偏差。

3.3　如何使用 DeepSeek 做出精美图片

DeepSeek 不仅能够理解复杂指令、生成富有逻辑的文本，还能通过分析用户需求生成精准的绘画提示词，帮助用户跨越创意与技术之间的鸿沟。结合即梦 AI、Midjourney 等其他 AI 绘画工具，用户可创作出令人瞩目的数字艺术作品。

1. 理解 DeepSeek 的绘画提示词生成机制

DeepSeek 基于大语言模型，通过对海量艺术文献、绘画作品数据的学习，掌握了不同艺术流派特征、色彩理论和构图规律。当用户输入描述时，模型会解析语义重点，结合艺术知识库生成包含主体元素、风格标签、色彩参数、构图规则的标准化提示词。这些提示词符合主流 AI 绘画工具的输入规范，可直接用于图像生成。

2. AI 绘画生成步骤

（1）明确创作意图：用户需清晰阐述创作目标，包括主题设定（如场景、人物、概念）、艺术风格（如超现实主义、赛博朋克、水墨风）、色彩基调（冷、暖色调及具体色系）等核心要素。

（2）输入描述性指令：在 DeepSeek 输入框中，建议采用"主体+风格+色彩特征+光影效果+特殊要求"的结构化描述。例如，生成一幅以赛博都市为主题的赛博朋克风格画作，采用蓝紫冷色调，需要突出霓虹光影效果。建筑群须呈现立体主义几何结构，背景加入全息投影元素，地面反射须体现湿润路面质感。

（3）获取 AI 绘画提示词：DeepSeek 会根据用户的描述，生成一系列 AI 绘画提示词，如主题关键词、风格描述、色彩搭配建议等，为后续的绘画创作提供明确的指导。

（4）导入 AI 绘画工具：将 DeepSeek 生成的提示词导入 AI 绘画工具，如即梦 AI、可灵 AI 等。这些工具可以根据提示词，利用深度学习算法生成初步的图像。

（5）调整与优化：用户可以对生成的图像进行调整与优化，如调整色彩饱和度、对比度、修改构图细节等。

3. 案例：星空下的未来城市

假设我们想要创作一幅名为《星空下的未来城市》的绘画作品，在

DeepSeek中输入了以下描述:"我希望创作一幅画作,以星空为背景,融合未来科技元素,形成超现实主义的风格。色彩上,我希望以冷色调为主,特别是蓝紫色调,以此强调宇宙的深邃与神秘。城市建筑应采用流线型设计,光影效果要突出,营造出一种梦幻而神秘的氛围。请结合我的需求,生成这幅作品的详细提示词。"

> **DeepSeek回答:**
> (1)画面主题:超现实主义未来都市悬浮于璀璨银河的中央,建筑群以半透明晶体结构呈现,表面流转液态金属光泽。几何形态与有机曲线嵌套分形迭代,构成自相似建筑语言。量子环状装置悬浮于天际线,释放虹彩能量涟漪,为画面注入科技韵律。
> (2)星空背景:全景化宇宙分层构图,近景为蓝紫渐变的电离星云,中景脉冲星阵列周期性辐射锥形光束。背景采用引力透镜扭曲成像展现深空星系,暗物质丝状结构交织发光网络。游离的高维能量晶体折射冷调极光,与星尘共构光子衍射帷幕。
> (3)建筑细节:反重力塔楼采用超导双螺旋框架,外覆动态银河全息投影。光量子廊桥通过量子纠缠态定位,连接十二面体生态舱。建筑基底延伸等离子脉络系统,吸收宇宙微波背景辐射并激发生物荧光。
> (4)光影效果:基于量子色动力学原理,冷蓝切伦科夫辐射与正电子湮灭光晕交织。建筑投影通过时空曲率形成非欧几何图案,纳米机器人集群构建自适应光场矩阵,实现实时光线追踪渲染。
> (5)色彩方案:主色调采用钴蓝-钕紫渐变光谱,关键节点运用激光诱导荧光色。半透明层通过电致变色材料实现氪气辉光效果,暗物质灰调采用彭罗斯色阶算法生成。
> (6)超现实元素:时空褶皱处嵌有冯·诺依曼探机残骸,硅基植物执行分形生长算法。量子鲸群通过霍金辐射发光,其运动轨迹构成卡拉比—丘流形投影。
> (7)氛围营造:采用闵可夫斯基时空度规构建视觉扭曲,光学幻象引导视觉流形分析。黄金比例构图嵌套斐波那契动态框架,实现非线性透视体系。
> (8)技术建议:建议采用IMAX级2.39:1画幅,前景采用次表面散射技

术表现晶体。中景建筑群实施体积光遮蔽优化,背景星云应用湍流噪声粒子系统。引力波特效需遵循数值相对论模拟参数生成。

用户可将这些结构化提示词导入即梦AI生成绘画作品,如图3-2所示。画面中,冷调星幕与赛博格城市构成动态平衡:建筑群的流线型轮廓在钴蓝-钕紫光谱中呈现量子化边缘,全息投影与切伦科夫辐射形成非对称光影结构。

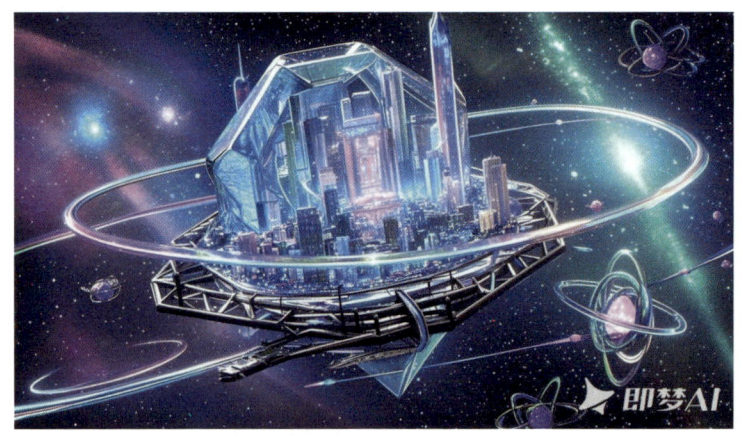

图3-2 即梦AI生成的绘画作品

得益于DeepSeek的技术赋能,即使不具备专业绘画基础,用户也能轻松创作出兼具创意与艺术表现力的绘画作品。这一突破性进展不仅重新定义了数字艺术创作的维度,更构建起零门槛的创作生态,让大众得以自由释放想象力,通过视觉语言实现情感表达与艺术共鸣。

3.4 如何使用DeepSeek高效制作课件

在日常的教学工作中,教师不仅需要精通专业知识,还需具备一定的信息技术能力以制作出高质量的多媒体课件,从而提升教学效果。DeepSeek作为一款智能AI工具,能够帮助教师快速生成和优化PPT课件内容,显著提升课件制作效率。

利用DeepSeek制作课件可以分为以下三个步骤。

第1步 明确主题,生成并优化课件大纲。

教师需要清晰界定课件主题。例如,若筹备一节关于"气候变化"的科普课程,可以将相关素材(如教材文档、相关链接等)上传至DeepSeek,并提出具体需求。

> 请根据我提供的素材,生成一份关于【气候变化】的PPT大纲,旨在用于【科普教学】,希望【内容条理清晰、逻辑严密】,并以Markdown格式输出。

这里要求输出为Markdown格式。该格式通过标题层级结构化内容,便于AI工具精准识别框架,快速转换为PPT。

DeepSeek根据教师需求生成的大纲,如图3-3所示,教师可进一步调整章节顺序或补充重点内容。

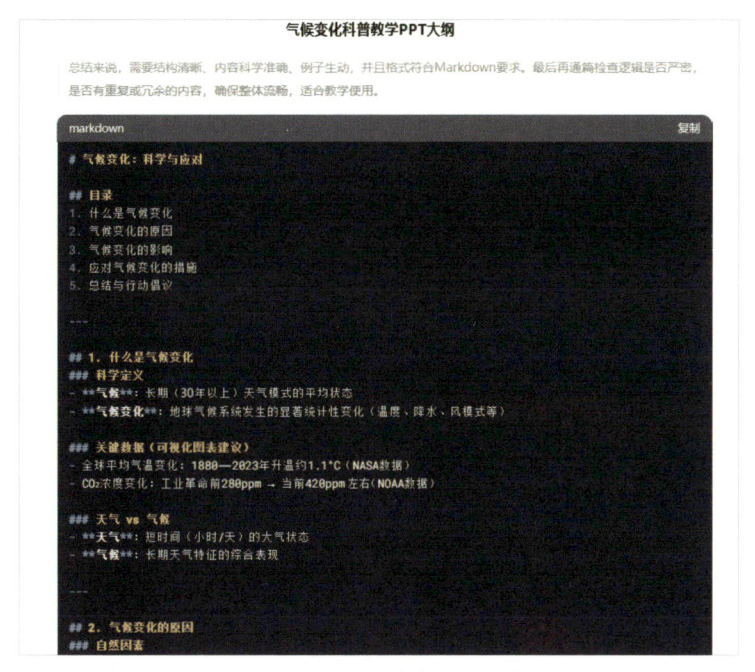

图3-3 DeepSeek生成的PPT大纲

第2步 借助AI工具生成课件。

目前,市场上主流的PPT生成工具,如表3-2所示。

表3-2 主流的PPT生成工具

应用	功能特点
AI PPT	操作简单,无须PPT基础。支持智能生成PPT,同时可以根据特定内容定制PPT
Gamma	智能图文混排,支持自适应布局;输入内容自动生成视觉化页面,免除手动排版困扰
Kimi+	支持Markdown大纲转换、智能内容提炼、多格式输入等;同时可快速生成专业级演示文稿
WPS AI	全流程生成:主题→大纲→图文→图表;支持数据自动生成折线图、柱状图等动态图表
Tome AI	提供交互式设计功能,支持嵌入动态表格、触发动画及3D模型,适合科技类主题演示
闪击PPT	基于目录大纲自动生成PPT,内置大量简约风模板;虽然风格单一,但是排版算法成熟,适合快速出稿
WPS灵犀	集成于WPS Office,支持模板智能推荐、文案优化及PPT元素(字体、配色等)智能统一等

在这里,我们以Kimi+为例,进行具体讲解。

登录Kimi官网,选择【Kimi+】→【PPT助手】模块,将DeepSeek生成的Markdown形式的PPT大纲粘贴至输入框,如图3-4所示。

单击"发送"按钮后,Kimi+会生成详细的PPT内容。接着,选择一套符合主题的模板,单击"生成PPT"按钮即可,如图3-5所示。

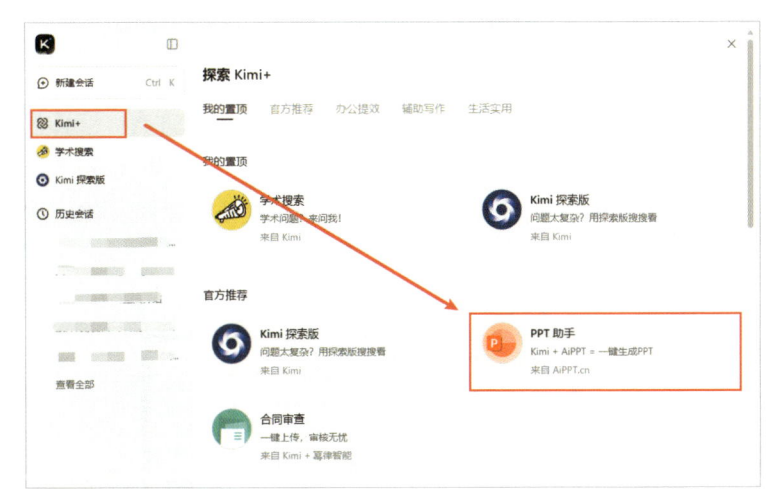

图3-4 选择【Kimi+】→【PPT助手】模块

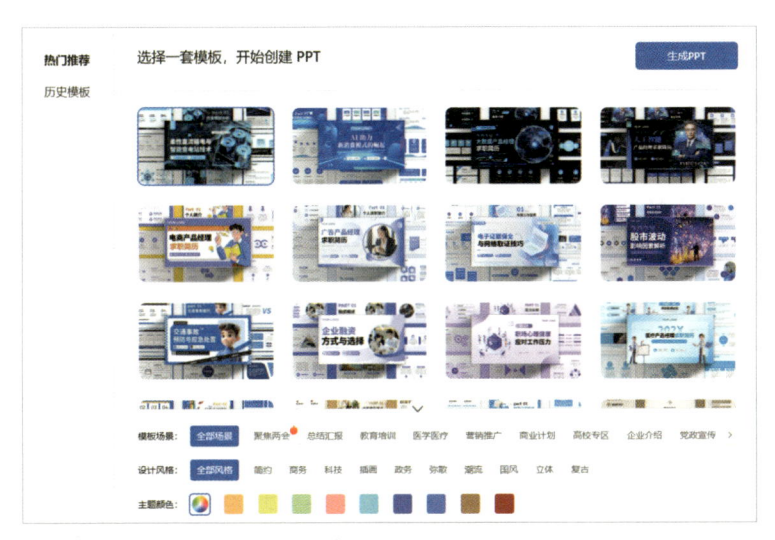

图3-5 单击"生成PPT"按钮

第3步 精细编辑，优化整体风格。

虽然 DeepSeek 已为教师生成基础课件大纲（如教学目标与知识框架），但根据具体教学场景和教学要求，教师仍需进一步调整内容结构与知识点分布。例如，对于 AI 工具自动生成的内容，若存在逻辑衔接不畅、图文匹配度不足等问题，教师可手动编辑优化文本表述、替换示意图、调整数据可视化形式等，确保课件内容精准契合教学需求。

此外，教师可根据学科需求选择模板，调整配色方案、字体层级、动态过渡效果等，强化课件视觉逻辑与教学沉浸感。编辑完成后，通过"一键导出"功能即可生成适配教室投影比例的高质量课件。"编辑PPT"界面，如图3-6所示。

图3-6 "编辑PPT"界面

在课堂教学实践中，此类结构化课件能显著提升知识传递效率：清晰的内容框架配合渐进式动画引导（如分步骤呈现实验流程），可降低学生的认知负荷；而关键知识点对应的信息图表（如时间轴、对比矩阵、流程图），则能激活具象化思维，提升知识留存率。这种多模态教学方式不仅能维持学生注意力集中度，更可通过视觉锚点设计引发深度学习。

综上所述，整合DeepSeek的智能大纲生成与Kimi+的自动化设计能力，教师可以极大地提升课件制作效率，同时保证内容专业性、设计规范性与教学个性表达的有机统一，最终实现"减负增效"的教学目标。

3.5 如何使用DeepSeek制作教学视频

随着多模态AI技术的成熟，基于DeepSeek的视频创作流程已实现教学资源的快速开发。本节将系统解析从脚本生成到视频输出的全链路操作方法。

1. 工具链配置

（1）生成脚本：DeepSeek（生成结构化脚本与分镜描述）。

（2）视觉生成：Midjourney、通义万相（静态画面生成）。

（3）动效转化：可灵AI等（图片转视频，含镜头运动控制）。

（4）后期合成：剪映专业版、Descript（支持AI配音与自动字幕）。

2. 使用 DeepSeek 生成视频制作需求

明确视频主题是至关重要的。对于初学者而言，适合的主题包括产品展示、场景重现、服务介绍等。一旦确定了主题，就可以向DeepSeek提出视频制作需求。例如："我想制作一个关于春日赏花的30秒短视频，请帮我设计脚本、文案、画面，并包含时间轴，以表格形式输出。"

DeepSeek会根据需求生成一个包含时间轴、旁白文案、字幕和画面描述的脚本，如图3-7所示。

以下是关于春日赏花的30秒短视频的完整脚本设计，以表格形式呈现。

时间轴	画面描述	文案	音乐/音效
0～3秒	航拍镜头：粉色樱花林全景，阳光穿透花瓣形成光晕	"春醒万物，赴一场花海邀约"	清脆鸟鸣声+轻快钢琴前奏
4～6秒	中景：汉服少女手执团扇轻触枝头花朵，花瓣飘落特写	"当二十四番花信风，吹醒沉睡的浪漫"	古筝滑音+自然风声
7～9秒	近景：孩童追逐着彩色泡泡跑过郁金香花田	"每一片花瓣都是春天写给大地的情诗"	孩童笑声+轻快弦乐
10～12秒	特写：蜜蜂采蜜时翅膀振动的慢镜头，花蕊微颤	"在蜂蝶私语的花间，听见生命绽放的韵律"	蜂鸣声+竖琴点缀
13～15秒	俯拍：情侣背靠背坐在梨花树下，飘落的花瓣形成心形轨迹	"约你在落英缤纷处，收藏整个春天的温柔"	小提琴主旋律渐强
16～18秒	移轴镜头：樱花大道上行人穿梭，花瓣如雪飘落的动态模糊	"城市按下慢放键，让美好定格成永恒"	环境人声+钢琴变奏

图 3-7　DeepSeek 生成的脚本

3. 优化视频画面描述

为获得更优质的视频画面效果，可以向DeepSeek提出优化要求，让其提供符合AI工具语法的提示词。提示词需涵盖场景描述、环境细节、拍摄角度、光线效果和风格参数等。

例如："请将脚本中的第5个镜头生成画面描述词，用于生成图片。"将每个画面的提示词复制到AI工具，即可生成对应的静态画面。这些画面将成为视频的关键帧素材。

4. 将静态画面转化为动态视频片段

使用AI工具（如可灵AI、即梦AI、海螺AI等），可以将静态画面转化为动态视频片段，即图片生成视频的功能。这类AI工具通常支持自动补帧、画面微动等功能，使静态画面更生动逼真，如图3-8所示。

图3-8　AI工具生成的视频画面

5. 后期剪辑与合成

将生成的动态视频片段导入视频编辑软件（如剪映）中，按照DeepSeek生成的时间轴顺序排列视频。剪映的【图文成片】功能支持输入主题、文案、添加素材等操作，并可以直接生成短视频，省去了剪辑和配音的烦琐流程。剪映的【图文成片】功能，如图3-9所示。

图 3-9　剪映的【图文成片】功能

通过上述步骤即可完成视频制作。若对质量要求不高，用户也可直接在剪映、即梦等平台输入提示词，直接生成短视频。

3.6　如何使用 DeepSeek 生成图表

虽然 DeepSeek 可以生成结构化基础数据，但图表可视化需结合专业工具，实现数据渲染。

1. 使用 DeepSeek 生成可视化图表

（1）使用场景：快速将数据转化为图表，如展示销售趋势或成绩分布。

（2）方法：使用 DeepSeek 生成数据表格，然后将表格导入 WPS 或 Excel 中制作图表。

（3）提示词案例：请根据我上传的数据，帮我统计 2025 年度班级数学成绩数据，并以表格的形式展示，包含不合格（<60 分）、合格（60～69 分）、良好（70～89 分）、优秀（≥90 分）四个分类。

DeepSeek 生成的表格，如图 3-10 所示。

以下是为2025年度班级数学成绩统计的示例表格（假设总人数为50人，数据为虚拟示例）：

分数段	不合格 (<60分)	合格 (60~69分)	良好 (70~89分)	优秀 (>90分)
人数	5	12	25	8
占比（百分比）	10%	24%	50%	16%

图 3-10　DeepSeek 生成的表格

具体操作步骤如下。

第1步 全选 DeepSeek 生成的表格数据并复制。

第2步 打开 Excel，并粘贴到新工作表。

第3步 单击菜单"插入"→"推荐的图表"，选择折线图、柱状图等。

2. 使用 DeepSeek 生成 Mermaid 流程图

（1）适用场景：快速生成结构化流程图（如用户操作流程）。

（2）操作方法：在提问时明确要求生成 Mermaid 代码。例如，输入指令："请用 Mermaid 语法绘制用户使用 DeepSeek 的流程图，要求简洁清晰。"

DeepSeek 生成的 Mermaid 代码，如图 3-11 所示。

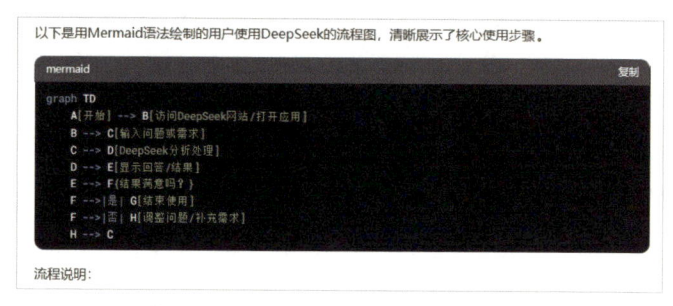

以下是用Mermaid语法绘制的用户使用DeepSeek的流程图，清晰展示了核心使用步骤。

```
mermaid
graph TD
    A[开始] --> B[访问DeepSeek网站/打开应用]
    B --> C[输入问题或需求]
    C --> D[DeepSeek分析处理]
    D --> E[显示回答/结果]
    E --> F[结果满意吗?]
    F -->|是| G[结束使用]
    F -->|否| H[调整问题/补充需求]
    H --> C
```

流程说明：

图 3-11　DeepSeek 生成的 Mermaid 代码

将生成的 Mermaid 代码粘贴到支持 Mermaid 语法的编辑器上，如 Typora、Visual Studio Code 等，即可生成使用 DeepSeek 的可视化流程图，如图 3-12 所示。

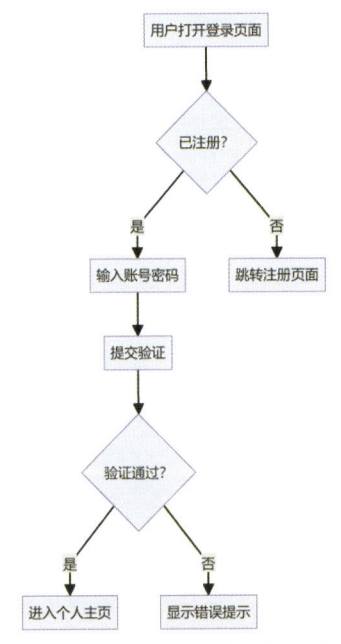

图 3-12　使用 DeepSeek 的可视化流程图

3.7　如何使用 DeepSeek 处理表格并生成图表

DeepSeek 可辅助 Excel 实现表格处理的半自动化操作，极大地简化了操作流程。通过简单的文字指令可完成复杂任务，无须复杂的手动操作。以下是 DeepSeek 在处理表格方面的核心功能和使用方法。

1. 自动拆分表格

（1）适用场景：将大表格按规则拆分为多个工作表。

（2）输入指令：将"分销"表中 A2:A21 范围内的每行数据拆分到独立工作表，每个新表保留首行表头，并以 A 列编码命名。最后让 DeepSeek 以表格的形式给出反馈。

2. 拆分表格内容到多个工作表

（1）适用场景：将表格按规则拆分为多个独立工作表。

（2）输入指令：将"分销"表中 A2:A21 范围内的内容按每 5 行拆分为一个独立工作表，保留首行表头，保存至 E:\AI办公\2025年\DS&Excel。最后让 DeepSeek 以表格的形式输出。

3. 表格数据处理

（1）适用场景：批量调整表格格式。

（2）输入指令："从表格第二行开始每隔一行插入空行"或"删除所有空行"。DeepSeek 可快速完成上述操作。

4. 数据标记与图表生成

（1）适用场景：数据可视化。

（2）输入指令：将 A 列中大于 100 且小于 300 的单元格标记为黄色底纹，大于 1000 的数值标红。完成后，将数据粘贴至 Excel，使用【插入】→【图表】功能，即可生成柱状图、折线图等。

总体来说，DeepSeek 结合 Excel 的优势如下。

（1）高效便捷：DeepSeek 可以快速完成各种表格任务，无须手动操作，大大节省了时间和精力。

（2）易于使用：只需通过简单的文字指令即可完成操作，无须学习复杂的 Excel 公式和功能。

（3）灵活性强：DeepSeek 支持多种表格处理功能，可以满足不同的需求。

第4章
巧用 DeepSeek 高效搞定日常行政办公

教师日常工作除了备课、授课、对学生进行考核与评估，还包括许多其他事务，如撰写专业介绍、行政通知、社会实践汇报等。而 DeepSeek 正是能为我们分担这些工作的得力助手。

4.1 使用 DeepSeek 撰写专业介绍

在高校招生过程中，教师经常需要编写专业介绍，以展示各个专业的特色和优势。专业介绍通常被用于招生宣传册、招生官方网站或学校主页，旨在吸引有意报考该专业的学生及其家长的关注。专业介绍中应详细阐述专业的独特亮点、优势、特色以及毕业生的就业前景等信息。

DeepSeek 能够帮助我们快速生成专业介绍。

> 向 DeepSeek 提问：
>
> 我需要一份关于【网络与新媒体】专业的详细介绍，用于学校招生宣传。具体要求如下：
> 1. 请突出该专业的核心优势和特色，以激发潜在学生及其家长的兴趣。
> 2. 专业介绍中需涵盖该专业的就业前景，包括毕业生可能从事的工作领域和职业发展路径。

3. 详细说明学习该专业后学生将掌握的关键技能和知识点。

4. 详细列举该专业的核心课程、研究方向及学习资源，让学生了解获得知识和技能的途径。

5. 强调学校在该专业领域的教学资源和实验设施，包括优秀的师资团队、丰富的科研项目和实践机会。

❤ DeepSeek回答：

网络与新媒体专业介绍——连接数字未来，塑造传播新势力

一、核心优势与特色：为何选择网络与新媒体

1. 跨学科融合，培育复合型人才

本专业深度融合新闻传播学、计算机科学、艺术设计、市场营销等多个学科领域，旨在培养既擅长内容创作，又精通数字技术应用的"全媒体"复合型人才。

2. 引领前沿技术，紧贴行业动态

课程覆盖人工智能、大数据分析、短视频制作、虚拟现实（VR）、增强现实（AR）等前沿技术，助力学生及时掌握数字时代的核心竞争力。

3. 实践导向，产学研深度融合

学校与众多知名互联网企业、传媒机构共建了实习基地，学生有机会参与真实项目，如品牌新媒体运营、短视频IP孵化等，从而积累宝贵的行业实践经验。

二、就业前景：未来职业的广阔舞台

随着数字化浪潮的席卷，网络与新媒体领域对人才的需求持续增长，本专业毕业生的就业前景十分广阔。

1. 热门岗位

毕业生可以从事新媒体运营经理、数字内容策划师、社交媒体数据分析师、短视频导演、编剧、互联网产品经理、品牌传播顾问等岗位。

2. 行业分布

（1）互联网巨头企业，如字节跳动、腾讯、阿里巴巴等。

（2）传媒机构，如央视、新华社、地方融媒体中心等。

（3）广告公关公司。

（4）政府及企事业单位的数字宣传部门等。

3. 就业率与薪资水平

近三年，本专业毕业生平均就业率达95%以上，起薪普遍高于传统文科专业约30%，在就业市场上具有较强的竞争力。

三、关键技能与知识点：你将掌握的核心能力

1. 技术能力

（1）数据分析与可视化：熟练掌握Python、Tableau等工具，能够进行数据的收集、整理、分析和可视化展示。

（2）基础编程与网页开发：掌握HTML/CSS、JavaScript等编程语言，能够进行简单的网页开发和交互设计。

（3）短视频剪辑与特效制作：熟练使用Premiere Pro、After Effects等软件，能够独立完成短视频的剪辑、特效制作和后期处理。

2. 内容创作能力

（1）全网平台文案策划：具备针对微信、抖音、小红书等社交平台的文案策划能力，能够撰写吸引人的标题和内容。

（2）交互式H5设计、信息图表制作技巧：掌握交互式H5设计和信息图表制作的方法，能够制作出具有吸引力和传播力的作品。

3. 传播理论素养

（1）网络传播规律、用户行为分析、舆情管理：了解网络传播的基本规律，能够进行用户行为分析和舆情监测与管理。

（2）商业思维能力：具备数字营销策略制定、品牌IP孵化、流量变现模式探索等商业思维能力，能够为企业或品牌提供有效的传播解决方案。

四、核心课程、研究方向及学习资源

1. 核心课程

新媒体概论、数字传播技术、社交媒体营销、网络舆情分析、数据新闻制作、交互设计原理、短视频创作与运营等。

2. 研究方向

智能媒体与算法传播、网络文化与亚文化研究、元宇宙与虚拟空间传播、数字社会治理与公共传播等。

3. 学习资源

（1）实验室：配备先进的4K影像工作室、VR/AR体验舱、大数据分析平台等。

（2）行业认证：与腾讯、字节跳动等知名企业合作，提供"新媒体运营师""数据分析师"等认证课程。

（3）国际交流：与海外知名高校（如美国南加州大学、英国利兹大学等）开展交换生项目。

五、教学资源与设施：我们的强大后盾

顶尖的师资团队：（略）

丰富的科研项目和实践机会：（略）

联系方式：[学校官网链接] | 招生热线：××–××

扫码关注：[学校新媒体平台二维码] 获取最新招生动态及学生作品展示。

4.2 使用 DeepSeek 撰写工作总结和计划

在学期结束之际，教师通常需要提交一份工作总结和计划，它是对整个学期工作脉络的系统梳理，重点展示过去一个学期的亮点与成就，并规划未来一个学期的工作方向。

工作总结和计划通常涵盖以下关键板块。

（1）上一学期任务概览回顾：简要回顾之前设定的教学目标、制订的教学方案以及采用的教学策略。

（2）实施效果综述：全面总结实际开展的教学活动，包括课堂讲授情况、学生反馈收集情况、班级秩序维护及课后个别指导情况等。

（3）成效评估与内省：深入分析学生的学习成效，总结教学活动的成功之处及存在的不足，并深刻反思教学策略的有效性、教学材料的适用性以及学生课堂活跃度等。

（4）面临的挑战与难题：明确指出在教学过程中遇到的问题，如学生积极性不高、教学资源不足、时间管理紧张等。

（5）应对策略与改进方案：针对识别出的问题，提出切实可行的解决方案和改进策略，以优化教学实施效果并提升整体教学质量。

（6）新阶段任务蓝图：规划新学期的教学目标，创新课程内容，探索教学手段的创造性应用，并优化学生考核方式等。

（7）个人成长与发展规划：制订教师个人自我提升计划，如参与专业培训、学术研讨、阅读前沿文献等，以促进教师个人专业成长和发展。

结合以上信息，我们来设计提示词，并向 DeepSeek 提问。

请你扮演一名【小学语文老师】，你的授课对象是【六年级上学期两个班级】的学生。现在你需要撰写工作总结和计划。请按照以下框架模板完成工作总结和计划。

工作总结和计划

［教师姓名］：××

［学年/学期］：××

一、上一阶段工作回顾

1. 教学目标

2. 课程安排

3. 教学方法与活动

二、实施情况概述

1. 授课情况

2. 学生反馈

3. 课堂管理

三、成果与反思

1. 学生表现

2. 教学亮点

3. 需要改进的地方

四、问题与挑战

1. 遇到的主要问题

2. 原因分析

3. 影响评估

五、改进措施

1. 针对问题的解决策略

2. 教学方法的调整

3. 资源和支持需求

六、下一阶段工作计划

1. 教学目标设定

2. 课程和活动规划

3. 预期成果

七、个人发展计划

1. 专业技能提升

2. 学术研究与合作

3. 继续教育计划

八、总结

1. 本阶段工作的主要收获

2. 对未来工作的展望

❥ DeepSeek回答：

工作总结和计划

[教师姓名]：××

[学年/学期]：六年级上学期

一、上一阶段工作回顾

1. 教学目标

在本学期初，我设定了明确的教学目标，旨在全面提升学生的阅读理解能力、写作表达能力、文学鉴赏能力等。同时着重培养学生的批判性思维和良好的学习习惯。

2. 课程安排

课程安排严格依据人教版六年级上册教材，确保各单元教学任务能够有序且高效地完成。每单元涵盖课文学习、生字词掌握、阅读练习、写作训练和口语交际等内容。每周安排四节语文课，保证教学进度。

3. 教学方法与活动

在教学过程中，我采用了多样化的教学方法，包括讲授法、讨论法、小组合作学习法和情景模拟教学法等。通过组织课堂讨论、小组合作阅读、朗诵比赛、写作工作坊和文学赏析等活动，有效激发了学生的学习兴趣，提高了他们的课堂参与度。

二、实施情况概述

1. 授课情况

在授课过程中，我注重因材施教，针对不同学生的学习能力和需求给予个别指导。通过提问、讨论和课堂练习及时检测学生的学习效果，并根据实际情况调整教学进度和难度，确保每位学生都能跟上教学节奏。

2. 学生反馈

学生普遍反映，多样化的教学活动使他们对语文课产生了更浓厚的兴趣。许多学生表示，通过小组合作学习和课堂讨论，他们的表达能力和团队合作能力得到了显著提升。

3. 课堂管理

我制定了明确的课堂规则和奖惩机制，确保课堂纪律良好。同时，通过积极鼓励和表扬，激发了学生的学习积极性，营造了积极向上的课堂氛围。

三、成果与反思

1. 学生表现

经过一个学期的努力，学生在阅读理解、写作和口语表达方面均取得了显著的进步。大部分学生能够独立完成课后作业，并在考试中取得了优异的成绩。

2. 教学亮点

（1）小组合作学习法有效提高了学生的课堂参与度和团队合作能力。

（2）情境模拟教学法使学生更深入地理解了课文内容，激发了他们的学习兴趣。

3. 需要改进的地方

（1）部分后进生的学习进度较慢，需要给予更多的个别辅导和关注。

（2）课堂时间分配有时不够合理，需进一步优化以确保每个教学环节都能充分展开。

四、问题与挑战
1. 遇到的主要问题
（1）学生间的学习差异较大，导致教学进度难以统一。
（2）部分学生对语文学习的兴趣不高，缺乏学习主动性。
2. 原因分析
（略）

4.3 使用 DeepSeek 撰写行政通知

一般而言，一份全面且规范的行政通知，应当涵盖以下几个核心要素：通知的主题、通知的目的、通知的具体内容、通知所涉及的时间与地点、相关责任人及执行的具体要求。接下来，我们将借助 DeepSeek 生成一份规范的行政通知。

向 DeepSeek 提问：

你是一位【小学】工作人员，拥有丰富的行政经验，请撰写一份行政通知，基本信息如下。
（1）受众：全校师生。
（2）目的：宣布学校新学期选修课的相关事宜。
（3）内容：请家长知悉选修课类型（20种），结合孩子的喜好，帮孩子选择合适的选修课（每个孩子最多可选择3门课程）。由于某些课程报名人数较多、较为火爆，因此家长需要提前按照规定时间及时预约。
（4）格式和语气：正式。
（5）发布方式：学校网站、电子邮件、公告板等。
（6）后续跟进和反馈机制：欢迎提出宝贵意见和建议，如有任何疑问，请及时与学校教务处联系。

DeepSeek 回答：

××小学202×—202×学年第二学期选修课选课事宜的通知
尊敬的全体师生及家长：

大家好！

为进一步落实素质教育要求，丰富学生的校园生活，我校将于新学期开设涵盖五大类别的选修课程（共计20种）。现就相关事项通知如下，请家长协助孩子共同完成选课事宜。

一、选修课类型及内容

本次选修课分为以下类别（部分示例）。

（1）学科拓展类：趣味数学思维、英文绘本阅读、科学实验工坊等。

（2）艺术素养类：创意美术社、陶艺制作、少儿合唱团等。

（3）体育健康类：武术基础班、篮球技巧训练、少儿瑜伽等。

（4）科技实践类：机器人编程、3D打印设计、航模制作等。

（5）生活技能类：小小烘焙师、植物养护课堂、礼仪与表达等。

完整课程列表及简介详见附件。

二、选课说明

（1）选课原则：每位学生最多可选择3门课程，请家长结合孩子的兴趣及特长进行科学规划。

（2）报名时间：202×年××月××日（周××）9:00至××月××日（周××）17:00。

（3）预约方式：请登录学校选课平台（网址：××.edu.cn）进行选课。

三、重要提醒

（1）热门课程（如机器人编程、创意美术社）名额有限，采取"先报先得"的方式。

（2）部分课程需自备材料（详见课程说明），请家长提前做好准备。

（3）课程确认后原则上不可更改，如有特殊情况需调整，请于开课后一周内提交书面申请至教务处。

四、反馈渠道

学校将持续优化课程设置，欢迎通过以下方式提出宝贵意见和建议。

☎ 教务处热线：××-××（工作日8:30—17:00）

✉ 电子邮箱：××@××.edu.cn

📍 现场咨询：行政楼203室教务处

感谢大家的支持与配合！

××小学教务处

（学校公章处）

202×年××月××日

附件：选修课手册

4.4 使用 DeepSeek 撰写暑期社会实践汇报

一份完整且规范的暑期社会实践汇报，通常应包含以下关键部分：标题、目录、活动背景和目的、活动内容和过程、活动成果和收获、活动反思和展望。

我们可以借助 DeepSeek 生成一份规范的暑期社会实践汇报模板。

向 DeepSeek 提问：

你是一位高校教师，拥有丰富的教学和行政经验，请撰写一份学生暑期社会实践汇报模板，以便学生能够更好地组织和规范实践活动汇报的内容。

DeepSeek 回答：

××大学202×年学生暑期社会实践汇报

汇报人信息：

- 姓名：××
- 学院/专业：××学院/××专业
- 年级：20××级
- 联系方式：××

一、实践项目概述

1. 实践主题

（此处需填写实践活动的核心主题，如"乡村振兴调研""社区志愿服务"等）

2. 实践时间

202×年××月××日—202×年××月××日

3. 实践地点

（此处需填写具体地点，如××省××市××县××单位或社区名称）

4. 实践团队/个人

（此处需填写团队名称或个人实践类型，如"乡村振兴调研团""自主实践"等）

5. 实践背景与意义

（此处简要说明选择该实践项目的背景、目的及其社会价值，控制在200~300字）

二、实践内容与过程

1. 前期准备

（1）实践方案设计，如调研计划、服务内容、合作单位联络等。

（2）知识技能储备，如培训、资料收集、工具准备等。

（3）团队分工与安全保障措施。

2. 实践实施

（分阶段或分模块详细描述具体活动内容，可结合图文展示）

第一阶段：实地调研/服务开展

- 时间、地点、参与人员等。
- 主要内容与形式，如访谈、问卷调查、志愿服务等。
- 典型事例或关键发现等。

第二阶段：数据分析/问题解决

- 数据整理方法与工具等。
- 团队讨论与解决方案形成等。

3. 实践特色

（突出创新点，如跨学科合作、新媒体传播、产学研结合等）

三、实践成果与成效

1. 量化成果

（如完成调研报告××份、服务时长××小时、受益人××名、媒体报道××篇等）

2. 社会影响

（对实践地或服务对象的实际帮助、政策建议采纳情况等）

3. 个人或团队成长

（如技能提升、团队协作能力，增强社会责任感等）

四、问题分析与改进建议

1. 实践中的困难与不足

（如调研对象配合度、资源不足、时间安排等）

2. 改进建议

（针对问题提出具体解决方案，如优化调研工具、加强前期沟通等）

五、实践感悟与启示

1. 思想感悟

（对民情、社情和国情的认知，专业与社会需求的结合，价值观提升等）

2. 职业发展启示

（实践对个人未来学业规划或职业选择的影响）

六、附录（可选）

- 实践日志精选
- 调研问卷/访谈提纲
- 活动照片（需附简要说明）
- 媒体报道截图或链接
- 合作单位证明/感谢信

七、致谢

（对指导老师、实践单位、团队成员等的感谢）

备注：

（1）正文字数：3000～5000字，重点突出实践过程与个人成长。

（2）根据实践类型（调研类、服务类、专业实习类）调整内容侧重点。

（3）语言需简洁规范，避免流水账式的描述，建议结合数据、案例、图片等增强说服力。

（4）格式要求：标题三号黑体，正文小四宋体，1.5倍行距，图文排版整洁。

接下来，我们向DeepSeek提供活动的具体信息，让DeepSeek按照上述模板生成完整的暑期社会实践汇报。

向DeepSeek提问：

我是【汉语言文学】专业的学生，刚完成为期【1个月】的【图书馆古籍整理与文化传播服务】的暑期社会实践，请你按照提供的模板生成一份完整的暑期社会实践汇报。

DeepSeek回答：

××大学2024年暑期社会实践汇报

汇报人信息：

- 姓名：李华
- 学院/专业：文学院/汉语言文学专业
- 年级：2021级
- 联系方式：lihua@××.edu.cn

一、实践项目概述

1. 实践主题

图书馆古籍整理与文化传播服务

2. 实践时间

2024年7月1日—2024年7月31日

3. 实践地点

××大学图书馆古籍文献部、读者服务部

4. 实践团队/个人

个人实践（由图书馆古籍文献部指导老师全程督导）

5. 实践背景与意义

古籍文献是中国传统文化的重要载体，但许多古籍因年代久远面临破损、利用率低等问题。作为汉语言文学专业的学生，我选择参与图书馆古籍整理与文化传播服务的实践，旨在通过所学助力古籍保护，同时探索将传统文化与现代读者需求相结合的路径。本次实践不仅提升了我对古籍版本、文献分类的认知，还通过策划读者活动增强了文化传播能力，为图书馆古籍保护与数字化服务提供了基础支持。

二、实践内容与过程

1. 前期准备

（1）实践方案设计：与图书馆古籍文献部指导老师沟通，制订"古籍整理+文化推广"双线计划，包括古籍编目、破损修复辅助、古籍主题读者活动策划等。

（2）知识技能储备：学习《古籍整理基础》《文献分类法》等书籍，参加图书馆组织的古籍修复观摩培训。

（3）安全保障措施：签署古籍操作安全协议，掌握库房温度和湿度控制及防尘手套使用规范。

2. 实践实施

第一阶段：古籍整理与编目（7月1日—7月15日）

- 地点：图书馆古籍文献部
- 内容：协助整理清代地方志、民国诗集等未编目古籍200余册，按"经史子集"分类标注；使用专业软件录入古籍基本信息（书名、作者、版本、破损程度）；参与3册虫蛀古籍的初步修复（除尘、平整页面等）。
- 典型事例：

发现一本清代《××县志》手抄本中记载的本地民俗歌谣，为研究方言提供了新线索，获得了图书馆古籍文献部老师的高度认可。

第二阶段：读者服务与文化推广（7月16日—7月31日）

- 地点：图书馆读者服务部
- 内容：策划"古籍里的中国"主题展览，撰写10篇展板文案，精选30幅古籍插图；组织2场"古籍修复体验"工作坊，指导50余名读者体验宣纸补书、线装书制作；在图书馆官网及社交媒体平台同步发布活动信息，扩大宣传范围。

3. 实践特色

（1）专业融合：将汉语言文学专业知识（如训诂学、文献学）应用于古籍内容解读。

（2）新媒体传播：通过短视频记录古籍修复过程，发布至B站等平台，累计播放量达1.2万次。

三、实践成果与成效

1. 量化成果

（1）完成213册古籍编目，录入500多条数据条目。

（2）组织4场读者活动，吸引240人参与。

（3）撰写3篇推文，制作并发布4条短视频，相关活动获《××日报》报道。

2. 社会影响

（1）帮助图书馆加快古籍数字化进程，部分修复成果将纳入"全国古籍普查平台"。

（2）读者调查显示，83%的参与者表示"增强了对古籍保护的关注"。

3. 个人成长

（1）掌握古籍编目基础技能，提升文献检索与文案撰写能力。

（2）深化对传统文化当代价值的理解，将"文化传播"确立为未来职业方向之一。

四、问题分析与改进建议

1. 实践中的困难与不足

（1）在古籍编目初期因不熟悉专业术语导致工作效率较低。

（2）读者活动宣传覆盖面有限，学生参与比例高于社区居民。

2. 改进建议

（1）建议图书馆开发《古籍术语速查手册》工具书，供志愿者使用。

（2）联合社区文化中心共同推广活动，拓宽受众范围，提高社区居民的参与度。

五、实践感悟与启示

1. 思想感悟

古籍不仅是纸张与文字的组合，更是中华文明的基因密码。在实践中亲手触摸到清代学者批注的墨迹，我深刻体会到了"为往圣继绝学"的责任与使命。

2. 职业发展启示

未来计划选修"数字人文"相关课程，探索AI技术与古籍研究的结合，让传统文化在现代社会焕发新的活力。

（略）

4.5 使用 DeepSeek 撰写活动策划方案

通过 DeepSeek，我们能够自动生成完整的活动策划方案，并获取创新想法和落地建议。

一般而言，活动策划方案应涵盖活动名称、活动目的、活动形式及活动预算等核心要素。因此，在设置提示词时，我们可以围绕这些关键点展开。

> **向 DeepSeek 提问：**
>
> 你是一位高校教师，拥有丰富的行政经验，请撰写一份校园【世界读书日】活动策划，基本信息如下。
>
> 1. 活动名称：书香校园——××大学庆祝世界读书日活动。
> 2. 目的：推广世界读书日，培养全校学生的阅读习惯，并进一步强化校园文化建设。
> 3. 时间：2025年4月23日—4月25日。
> 4. 地点：××大学校园内，具体活动地点将在后续通知中公布。
> 5. 活动形式：本次活动涵盖展览、朗诵会、图书以旧换新、豆瓣书评分享、好书推荐及图书漂流瓶等环节。
> 6. 参与对象：面向全校师生及广大校友开放。
> 7. 预算：总预算为10000元，宣传推广将从筹备阶段持续至活动结束。

> **DeepSeek 回答：**
>
> 书香校园——××大学2025年庆祝世界读书日活动策划方案
>
> 一、活动背景
>
> 2025年4月23日是第30个"世界读书日"，为积极响应全民阅读的号召，营造浓郁的书香校园氛围，培养学生终身阅读的良好习惯，提升全校师

生的人文素养，特策划出系列活动。活动以多元化的形式激发学生的阅读兴趣，共同打造具有特色的校园文化品牌。

二、活动主题

阅见世界，共享书香

三、基本信息

（1）活动名称：书香校园——××大学庆祝世界读书日活动。

（2）时间：2025年4月23日—4月25日。

（3）地点：图书馆大厅（主会场）、教学楼报告厅、学生广场、线上平台。

（4）参与对象：全校师生及校友。

（5）主办单位：校图书馆、校团委、学生会。

（6）协办单位：各学院、校友会、学生社团。

四、活动内容设计

1. 主会场活动（图书馆大厅）

（1）书香长廊——主题书展

时间：2025年4月23日—4月25日。

内容：

- 经典名著专区：展出中外经典文学作品及专业必读著作。
- 新书推荐墙：展示由师生投票选出的"年度最期待新书TOP20"。
- 校友著作展：陈列校友出版的学术专著及文学作品。

（2）声动校园——读书朗诵会

时间：2025年4月23日14:00—16:00。

形式：师生朗诵经典片段，辅以古筝伴奏及情景剧表演。

亮点：设立"即兴朗读角"，鼓励参与者现场录制音频并上传至学校官方电台。

2. 互动体验活动（学生广场）

（1）以旧换新，图书交换市集

时间：2025年4月24日10:00—17:00。

规则：携带三本旧书可兑换一本新书（新书由图书馆统一采购，并标注捐赠印章）。

延伸活动：设置"写给下一位读者"留言卡，传递阅读感悟与祝福。

（2）图书漂流瓶计划

时间：2025年4月23日—4月25日。

方式：在宿舍区、咖啡吧等地设置漂流书架，参与者取书需登记并承诺在规定时间内归还。

3. 线上活动（校公众号+豆瓣平台）

（1）豆瓣书评大赛

时间：2025年4月1日—4月25日（提前预热）。

规则：发布#××大学读书日#话题，评选"最佳短评"与"深度长评"，获奖者将获赠定制书灯等精美礼品。

（2）教授荐书直播间

时间：2025年4月23日19:30—20:30。

形式：邀请三位学科带头人进行直播荐书，并穿插抽奖赠书环节。

五、宣传方案

1. 前期（3—4月）

（1）公众号连载"教授书房探秘"系列图文，发布活动预告及倒计时。

（2）在校园标志性区域设置巨型书本造型打卡装置，扫码即可参与活动报名及互动。

2. 中期（活动期间）

（1）每日推送现场花絮短视频及精彩瞬间，发起#我在××大学读书#话题互动。

（2）校友会推出"校友读书故事"专栏，分享校友的阅读经历与感悟。

3. 后期（5月）

发布活动总结H5页面，展示漂流图书的流转轨迹、书评精选集及活动亮点。

六、预算分配（总计10000元）

（1）宣传物料：2500元（包括海报、横幅、书签、直播设备租赁等）。

（2）图书采购：3000元（用于新书兑换、漂流图书补充及奖品图书）。

（3）奖品及纪念品：2000元（定制书灯、文创笔记本等）。

（4）场地布置：1500元（展架、音响、绿植装饰及指示牌等）。

（5）其他费用：1000元（应急物资、志愿者补贴及临时支出）。

七、注意事项

（1）安全保障：制订详细的人流疏导方案，并为户外活动设置雨天备用场地。

（2）环保理念：倡导使用电子宣传页及可循环书袋，减少纸张浪费。

（3）数据留存：记录活动参与人次、图书流通量等数据，为校园文化建设报告提供有力支持。

八、预期效果

（1）预计有超过2000人参与，覆盖全校80%的师生。

（2）形成"图书漂流""教授荐书"等具有影响力的长效文化品牌。

（3）推动图书馆的图书借阅量提升15%，营造常态化的阅读氛围。

附件清单：

1. 附件1：活动日程表

2. 附件2：安全应急预案

3. 附件3：活动分工表

策划部门：××大学图书馆、党委宣传部

日期：2025年3月1日

方案说明：本方案注重传统与创新的结合（如线下市集与线上直播的互动），充分整合各方资源（联动校友、社团及校内各部门），并注重活动的可持续性与影响力（如漂流瓶计划的长期运营）。同时，方案兼顾了文化深度与学生参与度，符合高校行政活动的落地需求与期待。

4.6 使用 DeepSeek 撰写学生就业计划书

撰写学生就业计划书是大学生向相关企业或机构展示个人职业规划和能力，争取优质就业机会和发展空间的有效方式。一份完整的学生就业计划书应涵盖以下核心部分：个人信息和求职目标、个人能力和优势、职业规划和实现路径、学习和培训计划、实践经验和成果等内容。

借助DeepSeek，学生可以更加高效地整合上述信息，生成结构清晰、内容充实、表达专业的就业计划书。DeepSeek不仅能够帮助学生快速梳理个人优势与经历，还能为其提供个性化的建议，确保就业计划书既能真实反映求职者的实力，又能吸引招聘方的注意力，从而使学生在求职竞争中脱颖而出。

> **向DeepSeek提问：**
> 你是一位高校教师，拥有丰富的教学、指导和行政经验。请撰写一份学生就业计划书模板，帮助学生更好地认识自身职业规划，并向相关企业或机构展示职业规划与能力，以获得就业机会和发展空间。

DeepSeek回答：

学生就业计划书模板

一、个人基本信息

1. 姓名：

2. 性别：

3. 出生日期：

4. 联系方式（电话、邮箱）：

5. 所在院校及专业：

6. 学历层次（本科/研究生）：

7. 毕业时间：

二、职业目标

1. 短期目标（1～3年）

明确期望从事的行业领域、具体岗位及职业发展方向。

示例：期望进入××行业，从事××岗位，积累相关实践经验，并不断提升个人专业技能。

2. 中长期目标（3～5年及以上）

描绘职业发展的中长期愿景，如晋升至管理层、成为行业专家等。

示例：计划在××领域深耕，成为该领域资深专家，或创办自己的企业，实现个人价值与社会贡献的双重提升。

三、自我认知与能力分析

1. 优势

详细描述个人的核心能力与特长，如专业技能、沟通协调能力、团队协作能力等。

示例：熟练掌握××软件/工具，具备出色的数据分析与问题解决能力。

2. 劣势

客观分析自身存在的不足与短板，并提出切实可行的改进计划。

示例：目前缺乏××领域的实践经验，计划通过实习或专业培训等方式进行弥补。

3. 兴趣与价值观

阐述个人的职业兴趣及价值观，如追求创新、注重团队协作、关注社会公益等。

四、职业规划路径

1. 行业与岗位选择

明确目标行业及具体岗位，分析该行业的发展前景、岗位需求与个人能力的匹配程度。

示例：选择互联网行业产品经理岗位，因其发展前景广阔且与个人兴趣及能力高度契合。

2. 技能提升计划

列出需要掌握的新技能及学习计划，包括参加培训课程、考取相关证书等。

示例：计划学习Python语言，并考取项目管理专业人员资格认证（PMP）。

3. 实践经验积累

规划实习、项目参与或兼职经历，以增强实践能力与职业素养。

示例：申请加入某知名企业的实习项目，或参与校内外的创新创业实践项目。

五、求职策略与行动计划

1. 求职渠道

列出计划利用的求职渠道，如招聘网站、校园招聘会、校友推荐、社交媒体等。

2. 简历与求职信优化

定期更新简历，针对不同岗位定制求职信，以展现个人优势与岗位需求的匹配度。

3. 面试准备

制订详细的面试准备计划,包括模拟面试、常见问题练习、自我介绍及职业规划阐述等。

4. 时间安排

制定详细的求职时间表,明确各阶段的任务与目标,确保求职计划的有序推进。

六、资源与支持

1. 校内资源

充分利用学校就业指导中心、职业发展讲座、校友网络等资源,获取求职信息与指导。

2. 校外资源

积极参加行业论坛、专业社群活动,拓展人脉资源,了解行业动态。

3. 导师与校友支持

主动寻求导师或校友的职业建议与推荐机会,获取宝贵的行业见解与职业发展建议。

七、评估与调整

1. 定期评估

定期(如每季度、每半年)对职业规划的进展情况进行评估,分析目标达成情况与存在的问题。

2. 灵活调整

根据评估结果及时调整职业规划与行动计划,如更换目标行业、岗位或调整技能提升计划等。

八、结语

1. 总结与展望

重申个人的职业目标与规划,表达对未来职业发展的信心与期待。

2. 承诺与行动

承诺将严格按照计划执行,并不断努力提升自我,实现职业理想与人生价值。

附录

1.个人简历

2.相关证书复印件或作品集链接

注意事项：

1. 个性化定制

根据自身实际情况填写模板内容，避免千篇一律的模板化表达。

2. 简洁明了

语言表述要精练准确，重点突出，避免冗长与啰唆。

3. 可操作性强

职业规划要具体可行，便于执行与评估，确保职业规划的有效实施。

第 5 章
巧用 DeepSeek 优化学生日常事务管理

在对学生的日常事务管理中,教师经常面临时间紧迫与任务繁重的双重挑战。如何在确保工作质量的同时提高效率,成了教师亟待解决的问题。

将人工智能技术融入学生的日常生活和学习管理,以提升效率、优化体验并加强管理能力,已成为必然趋势。DeepSeek凭借其出色的数据处理、自然语言处理及智能分析功能,极大地简化了烦琐的日常事务。这不仅是一次工作方式的革新,更为教师减轻了负担,使他们能够更高效地开展工作。

5.1 放假通知,DeepSeek 助你精准表达

对于教师而言,撰写清晰、准确的放假通知至关重要。这不仅关系到学生能否及时获取放假信息,更在于避免信息传递中的误解。如今,借助DeepSeek的语义分析技术和强大的文本生成功能,教师可以轻松撰写出表述清晰、无歧义的放假通知。

我们以某大学国庆节放假通知为例,分析通知类文本的撰写要点。

××大学2024年国庆节放假通知

尊敬的师生及教职员工：

您好！

根据《国务院办公厅关于2024年部分节假日安排的通知》(国办发明电〔2023〕7号)精神，结合我校实际情况，现将2024年国庆节放假安排及相关注意事项通知如下。

一、放假时间

1. 国庆节放假时间

10月1日（星期二）至10月7日（星期一），共计7天。

2. 调休安排

（1）9月29日（星期日）上班，执行10月7日（星期一）课表。

（2）10月12日（星期六）上班，执行10月4日（星期五）课表。

二、工作安排

1. 各学院、部门须妥善安排值班和安全保卫工作，确保信息畅通。如遇重大突发事件，应按规定及时报告并妥善处置。

2. 放假前，请各学院、部门组织一次全面的安全隐患排查，确保校园安全稳定。

三、注意事项

1. 师生及员工在假期应注意人身和财产安全，遵守交通规则，不参与任何违法活动。

2. 外出旅游或探亲访友时，请密切关注天气变化和交通状况，确保行程安全。

3. 请各学院、部门负责人保持通信畅通，以便及时处理紧急事务。

四、温馨提示

国庆期间，请全体师生及员工合理安排休息与娱乐时间，保持良好的生活习惯和作息规律。

请全体师生于10月7日18:00前返校，10月8日（星期二）正常上课。

特此通知。

××大学校长办公室

2024年××月××日

可以看到，教师在撰写放假通知时，应当明确通知的目的，充分考虑受众的特点，遵循书面沟通的原则，使用简洁明了的语言，通过分段来有条理地呈现信息，并突出关键要点。同时，需结合学生的特性和需求，对通知内容及语言风格进行适当调整，确保通知涵盖所有核心信息。例如，放假的起止时间、假期安排及返校时间等。此外，加入人性化元素也至关重要，这有助于增强学生的归属感并营造亲切的氛围。

向 DeepSeek 提问：

请你扮演"智能放假通知助手"，作为教师的得力助手，负责撰写关于××大学××学院【节假日】的放假通知。你的核心任务是确保通知内容清晰、准确且易于理解，能够有效传达关键信息，具体要求如下：

1. 放假时间为2025年1月16日至2月19日，返校日期为2025年2月19日。

2. 使用简洁明了的语言，避免冗长和复杂的句子，确保学生能够轻松理解通知内容。

3. 按照放假时间、返校日期、教学活动安排等内容分段或分要点呈现，增强通知的可读性。

4. 考虑学生的年龄和阅读习惯，使用亲切、易懂的语言风格。

5. 加入人性化的元素，如祝福学生假期愉快、提醒学生注意安全等，以增强学生的归属感并营造亲切的氛围。

6. 提醒学生放假期间注意安全，包括离校和返校的具体流程、交通安全、个人财物保护等。

7. 字数在800字以内。

DeepSeek 回答：

××大学××学院2025年寒假放假通知

亲爱的同学们：

为了让大家能够提前规划好假期安排，根据学校的统一部署，并结合我院的实际情况，现将2025年寒假的具体安排及相关要求通知如下。

一、放假与返校时间安排

1.放假时间

2025年1月16日（星期四）至2月19日（星期三）。请注意，课程结束后的次日（1月16日）同学们方可离校，切勿提前离校，以免影响正常的教学秩序。

2.返校时间

同学们须在2025年2月19日（星期三）18:00前完成报到注册，2月20日（星期四）将正式上课。

温馨提示：返校后，请大家务必在班级群内完成线上签到，并携带学生证到辅导员办公室进行假期去向登记的核销。

二、教学活动调整

1.课程与考试

补考的具体安排将于2月17日在教务系统上公布，请大家届时登录系统查看。

2.实践与科研

参与寒假社会实践的团队，请于1月12日前将安全承诺书提交至学工办。

三、离校与留校注意事项

1.离校流程

1月15日（星期三）为本学期最后一个教学日，请大家认真完成期末考核。实验室将开放至1月14日17:00。寒假期间需要使用实验室的同学，请于1月10日前提交申请。

请大家在离校前关闭宿舍的电源、水源，锁好门窗，并将贵重物品随身携带。同时，须在"智慧校园"App中提交"假期去向登记表"，提交截止时间为1月14日22:00。

2.留校申请

因特殊原因需留校的同学，请在1月8日前填写"寒假留校申请表"。审批通过后，学院将统一安排集中住宿。留校期间，请大家遵守宿舍管理规定，每晚22:30前需返回宿舍打卡。

四、假期安全提醒

1.交通安全

请大家乘坐正规的交通工具，拒绝乘坐非法营运车辆。途中请全程佩戴口罩，注意个人防护。建议提前购票，避开春运高峰（1月24日至2月5日），并优先考虑使用学校合作的"学子返乡专列"。

2. 财产安全

警惕电信诈骗，切勿轻信"刷单兼职""低价购票"等虚假信息。同时，请大家保管好身份证、学生证等重要证件，建议复印备份以防丢失。

3. 健康防护

注意饮食卫生，减少不必要的聚集活动。在流感高发期，请大家做好个人防护。如遇突发情况，请及时联系辅导员或拨打学院24小时值班电话：××-××。

五、温馨寄语

寒假不仅是休整身心的时光，更是自我提升的契机。

（1）制订阅读计划（学院推荐书单详见附件）。

（2）参与"我为家乡代言"短视频创作活动（优秀作品可获得综合素质加分）。

（3）多陪伴家人，主动承担家务，践行感恩教育。

最后，祝大家度过一个平安、充实、温暖的春节假期！期待在新学期与活力满满的你们重逢！

××大学××学院学生工作办公室
2025年1月10日

附：通知查询渠道

1. 学院官网"通知公告"栏
2. 班级群文件（推荐书单、留校申请表模板等）
3. 官方微信公众号"××学院青年"（回复"寒假"即可获取完整通知）

可以看出，借助提示词引导，DeepSeek生成的放假通知不仅符合通知的撰写要求，还充分展现了学院的严谨性与专业性。

由DeepSeek生成的放假通知具有如下特点。

（1）DeepSeek生成放假通知的速度极快，能在短时间内迅速整合并呈现大量信息。它全面、准确地包含了放假时间、返校时间、教学活动安排等关键信息，确保了放假通知的时效性与准确性。

（2）在DeepSeek生成放假通知的过程中，能够自动优化文章结构和语言表达，使放假通知结构清晰、逻辑顺畅，便于读者快速获取所需内容。这不仅提升了学生的阅读体验，也减轻了教师在撰写通知时的工作负担。

（3）DeepSeek生成的放假通知还融入了对学生的人文关怀和温馨祝福，增强了学生对学院的归属感和亲切感。这种个性化的关怀不仅体现了学院的人文精神，也提升了放假通知的吸引力和感染力，进一步促进了师生之间的良好关系。

5.2 设计调查问卷，统计学生开学返校情况

新学期伊始，统计学生返校情况，是教师的重要工作之一。有时，领导只是简单交代："××老师，辛苦你在开学时把学生返校情况统计好。"然而，这样笼统的要求往往让教师不知从何下手。

1. 问卷设计

统计学生返校情况并非难事，关键在于如何设计一份高效的调查问卷。要设计出优质的问卷，我们可以借助 DeepSeek 获取学生返校统计的关键信息。

> **向 DeepSeek 提问：**
> 请你扮演高校的辅导员，基于你在统计返校情况方面的经验，为××学院设计一套完善的大学生开学返校情况统计方案。具体要求如下。
> 1. 依据大学生返校的管理需求，明确统计内容的核心要点。
> 2. 细化每个统计要点下的具体项目，确保内容涵盖全面，同时保持语言简洁明了。

> **DeepSeek 回答：**
> ××学院大学生开学返校情况统计方案
> 一、统计内容核心要点
> 针对××学院的大学生开学返校情况，统计方案核心要点如下。
> 1. 学生基本信息：确保能够准确识别每位学生，为后续的管理和服务提

供基础数据。

2. 返校时间信息：掌握学生的返校时间，便于安排接待、宿舍分配和教学活动等。

3. 健康状况信息：了解学生的健康状况，确保校园安全，预防疫情等突发情况。

4. 行程详情：掌握学生的返校行程，便于为其提供必要的交通指引和协助。

5. 特殊需求：了解学生的特殊需求，以便为有需要的学生提供个性化服务。

二、具体项目细化

1. 学生基本信息
- 姓名
- 学号
- 班级/专业
- 联系电话
- 紧急联系人及电话

2. 返校时间信息
- 计划返校日期
- 实际返校日期（待学生返校后填写）
- 是否按时返校（是/否，若否，请说明原因）

3. 健康状况信息
- 体温情况（正常/异常，若异常，请填写具体体温）
- 是否有发热、咳嗽等症状（是/否，若否，请跳过后续健康相关问题）
- 近期是否有疫情中高风险地区旅居史（是/否，若是，请说明详情）
- 其他健康状况说明（如有，请填写）

4. 行程详情
- 返校交通方式（火车、飞机、汽车、自驾等）
- 出发地
- 预计到达时间
- 是否需要学校提供接站服务（是/否）

5. 特殊需求
- 是否需要帮助搬运行李（是/否）
- 是否需要特殊住宿安排，如残疾人宿舍、单人间等（是/否，若是说明具体需求）
- 其他特殊需求（选填）

可以看出，该统计方案设计科学合理，结构清晰且内容全面，既涵盖了学生基本信息、返校时间、健康状况等核心要点，又细化了具体项目，确保信息无遗漏且易于统计处理。通过该方案的实施，教师能够高效获取学生返校信息，为后续校园管理工作的顺利开展提供可靠的数据支持，同时也能更好地满足学生的个性化服务需求。整体而言，该方案具有较强的实用性和可操作性，是开展学生返校管理工作的有效工具。

2. 问卷收集

在明确以上统计内容后，下一步是将这些信息汇总到问卷平台并发布。

这里推荐使用腾讯文档，其【大纲录入】功能十分便捷，输入关键词，系统即可自动匹配标题，界面右侧可以同步预览标题信息。这不仅降低了创建收集表的成本，还让统计工作变得轻松、高效。

第1步 访问腾讯在线文档（https://docs.qq.com/），新建一个收集表，然后选择【大纲录入】功能，如图5-1所示。

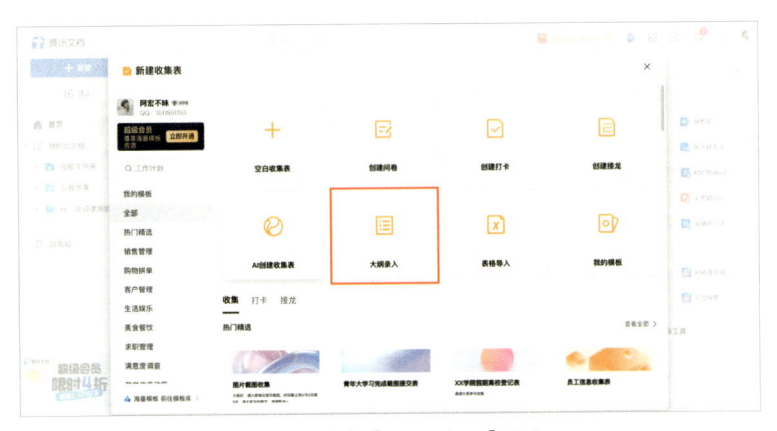

图5-1 选择【大纲录入】功能

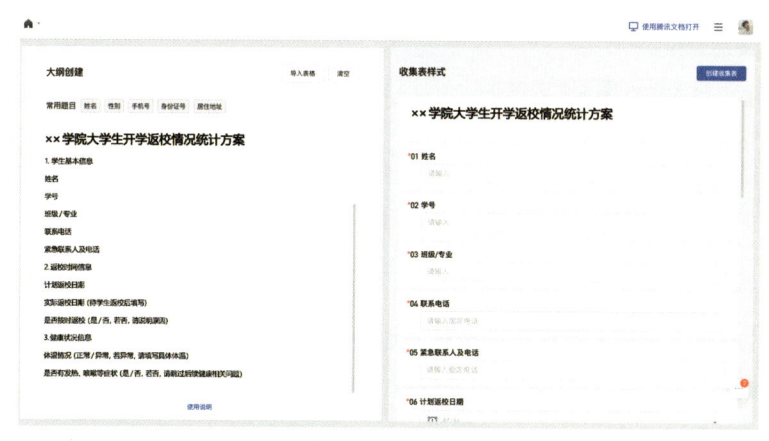

第2步 将DeepSeek生成的问卷调查内容，整理填入大纲创建区域，完成后，单击"创建收集表"按钮，如图5-2所示。

图5-2 单击"创建收集表"按钮

第3步 对生成的表格选项进行优化完善。例如，在"是否按时返校"问题中，初始只有"是和否"两个选项，如图5-3所示。

图5-3 "是和否"两个选项

此时，我们可以借助AI功能进行完善。单击该选项，下方功能栏显示"让AI文档助手帮你添加问题"，如图5-4所示。

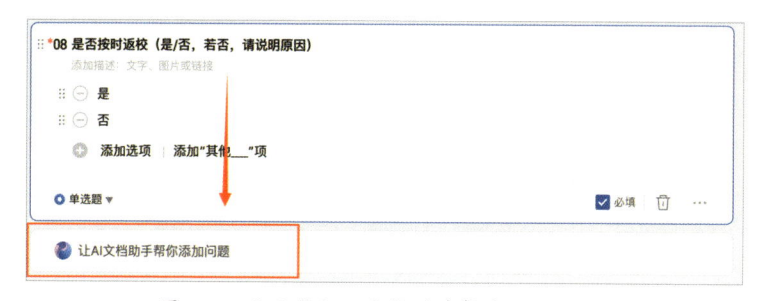

图5-4 显示"让AI文档助手帮你添加问题"

接着，我们输入指令："是否按时返校（是/否，若否，请说明原因）"，补充完整选项，使其包含三个信息选项，单击"发送"按钮，如图5-5所示。

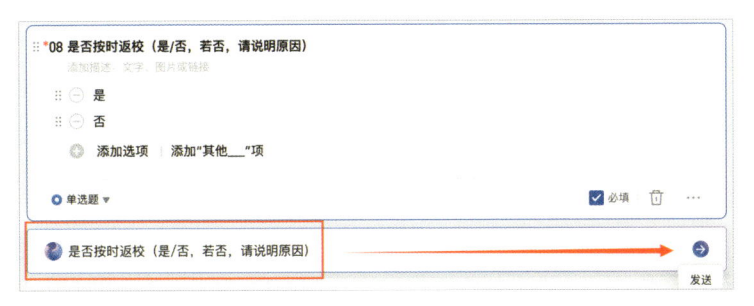

图 5-5　输入指令并单击"发送"按钮

单击"立即生成"按钮，系统就可以结合我们的指令重新生成具有针对性的选项，如图5-6所示。

图 5-6　单击"立即生成"按钮

此时，我们可以看到修改后的选项更符合学生填写的场景，如图5-7所示。

资源下载码：250618

图 5-7 修改后的选项

第4步 完成问卷设计后，单击"发布分享"按钮，可以选择通过QQ、微信以二维码或链接形式分享至班级群，如图 5-8 所示，开始收集学生返校信息。

图 5-8 分享问卷

5.3 谈心谈话，快速记录并提炼要点

在教师的日常工作中，谈心谈话是重要的工作内容。然而，受时间、

环境及精力等因素限制，教师在记录谈心谈话要点时的质量和效率往往难以保证。教师通常负责多个班级且学生数量众多，日常行政事务繁忙，难以保证有足够的时间和精力与每位学生进行深入交流。此外，教师需要针对不同学生采取不同的谈心谈话策略。而在谈心谈话过程中，学生可能会因谈话方式或环境因素而有所保留，不愿充分表达自己的想法和感受，这会影响谈话效果，导致记录内容不够全面，从而增加了工作的复杂性。

因此，如何克服这些困难，提升谈心谈话的记录效果，成为教师亟待解决的问题。

我们可以借助DeepSeek来设计个性化的谈心谈话方案，优化沟通技巧，精准捕捉学生情感变化。此外，在谈心谈话的同时，AI可以同步语音录入并自动提炼关键信息，辅助教师进行总结回顾，制订具有针对性的跟进计划，确保问题得到有效解决。

1. 利用 AI 工具精准识别学生问题成因

教师在开展谈心谈话时会涉及学习方法、情绪管理、压力应对、人际关系处理、职业规划、生活困扰解决等方面。因此，在提炼AI提示词时，应当围绕以上几个场景构建提示词模板。

> **学习方法提示词：**
>
> 　　你是一位"智能学风优化专家"，作为教师的得力助手，你的核心能力是精准分析学习数据并识别学习困难学生。请利用你的数据分析能力，针对学习困难的学生，准确分析其学习难点及成因，并为学生制订个性化提升方案。
>
> 　　该生的情况如下。
>
> 　　【输入学生的学习表现及相关情况，如成绩、出勤、作业情况等】

> **情绪管理提示词：**
>
> 　　你是一位"情绪管理专家"，作为教师的得力助手，你的核心能力是精准识别并分析学生的情绪问题。请针对情绪管理不当的学生，深入分析和解

读学生的情绪问题来源,并为学生制订个性化的情绪管理方案,帮助学生有效管理情绪,从而提升其学习效率与生活质量。

学生的情况如下。

【输入学生的情绪表现及相关情况,如焦虑、抑郁、易怒等】

压力应对提示词:

你是一位"压力管理专家",作为教师的得力助手,你的核心能力是精准识别并分析学生的压力来源。请针对压力应对不当的学生,深入分析和解读学生的压力来源,并为学生制订个性化的压力管理方案,帮助学生有效应对压力。

学生的情况如下。

【输入学生的压力表现及相关情况,如学习压力、人际关系压力等】

人际关系处理提示词:

你是一位"人际关系处理专家",作为教师的得力助手,你的核心能力是优化人际关系并分析解决学生的人际问题。请针对人际关系存在问题的学生,进行深入分析和解读,帮助学生识别问题所在,并制订个性化的解决方案,以帮助学生建立良好的人际关系,从而提升学生的幸福感。

学生的情况如下。

【输入学生人际关系问题的具体表现】

职业规划提示词:

你是一位"职业规划专家",作为教师的得力助手,你的核心能力是精准分析学生的职业倾向、潜能,并进行职业生涯规划。请利用你的数据分析能力,针对需要职业规划指导的学生进行深入分析和解读,帮助学生明确职业目标,制订个性化的职业发展方案,以提升其就业竞争力。

学生的情况如下。

【输入学生的职业兴趣、能力倾向、学习背景等情况】

> 🔟 **生活困扰解决提示词：**
>
> 　　你是一位"生活困扰解决专家"，作为教师的得力助手，你的核心能力是精准识别并分析学生生活困扰的来源，并提供解决方案。请针对生活困扰较多的学生，进行深入分析和解读，明确学生困扰的根源，并为学生制订个性化的解决方案，以帮助学生克服困扰、优化学风。
>
> 　　学生的情况如下。
>
> 　　【输入学生生活困扰的表现及可能的原因，如经济压力、家庭问题、健康问题等】

2. 快速生成个性化谈心谈话清单

　　针对不同类型需求的学生，教师开展谈心谈话前需做好充分准备。通过明确谈话主题、收集学生信息、制订谈话计划、保持积极心态以及应对突发情况等措施，可以有效提升谈心谈话效果。

　　以下为具体操作思路及AI辅助提示词模板。

> 🔟 **向 DeepSeek 提问：**
>
> 　　你是一位"智能谈心专家"，作为教师的得力助手，专注于为学生提供个性化指导。请为××主题（如学习情况、心理健康、职业规划等）准备一份谈心谈话问题清单。具体要求如下。
>
> 　　1. 问题需具体、清晰且易于理解。
> 　　2. 确保问题具有针对性、引导性和开放性，能够深入了解学生的真实想法和需求。
> 　　3. 注重语言的表达和措辞，确保语气亲和、温暖，体现对学生的关心。
> 　　4. 通过问题的设置，传递对学生的信任，激发学生的积极性。
> 　　5. 考虑可能遇到的突发情况，如学生情绪失控、谈心谈话内容偏离主题等，确保谈心谈话的顺利进行。
>
> 　　学生情况如下
>
> 　　【输入学生谈心谈话的主题，列出学生相关信息】

　　以小明同学与室友关系不和为例，以下是DeepSeek给出的回复。

DeepSeek回答：

针对小明同学"室友关系融入难题"的谈心谈话问题清单

结合针对性、引导性与情感支持，分阶段推进沟通。

第一阶段：建立信任，了解现状（共情式提问）

1. 生活感知

"最近在宿舍生活中，有没有一些瞬间让你感到特别放松或温馨？或者，有没有哪些细节让你觉得不适应或很困扰？"

（从具体场景切入，避免直接聚焦矛盾，以降低学生的防御心理）

2. 自我定位

"如果用三个词形容你理想中的室友关系，你会选择哪三个词？你觉得目前的关系与理想状态之间的差距主要体现在哪些方面？"

（通过对比引导学生明确需求，避免停留在抱怨层面）

3. 情绪接纳

"当你感到难以融入时，通常会如何处理情绪？是找找朋友倾诉，还是通过其他方式来调节？"

（了解学生的情绪应对方式，为后续提供支持策略做铺垫）

第二阶段：探索问题根源（引导归因分析）

1. 冲突回溯

"能否回忆一个具体场景，当你感觉被室友'无意中'疏远了？当时的感受和反应是什么？"

（用"无意中"弱化对立感，聚焦行为而非人格评价）

2. 归因模式

"你认为室友间的默契是自然形成的，还是需要主动沟通和调整？你更倾向哪种方式？"

（揭示学生的认知倾向，判断是行动力不足还是认知偏差）

3. 隐性需求

"如果室友能理解你一个隐藏的期待，你希望是什么？"

（挖掘深层需求，如被尊重或获得参与感等）

第三阶段：引导反思与行动（赋能式提问）

1. 资源盘点

"过去在班级或社团中，你有成功融入的经历吗？当时用了什么方法？这些方法能否用在室友关系中？"

（唤醒学生已有的成功经验，增强自信）

2. 微行动试探

"如果下周尝试一个小改变，如主动邀请室友一起打水或分享零食，哪种方式你更容易接受？"

（将抽象行动拆解为可操作的步骤，降低心理门槛）

3. 风险预判

"如果主动示好后没有得到预期回应，你会如何看待？需要哪些支持来应对可能的失落感？"

（此问题旨在提前预案，增强学生的心理韧性）

第四阶段：制订个性化方案（合作式共创）

1. 关系重构实验

"我们可以设计一个'21天室友互动实验'，即每周选择一个低难度的行动，如点赞室友朋友圈、参与一次宿舍夜聊等，你愿意尝试哪些具体行动？"

（将长期目标分解为可量化的短期行为，增强学生的掌控感）

2. 外部支持激活

"如果需要帮助，你更希望老师组织团体活动，还是单独约某位室友谈心？"

（提供选择，兼顾学生的隐私需求）

第五阶段：巩固信心与长期视角

1. 认知重塑

"有人说'室友不必成为挚友，保持友善协作即可'，你怎么看？这种观点是否能减轻你的压力？"

（调整非黑即白的认知，拓展人际关系的多元可能性）

2. 成长性思维

"假设三年后回顾现在的困扰，你觉得它会如何影响你的社交能力？可能带来哪些收获？"

（从长远视角弱化当下焦虑）

第六阶段：交流保障：突发情况应对与引导策略

1. 情绪失控时的干预

暂停提问，进行安抚（递纸巾、调整座位距离），使用共情语句："我注意到你很委屈，这种情绪确实很难承受。"

2. 偏离主题时的引导

用自然引导的方式回归主题："你刚才提到××，这和室友相处有什么关联吗？"。

3. 沉默抗拒时的应对

提供选择题而非开放式提问："有些同学会通过写日记梳理情绪，也有些会通过运动释放压力，你觉得哪种方式更适合你？"

通过上述优化，问题清单更加系统化、实用化，既能有效引导学生深入反思，又能传递老师的信任与支持，助力学生从被动承受转向主动探索，逐步构建可持续的社交策略。

3. 利用AI工具快速记录谈心谈话内容

在开展谈心谈话时，可以使用通义等工具进行实时记录和内容归纳。

使用途径1：网页端

搜索【通义】并注册登录，选择【实时记录】功能，然后单击【开始录音】按钮，系统即可开始实时语音转文字，如图5-9所示。

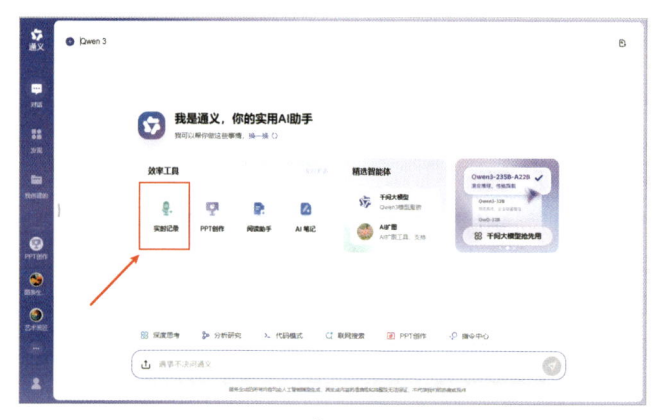

图5-9　选择【实时记录】功能

使用途径2：移动端

微信搜索【通义效率助手】小程序并注册并登录，选择【实时记录】选项，然后单击【开始录音】按钮即可。

通义的【实时记录】功能不仅可以实现实时语音转文字，还能在录音结束后自动生成归纳总结。

下面是通义的【实时记录】功能对某次谈心谈话记录和总结示例。

李一（化名），女，20岁，大二学生。该生大二上学期性格开朗，积极参与学院各项活动，与同学相处融洽。然而，大二下学期开学第一周，李一主动来到办公室求助，反映近期因学习问题产生严重焦虑情绪，出现注意力难以集中等表现。

经深入了解，问题主要源于寒假期间的家庭环境：家人持续强调学业重要性及当前就业形势的严峻性，同时对其第一学年成绩提出批评，要求其加倍努力。虽然李一最初对自身成绩持相对乐观的态度，但在家人持续施压下，逐渐产生自我怀疑，对未来发展感到迷茫。新学期开始后，该生虽有意向投入学习，却出现明显的逃避行为，这种逃避进一步加剧了焦虑情绪，形成恶性循环。最终，李一意识到自身状态异常，主动寻求老师帮助。

根据李一的情况，我们将该案例归类为情绪管理问题，并导入情绪管理提示词模板，向DeepSeek提问。

> 🔊 **向DeepSeek提问：**
>
> 你是一位"情绪管理专家"，作为教师的得力助手，你的核心能力是精准识别并分析学生的情绪问题。请针对情绪管理不当的学生，深入分析和解读学生的情绪问题来源，并为学生制订个性化的情绪管理方案，帮助学生有效管理情绪，从而提升其学习效率与生活质量。
>
> 学生的情况如下。
>
> 李一（化名），女，20岁，大二学生。该生大二上学期性格开朗，积极参与学院各项活动，与同学相处融洽。然而，大二下学期开学第一周，李一主动来到办公室求助，反映近期因学习问题产生严重焦虑情绪，出现注意力

难以集中等表现。

经深入了解,问题主要源于寒假期间的家庭环境:家人持续强调学业重要性及当前就业形势的严峻性,同时对其第一学年成绩提出批评,要求其加倍努力。虽然李一最初对自身成绩持相对客观的态度,但在家人持续施压下,逐渐产生自我怀疑,对未来发展感到迷茫。新学期开始后,该生虽有意向投入学习,却出现明显的逃避行为,这种逃避进一步加剧了焦虑情绪,形成恶性循环。最终,李一意识到自身状态异常,主动寻求老师帮助。

DeepSeek回答:

李一同学情绪问题分析与个性化管理方案

一、情绪问题来源分析

1. 家庭压力

(1)外部压力:家人过度强调学习成绩和就业形势,使李一承受了较大的外部压力。

(2)自我认同感受损:家人对其第一学年成绩的负面评价,导致李一自我认同感降低。

2. 自我认知偏差

(1)消极思维:原本李一对自身成绩持相对乐观态度,但家人的负面评价引发了"成绩无望,未来黯淡"的消极想法。

(2)负面自我暗示:这种消极想法进一步加剧了她的焦虑情绪,形成了负面自我暗示。

3. 逃避行为

(1)压力应对方式:李一选择逃避学习应对焦虑,反而加重了焦虑。

(2)恶性循环:逃避行为导致学习进度滞后,形成恶性循环。

4. 情绪累积与爆发

李一长时间的情绪积压未得到有效释放,最终在大二下学期开学时集中爆发,表现为情绪崩溃与求助行为。

二、个性化管理方案

1. 认知重构

(1)目标:帮助李一重新审视自身学习成绩和就业前景,树立积极的自我认知。

（2）方法：

- 与李一进行深入对话，引导她认识到家人的批评虽出于关心，但不一定完全客观准确。
- 鼓励李一列出自己的优点和成就，增强自信心。
- 设定合理的学习目标，关注学习过程而非仅注重结果。

2. 情绪调节技巧

（1）目标：教授李一有效的情绪调节方法，以应对焦虑情绪。

（2）方法：

- 放松训练：进行深呼吸、冥想等放松训练，帮助李一在紧张时快速平复情绪。
- 正念练习：引导李一关注当下，减少对未来不确定性的过度担忧。
- 情绪日记：记录每天的情绪变化及触发因素，提高情绪觉察能力。

3. 行为激活

（1）目标：打破逃避学习的恶性循环，逐步恢复正常学习状态。

（2）方法：

- 制订计划：制订详细的学习计划，将大目标分解为小任务，逐步完成。
- 奖励机制：建立学习奖励机制，每完成一项任务后给予自己小奖励，增加学习动力。
- 学习支持：鼓励李一参加学习小组或寻找学习伙伴，共同学习，相互支持。

4. 家庭沟通策略

（1）目标：改善李一与家人的沟通方式。

（2）方法：

- 沟通技巧：教授李一有效的沟通技巧，如使用"我"语言表达感受，避免指责和冲突。
- 共同规划：建议李一与家人共同制订合理的学习计划和就业规划，确保双方沟通顺畅。
- 分享进步：鼓励李一分享自己在学校的进步和成就，增进家人的信任和支持。

5. 持续跟踪与反馈

（1）目标：确保情绪管理方案的有效实施并及时调整策略。

（2）方法：

● 定期沟通：定期与李一进行情绪管理进展的沟通，了解她的情绪变化和学习状态。

● 动态调整：根据李一的反馈，适时调整情绪管理方案，确保方案的实用性和有效性。

● 心理支持：鼓励李一在遇到困难时及时求助，提供必要的心理支持和资源链接。

三、总结

李一的情绪问题主要来源于家庭压力、自我认知偏差、逃避行为及情绪累积与爆发。通过认知重构等个性化情绪管理方案结合情绪调节技巧，可以帮助李一有效管理情绪，提升学习效率和生活质量。同时，引导李一认识到情绪管理是一个持续的过程，需要她不断学习和实践。

DeepSeek 展现出了卓越的分析能力，在极短时间内精准捕捉到了李一情绪问题的核心根源，为后续制订个性化管理方案筑牢了坚实根基。尤为重要的是，DeepSeek 将家庭压力和自我认知偏差作为重点剖析对象，精准抓住了李一情绪问题的关键所在。

同时，DeepSeek 针对李一的情绪问题，量身定制了一套具有针对性和实用性的解决方案。方案中的各模块紧密相连、相互配合，构建起一个完整且科学的情绪管理体系。若该方案能够顺利实施，李一可以有效掌控自身情绪，显著提升学习效率与生活质量。此外，该方案充分体现了对李一个体差异的尊重与理解，展现出对其情绪问题的全面关注与细致关怀。

5.4 起草违纪处理文件不用愁

学生违纪行为通常涵盖学术不端（如抄袭、作弊）、违反校规校纪（如旷课、夜不归宿)、破坏公共财物、扰乱校园秩序等行为。教师在处理学生违纪行为时，一般需经过询问、调查、审理、决定等环节。其中，在调查和审理环节，教师需整理大量证据材料并撰写违纪处理文件，这一过程耗时费力且容易出错，增加了教师的工作负担，降低了文件起草效率。

如今，借助AI工具(如DeepSeek)，教师可以高效、精准地分析学生违纪行为，具体步骤如下。

(1) 证据整理：将谈话记录、时间线、视频、聊天记录等材料整理成文档并上传至AI工具。

(2) 智能分析：根据违纪行为的定义和要求，输入标准化提示词，引导AI进行深度分析。

AI工具的核心功能如下。

(1) 自动生成初稿：通过模板化提示词，生成包含违纪描述、处理依据及建议措施的初稿。

(2) 智能校对：检查语法、逻辑问题，并提供优化建议。

(3) 动态调整：根据审核反馈或学校最新政策修订文件内容。

经AI工具处理的文件既能确保合规性，又能显著提升教师工作效率。下面，我们按流程将文件起草工作分为两个步骤。

1. AI工具专业分析学生违规行为

> **向DeepSeek提问：**
>
> 你作为"纪律分析专家"，须精通《普通高等学校学生管理规定》及校园纪律，并具备敏锐的判断力与分析能力。请针对学生的具体违纪行为，完成以下任务。
>
> 1. 精准界定事实
>
> 深入分析事件的前因后果，明确学生的行为动机。
>
> 2. 制定处理意见
>
> (1) 客观评估该行为对校园秩序及学生成长的潜在影响。
>
> (2) 结合学校规定与实际情况，提出合理且有效的处理方案，为后续跟踪管理提供依据。

3. 情感引导与教育

（1）深入分析学生行为背后的情感需求。

（2）引导学生认识错误，并积极改正。

分析结果呈现要求如下。

（1）逻辑清晰，结论明确。

（2）语言简洁易懂，便于教师理解与应用。

学生违纪行为相关材料如下。

（此处可补充具体材料内容）

以学生张三在宿舍违规使用大功率电器导致整栋宿舍楼停电的行为为例，DeepSeek 给出的回复如下。

DeepSeek 回答：

学生张三违纪行为分析报告

一、事实依据与行为界定

1. 事实依据

（1）时间：2025年3月10日

（2）事件概述：学生张三在宿舍违规使用大功率电器（电煮锅1500W、电吹风1200W），导致宿舍楼电路过载停电，影响整栋楼学生的正常生活，停电时长约2小时。

2. 违规行为认定

（1）违反《高等学校消防安全管理规定》第18条第3款："学生宿舍、教室和礼堂等人员密集场所，禁止违规使用大功率电器，在门窗、阳台等部位不得设置影响逃生和灭火救援的障碍物。"

（2）违反学校《宿舍管理条例》第5.3款："严禁使用功率超过800W的电器。"

3. 行为性质

（1）安全隐患：直接威胁宿舍楼电路安全，可能引发火灾。

（2）群体影响：导致公共设施瘫痪，干扰他人正常生活。

4. 行为动机分析

（1）直接原因：追求生活便利（自主烹饪、快速吹干头发），忽视安全风险。

（2）心理因素：侥幸心理（认为"偶尔使用无妨"）、规则意识淡薄（未意识到行为的严重性）。

（3）潜在诉求：可能反映张三对食堂开放时间、公共吹风机数量不足的不满，但未通过合规渠道反馈。

二、影响评估

1. 对学校管理的负面影响

（1）电路系统可能因过载加速老化，维修成本增加（预估约5000元）。

（2）若不严肃处理，易引发其他学生效仿，破坏纪律权威。

2. 对个人成长的危害

（1）张三可能因处分影响评优、奖学金等资格，心理压力增大。

（2）若未纠正错误认知，未来可能重复出现类似行为，甚至引发更严重的安全事故。

三、处理意见与教育方案

1. 纪律处分建议

（1）基础处理：根据相关规定给予警告或严重警告处分，并通报批评以警示他人。

（2）附加责任：要求张三承担宿舍电路检修的部分费用，并参与安全知识培训。

2. 教育引导措施

（1）情感疏导：

①辅导员约谈，了解其生活需求并反馈至后勤部门（如增设公共吹风机）。

②开展"安全与责任"主题班会，引导集体讨论。

（2）行为矫正：

①要求张三在宿舍楼内进行1次公开检讨及安全宣讲。

②签订"安全承诺书"，设置1个月观察期，由宿舍长每周反馈其表现。

四、后续跟踪与制度优化

1. 对涉事学生

每月1次心理辅导，观察期结束后可申请降低处分等级。

2. 对管理改进

（1）设施优化：在每层楼增设2台公用吹风机，开放公共厨房。

（2）宣传教育：每学期开展"安全用电宣传周"，组织停电应急演练；将本次事件纳入安全教育案例库。

五、总结

本次事件需兼顾规则刚性与教育温度：既通过处分维护了纪律权威，又以疏导方式解决学生实际需求，推动"惩—教—防"一体化管理体系建设。

分析人：纪律分析专家组

××大学学生工作处

2025年3月11日

利用AI工具高效分析学生违纪行为的证据与事实，通过逐一梳理，确保每一份违纪处理文件都建立在事实依据之上，做到准确无误，客观公正。

2. AI工具辅助生成并优化违纪处理文件，让效率倍增

基于AI工具对学生违规行为的分析结果，利用其自动生成违纪处理文件初稿的功能。首先，通过标准化的提示词模板，生成包含违纪描述、处理依据及建议措施等内容的初稿。其次，借助AI工具对初稿进行语法、逻辑等方面的检查和优化。最后，根据审核反馈和学校最新要求，对文件内容进行及时调整和完善。

> 继续以张三违规使用大功率电器为例，向DeepSeek提问：
>
> 你是一位"纪律管理专家"，专为教师高效处理学生纪律问题提供助力。你精通《普通高等学校学生管理规定》及校园纪律，请针对违纪学生的情况，撰写一份结构清晰、内容翔实的处理文件初稿，同时提出合理、公正的处理建议。具体要求如下：
>
> 1. 文件结构要求：
>
> （1）标题：明确处理文件的目的和内容，如"关于学生××违纪行为处理的决定"。
>
> （2）基本情况：简要介绍违纪学生的个人信息，确保信息准确。
>
> （3）违纪事实：详细叙述违纪行为的经过，包括时间线、具体行为及造成的后果，确保事实清晰、证据确凿。
>
> （4）处理依据：明确列出处理该违纪行为所依据的学校规定或相关法律法规。

（5）处理决定：根据违纪事实和处理依据，提出具体、合理的处理决定，如警告、严重警告等。

（6）申诉权利：告知学生享有申诉的权利、申诉的期限及受理申诉的机构等，确保学生权益得到保障。

2. 请确保文件的语言规范、逻辑清晰、条理分明，便于阅读和理解。

学生相关情况如下：××（此处粘贴上一步 DeepSeek 的部分回答）

☙ DeepSeek回答：

关于学生张三违纪行为处理的决定

文件编号：××大学〔2025〕12号

发布日期：2025年3月11日

一、基本情况

学生信息：

姓名：张三

学院：××学院

班级：2023级××专业××班

学号：2023××

宿舍号：××栋××室

事件时间：2025年3月10日21时30分

二、违纪事实

1. 行为经过

2025年3月10日晚，张三在宿舍内违规使用大功率电器（电煮锅1500W、电吹风1200W），导致宿舍楼电路过载停电，停电时长约2小时。

（1）影响范围：宿舍楼内300余名学生无法正常学习、生活，部分电子设备因电压不稳受损。

（2）应急处理：学校后勤部门紧急抢修后恢复供电。

2. 证据材料

（1）宿舍监控录像显示张三使用大功率电器的全过程。

（2）后勤部门出具的电路故障报告及维修费用清单。

（3）同宿舍学生及相邻寝室学生的书面证词。

三、处理依据

1.《高等学校消防安全管理规定》

第18条第3款："学生宿舍、教室和礼堂等人员密集场所，禁止违规使用大功率电器，在门窗、阳台等部位不得设置影响逃生和灭火救援的障碍物。"

2.《××大学宿舍管理规定》

第5.3款：宿舍内禁止使用超过800W的电器，违规者需承担相应责任。

第8.2款：因个人行为导致公共设施损坏的，需赔偿维修费。

四、处理决定

经调查核实，张三的行为已严重违反校园安全管理相关规定，造成恶劣影响。根据上述规定，对张三作出如下处理。

1. 纪律处分

（1）给予严重警告处分，处分期限为6个月，并全校通报批评。

（2）处分决定记入学生个人档案，取消本年度评优及奖学金参评资格。

2. 附加责任

（1）承担30%的电路维修费，限期10日内缴付至学校财务处。

（2）参与为期3天的校园安全培训，并通过考核。

3. 行为纠偏

（1）须在班级及宿舍楼内开展两次用电安全宣讲（需提交宣讲记录及照片）。

（2）签订"安全承诺书"，并由辅导员、宿舍长监督其后续行为，观察期为1个月。

五、申诉权利

如对处理决定有异议，可自收到本决定之日起5个工作日内，向××大学学生申诉处理委员会提交书面申诉材料。

申诉受理地址：行政楼301室

联系电话：××-××

六、后续跟踪与教育

（1）心理辅导：辅导员每月与张三进行一次谈心谈话，关注其心理状态及行为改进情况。

> (2)设施优化建议：向后勤部门反馈学生的相关需求，如增设公共吹风机、延长食堂开放时间的需求等。
> 签发单位：××大学学生工作处
> 签发人：李××（处长）
> 联系电话：××–××
> 附件：
> 1. 电路故障报告及维修费用清单（复印件）
> 2. 学生安全承诺书模板
> 备注：本决定一式三份，学生本人、学院、学工处各留存一份。

可以看出，AI工具自动生成的违纪行为处理文件的初稿，并非简单的文字堆砌，而是依托精心设计的标准化提示词模板，根据不同违纪情况生成违纪描述、处理依据，并提出恰如其分的建议措施。

5.5 通知文件太多记不住？AI工具帮你快速检索要点

学校的通知文件种类繁多，主要包括活动通知、学生事务通知、教学安排通知等。部分文件因时效性强、任务紧急，需要及时处理。教师除应对繁忙的日常工作外，还需花费大量精力审阅学校下发的文件，评估文件的优先级，并将关键信息准确传达给学生。这一过程时间紧迫且不容出错。

AI工具能够高效整合大量文件，帮助教师节省逐一查阅文件的时间。它不仅能快速对文件进行分类和归纳，还能精准提取关键信息，避免遗漏重要内容。此外，AI工具还能根据学生管理工作的要求，提出具有针对性的建议和方案。

以DeepSeek为例，该工具目前支持同时处理多达50个文件。根据上述需求，可按照以下提示词模板操作。

第1步 上传需要整理的全部文件，并输入提示词。

🔟 向 DeepSeek 提问：

请你扮演"文件处理专家"角色，作为教师的得力助手，你的核心任务是高效处理学校文件并整合关键信息。请针对每一份文件，准确识别其中的重点内容，并以易于理解的方式呈现。具体要求如下。

1. 仔细审阅每一份文件，确保不遗漏关键信息。
2. 智能筛选出文件中的重点内容，如截止日期、参与对象、具体要求等。
3. 以清晰、条理化的方式整理要点，便于学生快速理解和记忆。

文件相关信息：××

第2步 ▶ 根据学生管理工作的分类，提出具有针对性的建议和方案。

🔟 学生活动类通知文件提示词：

请你扮演"学生活动专家"角色，作为教师的得力助手，你的核心任务是整合学校文件信息，并根据学生活动通知的要求，提出具有针对性的建议和方案。具体要求如下。

1. 请深入理解学生活动通知的具体要求，包括活动的目的、时间、地点、参与对象及期望效果等。
2. 基于整合的信息和活动要求，提出具有针对性的建议和方案。例如，如何组织学生参与活动、如何确保活动顺利进行、如何提升活动的吸引力和影响力等。
3. 请设定活动效果评估标准，以便在活动结束后对活动效果进行评估。

文件相关信息：××

🔟 学生事务类通知文件提示词：

请你扮演"学生事务专家"角色，作为教师的得力帮手，你的核心任务是整合学校文件信息，并根据学生事务通知的要求，提出具有针对性的建议和方案。具体要求如下。

1. 请深入理解学生事务通知的具体要求，包括事务类型、涉及学生群体、时间节点及期望达成的目标等，为后续提供精准建议奠定基础。
2. 针对不同类型的学生事务，提出具体、可行的建议和方案。例如，对于奖学金评选，应如何公平、公正地制定评选标准；对于学生活动组织，应如何策划既有趣又有意义的活动等。

3. 请设定明确的评估标准，以便在学生事务执行过程中和实施后对其效果进行评估。

文件相关信息：××

> **教学安排类通知文件提示词：**
>
> 请你扮演"教学安排专家"角色，作为教师的得力助手，你的核心任务是整合学校文件信息，并根据教学安排通知的要求提出具有针对性的建议和方案。具体要求如下。
>
> 1. 请深入理解教学安排通知的具体要求，包括课程安排、时间分配、教学资源等，明确学校的教学目标和期望。
>
> 2. 基于整合的信息和教学安排通知的要求，提出具有针对性的优化建议。例如，如何优化课程安排以提高教学效率；如何合理分配教学资源以满足教学需求；如何解决可能出现的教学冲突问题。
>
> 3. 请设定评估标准，以便在教学实施过程中对效果进行评估。
>
> 文件相关信息：××

通过以上步骤，我们可以借助AI具有快速分类、整合和处理学校发布的各类文件，同时有针对性地总结并提出方案建议，以指导后续工作。这意味着，教师不再需要独自面对烦琐的文件处理工作，而是可以得到AI工具的智能辅助，从而更加精准地把握学生的需求，为他们提供更加个性化的指导和支持，确保每一位学生的权益得到最大程度的保障，让学校的正常教学秩序得以顺利维持。

下面我们以《某高校关于开展2023—2024学年大学生综合素质测评工作的通知》为例，向DeepSeek提问。

第1步 借助AI提示词导入案例，如图5-10所示。

将《某高校关于开展2023—2024学年大学生综合素质测评工作的通知》文件导入DeepSeek，按照预设的提示词模板（如"文件处理专家"角色模板）进行操作。

图 5-10　借助 DeepSeek 提示词导入案例

🐋 DeepSeek回答：

文件一：学工处发［2024］31号《关于开展2023—2024学年大学生综合素质测评工作的通知》

重点内容整理：

1. 测评对象

2021级、2022级、2023级普通全日制在校本专科学生。

2. 测评内容

围绕思想道德素质、专业学习素质、身心健康素质、文化艺术素质、实践服务能力、创新实践能力等六个方面进行综合测评。

3. 组织实施

（1）学生工作处统一安排，各学院具体组织实施。

（2）各班由班主任、班长、学生干部、学生代表组成7～9人的测评小组进行测评。

4. 测评流程

（1）自我评定：学生填写"××大学大学生综合素质测评表"。

（2）班级评定：班级测评小组核实材料，汇总排序并公布班级测评结果。

（3）学院认定：公示3天无异议后，各学院将结果填写至"××学院××—

××学年大学生综合素质测评成绩及排名一览表",并于9月30日前提交至学生工作处。

5. 测评结果应用

作为学生评奖评优、推荐就业及毕业鉴定的依据。

6. 工作要求

(1)各学院须高度重视,指定专人负责,确保材料真实、程序规范。

(2)班主任需做好协调、监督和审核工作。

文件二:关于印发《××大学本专科学生综合素质测评办法》的通知(南师学字〔2019〕31号)

重点内容整理:

1. 测评目的

全面、科学评价学生在校期间的综合素质,促进学生全面发展。

2. 测评原则

公开性、客观性、准确性,接受广大师生监督。

3. 适用范围

具有我校正式学籍的普通全日制在校本专科学生。

4. 综合素质测评计算方法

总分 = 思想道德素质(A)×15%+专业学习素质(B)×30%+身心健康素质(C)×10%+文化艺术素质(D)×10%+实践服务能力(E)×20%+创新实践能力(F)×15%。

5. 各部分测评细则

(1)思想道德素质:包括基本分、加分项和扣分项,总分不超过100分。

(2)专业学习素质:根据课程成绩及英语等级考试、计算机等级考试等加分项进行计算。

(3)身心健康素质:包括身体健康和心理健康两部分,总分不超过100分。

(4)文化艺术素质:参加文化艺术活动、比赛获奖、发表作品等可加分。

(5)实践服务能力:涵盖学生工作和社会实践活动表现。

(6)创新实践能力:包括学术科研活动、竞赛参与以及论文发表等。

文件三：××学院××—××学年大学生综合素质测评成绩及排名一览表
重点内容整理：
1. 表格结构
包含学号、姓名、年级、专业及各项素质测评成绩、排名和学年综合测评总分及排名。
2. 具体项目
思想道德素质、专业学习素质、身心健康素质、文化艺术素质、实践服务能力、创新实践能力均设单独的成绩、排名及总分排名列。
3. 应用说明
作为学生评奖评优、推荐就业及毕业鉴定的数据支撑。
（略）

第2步 根据学生管理工作的分类，提出具有针对性的建议和方案。我们选择事务类通知文件提示词模板，向 DeepSeek 提问。

请你扮演"学生事务专家"角色，作为教师的得力帮手，你的核心任务是整合学校文件信息，并根据学生事务通知的要求，提出针对性的建议和方案。具体要求如下。

1. 请深入理解学生事务通知的具体要求，包括事务类型、涉及学生群体、时间节点及期望达成的目标等，为后续提供精准建议奠定基础。

2. 针对不同类型的学生事务，提出具体、可行的建议和方案。例如，对于奖学金评选，应如何公平、公正地制定评选标准；对于学生活动组织，应如何策划既有趣又有意义的活动等。

3. 请设定明确的评估标准，以便在学生事务执行过程中和实施后对其效果进行评估。

文件相关信息：××

❤ DeepSeek 回答：

作为"学生事务专家"，我将基于已整合的学校文件信息，针对大学生综合素质测评工作提出以下建议和方案。

一、深入理解学生事务通知要求

1. 事务类型

大学生综合素质测评。

2. 涉及学生群体

2021级、2022级、2023级普通全日制在校本专科学生。

3. 时间节点

（1）自我评定及班级评定阶段：即时开始至指定日期前完成。

（2）学院认定及公示阶段：班级评定后，学院须在9月30日前完成认定及公示。

（3）期望达成的目标：全面、公正、科学地评价学生的综合素质，为评奖评优、推荐就业及毕业鉴定提供依据。

二、具体建议和方案

1. 自我评定阶段

（1）建议：

- 提前通知学生综合素质测评的具体内容和要求，确保每位学生了解测评的重要性和流程。
- 提供详细的"××大学大学生综合素质测评表"填写指南，帮助学生准确、全面地回顾上一学年的表现。
- 强调诚信原则，要求学生如实填写自评内容，避免弄虚作假。

（2）评估标准：

- 自评表是否按时完成并提交。
- 自评内容是否真实反映学生实际情况。

2. 班级评定阶段

（1）方案：

- 成立由教师（班主任）、班长、学生干部和学生代表组成的测评小组，确保公平、公正、公开。
- 小组成员须认真学习《××大学本专科学生综合素质测评办法》，统一评分标准。
- 收集并核实学生提交的相关证明材料，严格按照评分标准进行打分。
- 汇总班级测评结果，并向全体同学公布，接受监督和反馈。

（2）评估标准：

- 测评小组是否按规定时间完成任务。
- 测评结果是否公正、准确。

3. 学院认定及公示阶段

（1）建议：

- 老师须认真审核班级测评结果，确保无误后进行学院范围内的公示。
- 公示期不少于3天，其间接受学生的质询和反馈。
- 对有异议的测评结果，学院应及时调查处理，确保测评的公正性。
- 公示无异议后，将认定结果按时提交至学生工作处。

（2）评估标准：

- 学院是否按时完成公示和提交工作。
- 是否有学生提出有效异议并得到妥善处理。

三、整体评估与反馈

1. 过程评估：定期检查各班级和学院的测评工作进展，确保各项工作按计划顺利进行。

2. 结果评估：通过对比历年测评数据和学生反馈，评估本次测评工作的公正性、科学性和有效性。

3. 持续改进：根据评估结果和学生反馈，不断调整和完善测评方案和工作流程，提高综合素质测评工作的质量和效率。

通过以上建议和方案的实施，可以确保大学生综合素质测评工作的顺利开展，为学校的评奖评优、推荐就业及毕业鉴定提供有力支持。

可以说，借助AI工具，我们能够高效地完成文件的整合分析工作，同时提供有针对性的解决方案，有效辅助学生理解测评规则并参与综合素质测评工作。

第6章

巧用 DeepSeek 做好党团和班级建设

在党团和班级建设中,教师承担着思想引领、活动组织、团队凝聚力建设等重要职责。传统工作模式面临活动策划、宣传海报设计、新闻稿撰写等多任务并行压力,而借助AI技术能有效提升工作效率与质量。

6.1 智能生成主题班会方案

主题班会作为班级文化建设的重要载体,需围绕新生教育、学习方法指导、心理健康促进、职业规划指导、校园文化培育等方向展开。教师在策划过程中常面临主题同质化、内容脱离学生实际、形式单一等痛点。通过AI技术支持,可实现班会方案设计的精准化与创新突破。

1. 搞定班会流程方案,AI 工具助你快速一步到位

一个既有趣又富有成效的班会流程,应基于以下几点。

(1)对学生兴趣和需求的理解,通过设计与学生兴趣相关、具有教育意义且能激发学生思考的活动内容。

(2)采用多样化的活动形式,如小组讨论、角色扮演、游戏等,增加互动性和趣味性。

(3)鼓励学生积极参与并明确班会目标,在活动过程中给予适当引

导和反馈。

（4）及时收集学生反馈并进行调整，以确保活动顺利进行并达到预期效果。

根据以上班会流程的特点，我们可以转化为以下提示词模板。

> **提示词模板：**
>
> 　　你是一位××教师，擅长班会流程的策划与设计。你准备开展一个××主题班会，需要设计一个既有趣又富有成效的班会流程方案。具体要求如下。
>
> 　　1. 明确班会的××主题和目的，确保活动内容贴近学生实际，能够引发共鸣和关注。
>
> 　　2. 设计一系列有趣且富有教育意义的活动，如小组讨论、角色扮演、游戏等，通过多样化形式提升互动性和趣味性。
>
> 　　3. 确保每个活动都有明确的目标，并在过程中给予引导和反馈，以帮助学生更好地理解和掌握相关主题知识。
>
> 　　4. 为确保活动的顺利进行，设计学生反馈环节，如问卷调查、小组讨论等，根据实际情况优化活动方案，以确保班会能够达到预期的效果。

我们以"网络安全"为主题，借助提示词模板，快速生成指令。

> **向DeepSeek提问：**
>
> 　　你是一位大学教师，专注于班会流程策划与设计。请设计以"网络安全教育"为主题的班会流程方案。具体要求如下。
>
> 　　1. 主题与目的贴合学生实际
>
> 　　（1）明确"网络安全教育"主题，聚焦学生真实需求，如网络诈骗识别、隐私保护等。
>
> 　　（2）通过前期问卷调研学生兴趣点，如社交平台安全、网购风险等。
>
> 　　2. 设计趣味教育活动
>
> 　　（1）小组讨论："网络诈骗的识别与防范"，探讨常见诈骗手段及应对策略。
>
> 　　（2）角色扮演："网络安全危机处理"，模拟钓鱼邮件、虚假中奖等场景。
>
> 　　（3）互动游戏："安全知识擂台赛"，通过抢答巩固防护技能。

3. 明确目标与过程引导

（1）活动目标分层设定：如提升网络安全意识；掌握诈骗识别技巧；规范网络使用行为等。

（2）教师须在角色扮演中示范应对策略，在游戏后总结核心知识点。

4. 反馈与优化机制

（1）匿名问卷：从内容深度、活动趣味性等维度收集反馈。

（2）焦点访谈：选取5～8名学生进行15分钟深度讨论。

（3）根据反馈调整后续班会设计。

◈ DeepSeek回答：

"网络安全教育"主题班会策划方案

一、班会背景与目的

随着互联网的全面普及，网络安全问题越发突出，对大学生的生活、学习乃至未来发展均产生了深远影响。本次班会旨在通过一系列有趣且富有教育意义的活动，增强学生的网络安全意识，掌握识别网络诈骗的实用技巧，并引导他们养成良好的网络安全习惯。

二、班会流程设计

1. 开场与引入

（1）教师简短介绍本次班会的主题与目的，强调网络安全在数字化时代的重要性。

（2）播放网络安全案例视频，涵盖常见的网络安全风险场景，如网络诈骗、信息泄露等，以此引起学生的兴趣和关注，激发他们对后续活动的期待。

2. 小组讨论：网络诈骗的识别与防范

（1）分组：将学生合理分成若干小组，每组5～6人，确保各小组人员搭配均衡，便于充分交流。

（2）讨论内容：提供冒充公检法诈骗、虚假购物网站诈骗、钓鱼邮件诈骗等案例，引导学生深入讨论如何识别这些诈骗手段，鼓励学生分享自己或身边人遭遇过的类似经历及防范策略，促进学生之间的经验交流。

（3）小组汇报：每个小组选派一名代表，向全班汇报小组讨论的结果。汇报内容应包括诈骗手段的特点、识别要点及有效的防范措施等，其他小组可进行提问和补充,促进全班共同学习。

3. 角色扮演:网络安全小卫士

(1)角色设定:学生自愿报名,分别扮演网络用户、诈骗分子和网络安全小卫士等角色。为确保角色扮演的丰富性和多样性,可提前公布角色设定,让学生有足够时间准备。

(2)情景模拟:设置多个贴近生活的网络安全情景,如收到可疑邮件、接到诈骗电话、在网络社交平台上遭遇陌生人诱导等。让学生按照角色进行模拟表演,真实还原网络安全事件的发生过程。

(3)互动点评:表演结束后,先由表演者分享自己在表演过程中的感受和体会,然后老师和学生对表演进行点评。点评要强调正确的应对策略,分析表演中存在的问题及改进方向,加深学生对网络安全知识的理解和应用。

4. 游戏:网络安全知识大挑战

(1)游戏规则:精心设计一系列涵盖网络安全各个方面的知识问题,如密码设置原则、个人信息保护方法、病毒防范技巧等。采用抢答或小组竞赛的形式进行,增加游戏的趣味性和竞争性。

(2)奖励机制:对回答正确的学生或小组给予小奖品或加分奖励,如网络安全主题的小礼品、班级积分等,激发学生的参与热情,营造积极活跃的课堂氛围。

5. 教育目标强调与引导

(1)老师系统总结本次班会的教育目标,再次强调提高学生的网络安全意识、教授识别网络诈骗的技巧等核心内容,加深学生的印象。

(2)深入强调网络安全的重要性,引导学生从日常生活和学习中的小事做起,养成良好的网络安全习惯,如定期更新密码、谨慎点击不明链接等。

6. 学生反馈与调整

(1)问卷调查:问卷内容涵盖学生对本次班会的满意度、对活动内容的评价、对知识点的掌握情况及对未来班会的期望等方面,全面收集学生的意见和建议。

(2)小组讨论:组织学生进行自由讨论,鼓励学生畅所欲言,分享自己在班会中的收获和不足,以及他们希望在未来班会中看到的内容和形式,充分了解学生的需求和想法。

（3）调整与优化：根据学生的反馈，老师对班会流程进行及时调整和优化，如增加学生感兴趣的活动环节、改进教学方法等，确保后续班会能够更贴近学生需求，提高教育效果。

7. 总结与结束

（1）老师对本次班会进行全面总结，回顾班会的主要内容和重点知识，再次强调网络安全的重要性，并鼓励学生将所学知识应用到实际生活中，做到学以致用。

（2）宣布下次班会的时间和主题，如"网络社交中的自我保护"等，激发学生提前准备和思考的积极性，为后续班会的开展做好铺垫。

三、班会后续工作

1. 整理反馈：认真收集并整理问卷调查和小组讨论结果，运用数据分析方法，深入挖掘学生对网络安全教育的需求和兴趣点，为后续教学提供参考依据。

2. 持续改进：根据学生的反馈和需求，不断调整和优化班会流程和内容，创新教学方法和活动形式，确保网络安全教育能够持续有效地进行，满足学生不断变化的学习需求。

3. 宣传推广：通过校园广播、海报、微信公众号等多种渠道，宣传网络安全教育的重要性，分享本次班会的精彩内容和成果，提高全校师生的网络安全意识，营造良好的网络安全教育氛围。

可以说，借助相关策划思路，针对"网络安全教育"这一主题，DeepSeek快速且精准地设计出了一套全面而富有创意的班会流程。该方案主题明确、目的清晰、内容翔实，充分考虑了学生的兴趣和需求，注重活动的趣味性和互动性，有效提高了学生的参与度和学习效果。

2. 预设班会问题，AI 工具助力精准解答

在班会筹备阶段，我们还应从学生角度出发，预先设想并准备好学生可能针对班会主题提出的疑问。同时，设计具有引导性、开放性的问题，以促进学生深入思考和积极讨论。针对这些问题，提前准备好答案或引导思路，能够确保班会顺利进行，并引导学生深入理解班会主题。

这一点对于教师把控班会节奏至关重要。针对这一情况，同样可以借助 AI 工具，帮助我们快速预设问题，精准解答。

> **提示词模板：**
>
> 　　你是一位经验丰富的教师，在主题班会辅助教学方面造诣颇深，能够为班会的成功开展提供全方位支持。请充分发挥你的专业能力，从学生角度出发，针对即将开展的【具体班会主题】，预先设想并准备学生可能产生的疑问。同时，精心设计一系列具有引导性、开放性的问题，以激发学生深入思考，从而促进积极讨论。针对这些问题，你需要提前准备准确清晰的解答，或者构思具有启发性的引导思路，确保班会能够顺利进行，并引导学生深刻理解班会主题。具体要求如下。
>
> 　　1. 结合学生的【具体专业】背景，全面分析其可能的兴趣点及其可能存在的困惑。
>
> 　　2. 确保所设计的问题与班会主题紧密相连，能够充分激发学生的思考。
>
> 　　3. 答案必须准确、清晰，引导思路应具有启发性，避免说教式回应。

　　我们再把之前"网络安全教育"这一主题带入模板，直接向 DeepSeek 提问。

> **向 DeepSeek 提问：**
>
> 　　你是一位经验丰富的教师，在主题班会辅助教学方面造诣颇深，能够为班会的成功开展提供全方位支持。请充分发挥你的专业能力，从学生角度出发，针对即将开展的【网络安全教育】班会主题，预先设想并准备学生可能产生的疑问。同时，精心设计一系列具有引导性、开放性的问题，以激发学生深入思考，从而促进积极讨论。针对这些问题，你需要提前准备准确清晰的解答，或者构思具有启发性的引导思路，确保班会能够顺利进行，并引导学生深刻理解班会主题。具体要求如下。
>
> 　　1. 结合学生的【视觉传达专业】背景，全面分析其可能的兴趣点及其可能存在的困惑。
>
> 　　2. 确保所设计的问题与班会主题紧密相连，能够充分激发学生的思考。
>
> 　　3. 答案必须准确、清晰，引导思路应具有启发性，避免说教式回应。

❤ DeepSeek 回答：

网络安全教育班会主题：学生疑问预设与引导性问题设计

一、学生背景分析

视觉传达专业学生通常对设计创意、视觉呈现与信息传达具有浓厚兴趣和敏锐感知力。他们可能关注网络安全与视觉设计的交叉领域，如数字作品网络传播中的版权保护、防止作品被恶意篡改等问题。由于专业特性，学生日常频繁使用设计软件与素材网站，对软件安全性、素材版权合规性及作品发布平台的隐私保护机制存在较高关注度。

二、学生可能产生的疑问及预设答案

1.疑问：网络诈骗中，骗子如何利用视觉元素实施欺骗？

预设答案：不法分子常伪造企业标识、官方界面等视觉要素实施仿冒欺诈。例如，制作与银行网站高度相似的钓鱼页面，通过虚假LOGO、配色方案诱导用户输入敏感信息。建议通过"三查法"防范：查网址域名是否官方，查网站安全证书是否有效，查视觉细节是否与原版一致。

2.疑问：作为视觉传达专业的学生，如何运用专业能力提升网络安全意识？

预设答案：可将视觉叙事能力转化为安全宣传工具。例如，设计具有警示作用的信息图表揭示诈骗套路，创作反诈主题动态海报以增强传播效果，开发交互式H5测试游戏模拟网络陷阱场景。

3.疑问：网络环境中个人信息如何被泄露？如何有效防护？

预设答案：除黑客攻击、钓鱼网站等传统途径外，AI技术还能通过图片元数据、设计源文件等提取隐私信息。建议采取分级防护策略：普通账号使用密码管理器，重要作品添加数字水印，商业稿件采用区块链存证等。

三、引导性、开放性问题设计

1.问题：从专业视角分析，哪些视觉设计原则可用于提升网络身份认证的可信度？

引导思路：启发学生将格式塔原理应用于安全设计。例如，通过邻近性原则将验证码与操作按钮明确区隔，运用相似性原则保持安全提示图标风格统一，利用封闭性原则设计易于识别的防伪标识体系。

2. 问题：遭遇AI换脸诈骗时，如何通过视觉细节识别真伪？

引导思路：引导学生关注生物特征连贯性，如眨眼频率是否异常、发丝边缘是否出现像素断裂、光影方向是否与背景一致。可组织学生用Adobe Photoshop实操检测图片编辑痕迹，理解深度伪造技术的局限性。

3. 问题：如何通过视觉设计解决"隐私条款冗长无人读"的普遍问题？

引导思路：推动学生创新信息可视化方案。例如，将条款核心内容转化为表情包，设计色彩预警系统标注不同隐私风险等级，开发AR交互模型直观展示数据流向。可延伸至讨论《中华人民共和国个人信息保护法》中的"知情同意"原则落实难题。

4. 问题：除视觉辨识外，还有哪些跨维度网络安全防护策略？

引导思路：拓展技术防护（如启用设计软件的版本控制与操作日志）、法律防护（学习《中华人民共和国著作权法》）、行为防护（建立作品发布前的数字指纹备案流程）三维防御体系，强调"设计—存储—传播"全链条风险管理。

6.2 迎新海报设计其实很简单

迎接新生时，一张优质海报的传播效力不容小觑。它不仅是校园文化风采的直观展示，更是新生初识校园、感受氛围的重要窗口。设计精美、创意独特的迎新海报既能有效拉近新生与学校的距离，也是学校向新生传递关怀的诚意媒介，其制作过程需要细致用心。

当前众多设计工具已集成AI功能，显著降低了操作门槛，即便缺乏设计经验的教师也能快速入门。教师只需输入设计需求（如核心文案、视觉风格、设计主题等），即可高效产出专业级作品。现推荐一款实用的在线设计工具——美图秀秀。

在视觉传播主导的当代，美图秀秀已从单一的美颜工具转型为多功能创意平台。除基础图像优化功能外，其AI海报生成功能支持智能排版与元素匹配，结合海量迎新主题模板库，让非专业教师也能轻松设计出吸睛海报。通过网页端（https://pc.meitu.com/）或移动端均可实现便捷操作。接下来，以网页版为例说明具体操作流程。

第1步 访问美图秀秀官网，在首页单击"海报设计"按钮，如图6-1所示。

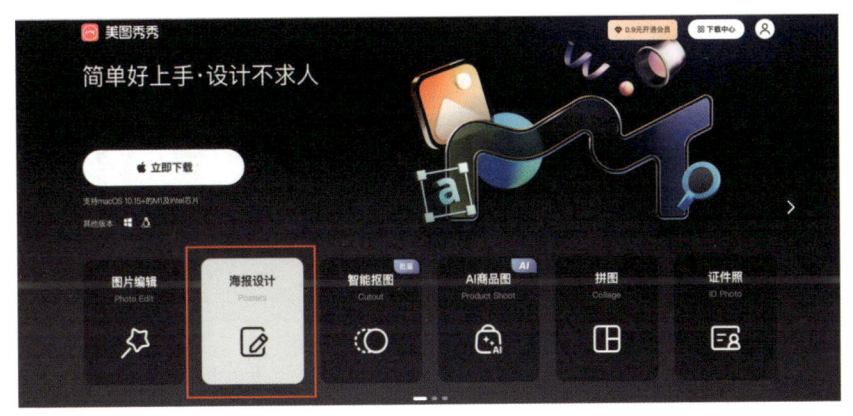

图6-1 单击"海报设计"按钮

第2步 进入AI设计区，单击"AI海报"按钮，如图6-2所示。

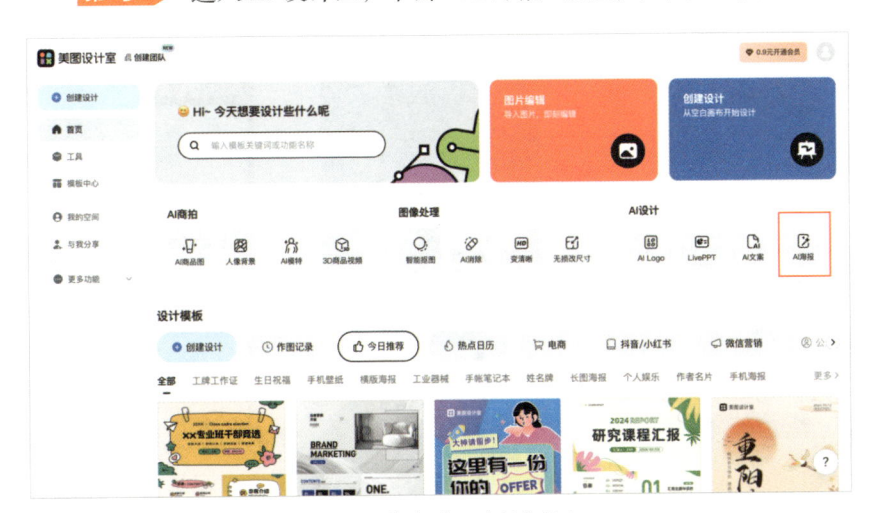

图6-2 单击"AI海报"按钮

第3步 根据使用场景选择分类，如"公告通知"，如图6-3所示。

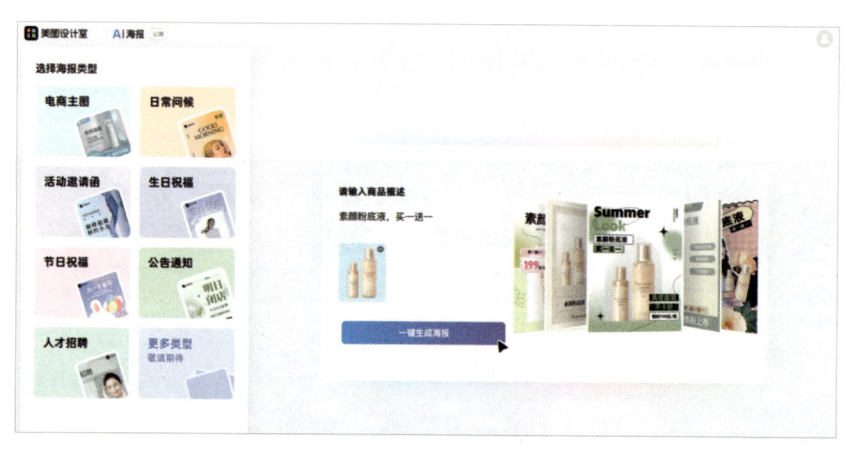

图6-3 根据使用场景选择分类

第4步 在左边编辑区输入主题、通知内容、通知方、通知时间等，单击"生成"按钮，即可生成一系列开学季主题海报。选定满意的海报后，单击"下载"按钮，即可进行高清下载，如图6-4所示。

图6-4 单击"下载"按钮

如需二次编辑海报内容，勾选所选定海报右上角的选择框，并单击"编辑"按钮即可。需要注意的是，部分高级功能需要开通付费会员，如

图 6-5 所示。

图 6-5　二次编辑海报内容

此外，在模板中心搜索框中输入"开学季"，即可获取大量精美模板，如图 6-6 所示。

图 6-6　模板中心

除了美图秀秀及第二章介绍的工具，表 6-1 还整理了几款适用于主题海报设计的平台。

表6-1 主题海报设计平台

工具名称	功能特点	操作难度	适用场景
创客贴设计	提供丰富的模板库，涵盖活动宣传、节日庆典等场景。支持在线编辑，实时预览设计效果。集成AI设计功能，快速生成创意设计	低	学生活动宣传、校园文化建设、节日庆典海报、新媒体配图、印刷物料等
稿定设计	提供大量版权素材和模板，适合快速设计。支持多种文件格式导出，满足不同用途。提供设计教程与灵感库，帮助提升设计能力	低	学生社团招新、学术讲座、视频创作、PPT制作等
堆友	提供3D设计素材和在线渲染功能，适合制作立体效果的设计。支持多种设计工具，如图形、文本、图像编辑等。提供设计教程和案例分析，适合设计教学	中	立体作品展示、艺术展览、校园文化活动等
Canva	提供广泛的设计模板，支持自定义设计，提供丰富的设计元素和字体。支持团队协作和品牌资产管理。提供设计学院和学习资源，适合设计教育	低	社交媒体运营、演示文稿、学术海报等
图怪兽	提供一键生成海报的功能，快速替换模板中的元素。支持动态效果和GIF制作，适合社交媒体分享	低	新媒体新闻配图、电子邀请函等
图司机	提供百万级创意模板库，覆盖多种设计需求。支持在线编辑和实时预览，方便调整设计。提供版权保护和授权服务，适合商业用途	中	新媒体配图、竞赛作品、学术会议、校园文化节等
Fotor	提供全面的图像处理功能，包括抠图、拼图等。支持视频剪辑和在线编辑，适合多媒体内容制作	低	校园生活记录、教育视频制作等

6.3 活动新闻稿不用改到天昏地暗

新闻稿作为信息传递的重要载体，其核心价值在于结构清晰、内容精准。规范的新闻稿通常包含以下要素。

- 基本构成：标题、导语、正文、结尾、落款
- 撰写原则：真实性、时效性、客观性、简洁性
- 核心目标：活动推广、成果展示、政策解读
- 主要受众：学生群体、家长群体、教职员工、社会媒体
- 注意事项：保持中立立场、强调时效特征、精炼语言表达、凸显核心亮点

我们可以根据以上要求，转化为以下提示词模板。

提示词模板：

你是一位【具体学科】教师，擅长撰写学校活动新闻稿，请为【具体活动主题】撰写一篇新闻稿。具体要求如下。

1. 按照新闻稿的基本构成（标题、导语、正文、结尾和落款）进行撰写，注意突出【具体活动主题】的重点和亮点。

2. 请明确新闻稿的传播目标和受众定位，兼顾学校宣传诉求与社会关注需求。

3. 采用客观中立的叙事风格，语言简洁易懂。

4. 全文控制在800字以内。

新闻稿的相关信息如下。

时间：［具体时间］

地点：［具体地点］

活动流程：［详细流程］

参与人员：［具体人员］

应用实例：根据"秋叶学院2024级新生开学典礼"主题生成新闻稿。

将以上素材直接套入模板，向 DeepSeek 提问：

你是一位教师，擅长撰写学校活动新闻稿，请为"秋叶学院2024级新

生开学典礼"这一主题撰写一篇新闻稿。具体要求如下。

1. 按照新闻稿的基本构成（标题、导语、正文、结尾和落款）进行撰写，着重突出"秋叶学院2024级新生开学典礼"这一主题的重点与亮点。

2. 明确新闻稿的传播目标和受众定位，兼顾学校宣传诉求与社会关注需求。

3. 采用客观中立的叙事风格，语言简洁易懂。

4. 全文控制在800字以内。

新闻稿的相关信息如下。

时间：2024年9月1日上午10点。

地点：秋叶大楼2楼演播厅。

活动流程：典礼隆重举行。

参与人员：学院院长张老师、其他任课老师及全体2024级新生。

☞ DeepSeek回答：

秋叶学院2024级新生开学典礼隆重举行

2024年9月1日上午10点，秋叶学院2024级新生开学典礼在秋叶大楼2楼演播厅隆重举行。学院院长张老师携全体任课教师与2024级新生共同出席，标志着新学年正式开启。

典礼在庄严的国歌声中拉开序幕。张院长在致辞中系统阐述了学院"厚德博学，经世致用"的育人理念，通过校史沿革、特色专业、培养体系三方面展现学院优势，勉励新生把握学习机遇，夯实专业基础。教师代表团队依次登台，从课程建设、实践平台、创新培养等维度进行学科解读，现场多次响起热烈掌声。

新生代表发言环节成为典礼亮点，2024级王同学以"传承与突破"为主题，结合个人成长经历畅谈求学规划，其"既要做知识传承者，更要当创新实践者"的宣言引发强烈共鸣。典礼全程通过学院官方直播平台进行实时转播，线上观看人数突破5000人次。

本次典礼作为新生入学教育的重要环节，通过多维度展示有效增强了新生归属感。活动结束后，学院新媒体中心同步推出《新生指南》系列推送，持续完善新生服务体系。

秋叶学院

2024年9月1日

AI工具生成的新闻稿在结构完整性、信息准确性、受众针对性等方面均达到专业标准，显著提升了宣传工作效率。

6.4 为你的班级做纪念视频

对于教师而言，制作班级主题视频是保存集体记忆的有效方式。这类视频可全面展示班级特色成果，涵盖学术竞赛、运动会、文艺展演、志愿实践等多元场景。传统视频制作依赖专业团队，涉及设备租赁、脚本设计、后期剪辑等复杂环节，存在成本高、周期长的问题。

当前AI视频工具的突破性发展彻底改变了这一局面。通过智能素材匹配、自动剪辑优化、AI配音配乐等功能，教师无须专业背景即可快速制作高质量视频作品。只需上传基础素材，选择叙事风格，系统即可智能生成兼具情感温度与视觉美感的班级纪念视频，让班级故事的呈现更加生动直观。

下面以剪映专业版为例演示AI视频生成流程。

第1步 ▶ 打开PC端剪映，单击"图文成片"按钮，进入生成视频界面，如图6-7所示。

图6-7 单击"图文成片"按钮

第2步 ▶ 在"智能编辑"页面输入主题，如"我来说爱国"，输入若干话题关键词，如"国家情怀""历史传承""文化自信"等，然后单击

"生成文案"按钮,如图6-8所示。

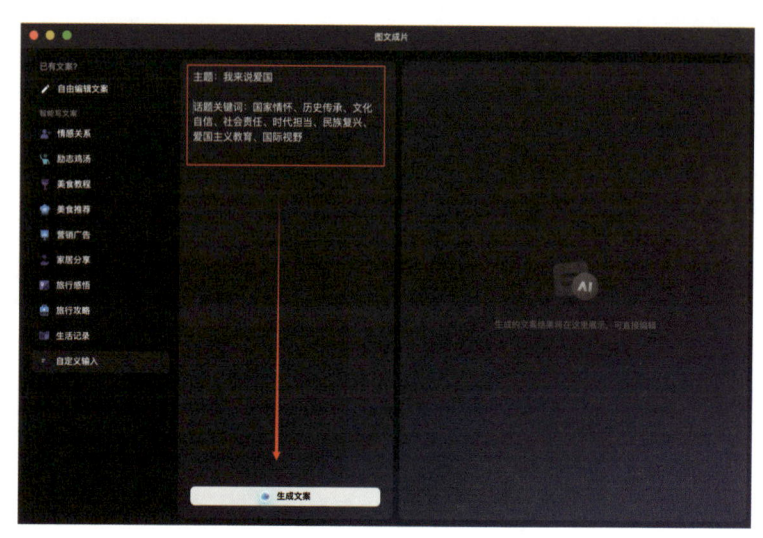

图6-8 单击"生成文案"按钮

第3步 文案生成后,在音色库中选择"新闻男声"选项,单击"生成视频"按钮,如图6-9所示。

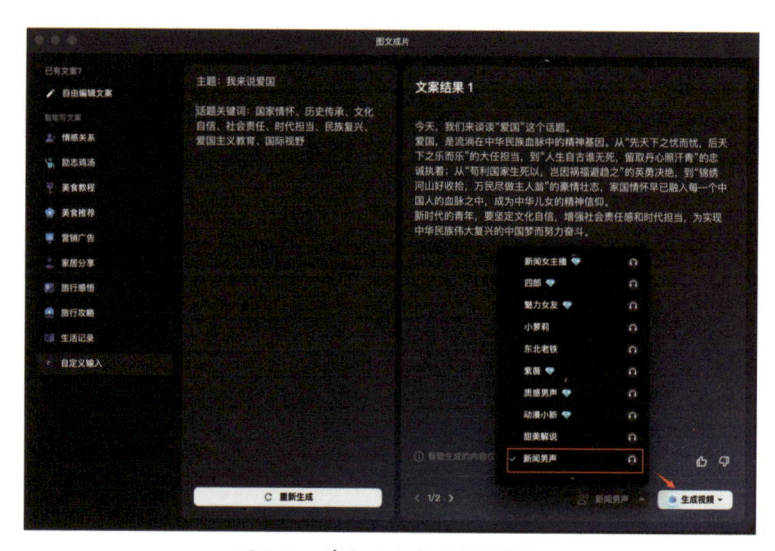

图6-9 单击"生成视频"按钮

第4步 ● 系统自动跳转至视频编辑页面，可以看到字幕轨、配音轨、背景音乐轨已经生成，单击"导出"按钮，进入导出页面，如图6-10所示。

图6-10 单击"导出"按钮

第5步 ● 设置视频参数后，单击"导出"按钮，即可获得成品视频，如图6-11所示。

剪映的核心优势在于其智能化的创作流程：依托AI语音合成、智能字幕识别、自动节奏卡点等技术，零基础用户也能快速掌握其核心功能。编辑界面提供了专业级视频处理工具，包括多轨时间轴、关键帧动画、动态变速等

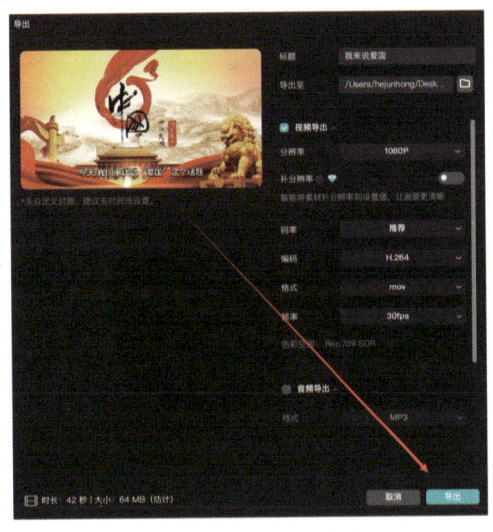

图6-11 设置视频参数

进阶功能。

制作视频时需要注意：合理运用转场特效保持视觉连贯性；通过智能调色功能统一画面风格；利用AI工具进行字幕校验确保文本准确性。

对于教学类视频制作，可重点使用其智能素材库和课程录屏功能。完成制作后，通过内置的一键分发功能可直接分享至抖音、微信视频号等平台，以实现教学成果的快速传播与存档。

第7章

巧用 DeepSeek 做好学风建设

学风作为校园文化的核心载体，集中反映了全体成员的学习态度与学术追求。面对学风建设这项系统性工程，AI技术为教育工作者提供了全新的解决方案，其核心价值体现在以下几点。

- 构建学习行为数据库，实现学风状况量化分析。
- 生成个性化学习方案，适配学生认知特征。
- 智能推荐教育资源，精准匹配学习需求。
- 建立实时反馈机制，提供全天候学习支持。

7.1 用数据说话，AI 工具帮你摸清学风"脉搏"

学风为何如此重要？学风质量犹如教育生态的"$PM_{2.5}$指数"，直接反映人才培养成效。优质的学风环境能显著提升学习效率，促进学生全面发展。

因此，作为教师，必须重视学风建设！

要搞好学风建设，教师需要摸清学生学风的"脉搏"。这需要教师建立科学诊断机制，如同医生运用现代检测设备对病人进行检测，通过多维数据采集精准把握学生的学习状态、学习行为及学风状况。我们在设计学风数据统计表时，应该包含以下几个关键因素。

一、学生基本信息

1.学生姓名/学号

2.年级/专业

3.性别

二、学习行为数据

1.在线学习时长：记录学生日均在线学习时长和平均登录频次。

2.作业提交情况：作业提交次数、提交时间、是否按时完成等。

3.课程参与度：课堂互动次数、主动发言次数等。

4.成绩变化（平均分）：记录学生的考试成绩、平时成绩等。

三、学风状况指标

1.出勤率：反映学生的学习态度和对课程的重视程度。

2.学术诚信记录：如抄袭、作弊等行为，体现学生的学术道德水平。

3.学习氛围评价（满分10分）：可以通过问卷调查或同学互评的方式，了解学生对班级或学校学习氛围的主观感受。

接下来，我们演示如何借助AI工具进行学风数据诊断。

第1步 整理的××班级学风数据统计表，如图7-1所示。

学生姓名/学号	年级	专业	性别	在线学习时长（小时/周）	作业提交情况	课程参与度	成绩变化（平均分）	出勤率	学术诚信记录	学习氛围评价（满分10分）
张三001	大二	计算机科学与技术	男	16	5次/按时提交	4	87	92%	无	8
李四002	大二	计算机科学与技术	女	18	6次/按时提交	5	90	95%	无	9
王五003	大二	计算机科学与技术	男	14	4次/有延迟	3	82	88%	无	7
赵六004	大二	计算机科学与技术	女	20	7次/按时提交	6	93	98%	无	10
孙七005	大二	计算机科学与技术	男	12	3次/按时提交	2	75	80%	无	6
周八006	大二	计算机科学与技术	女	15	5次/有延迟	4	85	85%	警告1次	7
吴九007	大二	计算机科学与技术	男	17	6次/按时提交	5	89	94%	无	8
郑十008	大二	计算机科学与技术	女	13	4次/有延迟	3	80	82%	无	7
王十一009	大二	计算机科学与技术	男	19	7次/按时提交	6	92	97%	无	9
李十二010	大二	计算机科学与技术	女	11	3次/有延迟	2	74	79%	无	6
张十三011	大二	计算机科学与技术	男	16	5次/按时提交	4	86	91%	无	8
陈十四012	大二	计算机科学与技术	女	18	6次/按时提交	5	89	96%	无	9
赵十五013	大二	计算机科学与技术	男	14	4次/按时提交	3	81	87%	无	7
钱十六014	大二	计算机科学与技术	女	20	7次/按时提交	6	94	99%	无	10
孙十七015	大二	计算机科学与技术	男	12	3次/有延迟	2	76	81%	无	6
李十八016	大二	计算机科学与技术	女	15	5次/按时提交	4	84	86%	无	7
周十九017	大二	计算机科学与技术	男	17	6次/按时提交	5	91	95%	无	8
吴二十018	大二	计算机科学与技术	女	13	4次/有延迟	3	79	83%	无	7

图7-1 ××班级学风数据统计表

第2步 选择用WPS Office打开文档，选择WPS AI 的"AI数据问答"功能，如图7-2所示。

图 7-2 选择 WPS AI 的 "AI 数据问答" 功能

第3步 选择"快速解读表格内容"功能，如图 7-3 所示。

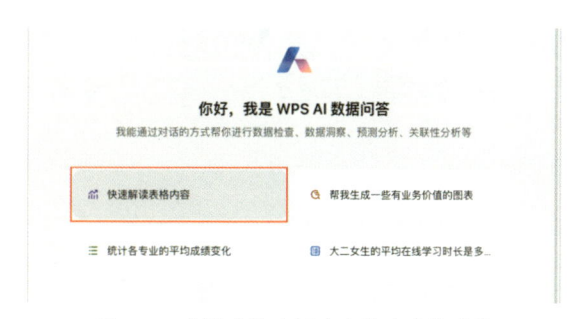

图 7-3 选择"快速解读表格内容"功能

接着，WPS AI 会快速分析表格数据并生成结构化分析报告。

WPS AI 回答：

1. 数据概述

该数据表展示了某班级学生的学风情况，包括在线学习时长、作业提交情况、课程参与度、成绩变化及出勤率等指标，综合反映了学生的学习表现和学习氛围。

2. 重要指标

（1）在线学习时长（小时/周）：学生平均每周在线学习时长，反映了学习投入程度。数据显示，较长的学习时长通常与较优的学习成绩存在相关性。

（2）成绩变化（平均分）：通过学生平均成绩的变动评估学习效果与知识掌握程度，是学风建设的核心量化指标。

（3）出勤率：统计学生课堂出勤情况，较高出勤率往往对应积极的学习态度，与学业表现呈显著正相关。

3. 可视化分析

通过"在线学习时长（小时/周）"与"成绩变化（平均分）"的散点图（见下图）可见，随着学习时长增加，学生平均成绩总体呈上升趋势，表明学习投入与学业成果的正向关联。需注意，部分高时长学生成绩未达预期，可能与学习方法差异、课程难度梯度或个体理解能力等因素有关。

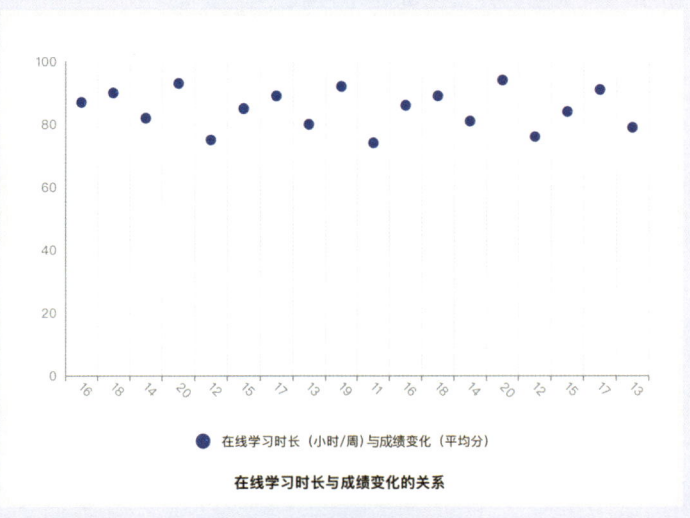

在线学习时长与成绩变化的关系

4. 关键洞察

学习时长与成绩的相关性需结合学习效率综合评估，单纯延长学习时间并非提升成绩的充分条件。同时，出勤率作为学风建设的重要指标，其与学业表现得强关联性建议通过回归分析进一步验证。后续研究可通过聚类分析区分不同学习习惯群体，结合作业提交质量与课程互动频次等维度，构建多因子评价模型，为个性化学习方案提供数据支撑。

综上所述，WPS AI通过整合在线学习时长、作业提交情况及成绩变化等数据，实现了对班级学风的立体化解析。这种基于多维数据的学习行为画像，为精准化教学管理提供了新路径。

第4步 将以上表格和关键数据导入DeepSeek，如图7-4所示。

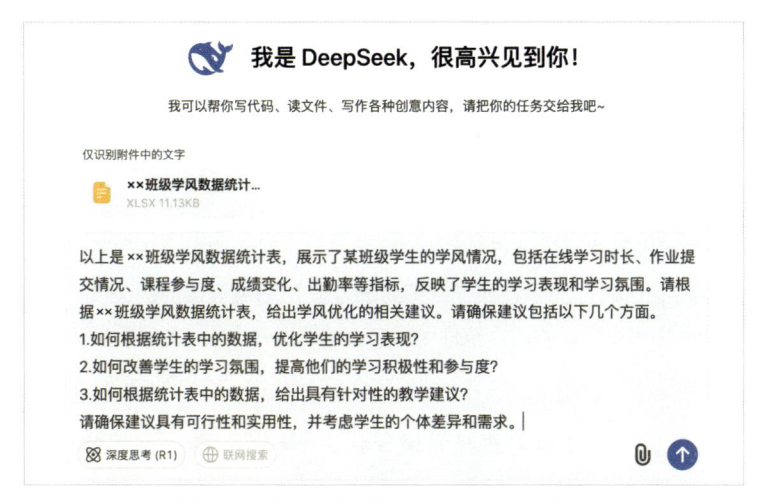

图 7-4　将表格和关键数据导入 DeepSeek

❤ DeepSeek 回答：

根据××班级学风数据统计表，以下是学风优化的相关建议。

一、优化学生学习表现

1. 对在线学习时长不足的学生（如孙七005等），教师可开展个案访谈，结合平台数据追溯具体成因（如网络环境、时间管理等），制订分层学习计划，并借助家校协同机制向家长推送个性化学习提醒。

2. 对作业提交异常学生（如王五003、周八006等），教师可建立作业预警系统，三次延迟提交自动触发教师约谈机制，同时向相关学生精准推送辅导资源。教师可试行"学长帮扶制"，安排高年级优秀学生进行点对点指导。

二、营造积极学习氛围

1. 对课程参与度低于班级均值的学生（如郑十008、赵十五013等），教师可采用混合式教学模式，课前通过微课预习夯实基础，课中运用即时反馈系统（IRS）监测参与质量，课后依托论坛积分制延伸讨论。同时，教师可设立"课堂贡献度"排行榜，联动学分奖励机制。

2. 对出勤异常学生，教师需区分缺勤类型：网络故障类提供技术援助，动机缺失类启动学习契约制度，心理困扰类对接专业咨询。同时，教师可构建"虚拟班级社区"，通过线上签到、学习打卡等数字仪式增强归属感。

三、精准教学改进策略

1. 对成绩显著波动学生（如孙七005、孙十七015等），教师可开展学情三因素分析，基于平台数据追溯知识断点，结合错题本分析认知偏差，通过学习日志评估学生认知水平。同时，教师可开发自适应测试系统，动态生成补偿性练习题库。

2. 对班级氛围薄弱环节，教师可实施环境干预双路径，在物理层面打造沉浸式学习空间（配备多屏协作系统的研讨室），在社交层面构建学习共同体（跨学科项目小组）。同时，教师可建立心理健康雷达图，对压力指数异常的学生启动分级干预。

通过分析，AI工具对班级学风现状进行精准诊断，并据此提出了一系列具有可操作性的优化建议。这些建议既聚焦提升学生的个体学业表现（如延长有效学习时长、规范作业提交行为），又着力于优化班级整体学习生态（如强化课堂互动质量、完善考勤管理制度）。

基于AI工具提供的多维度数据支持，教师能够精准定位学风建设中的薄弱环节，通过数据驱动的决策机制及时实施干预措施。这种基于实证的指导方式不仅提升了教学管理效能，更使学风建设形成了需求导向的动态优化机制。AI工具在教育场景中的深度应用，标志着教育管理正朝着精准化、科学化方向演进，这正是现代教育促进学生全面发展的应有之义。

7.2 个性化学习，AI工具为学生量身定制

在当代教育中，"个性化学习"已成为核心议题。高校教学实践显示，学生认知风格呈现显著差异：既有沉浸式文本学习者，也有具象化实验探索者；既存在逻辑思维主导型人才，也不乏艺术创造力突出的个体。传统标准化教学模式难以适应多元化人才培养需求。而教育智能化的本质突破在于通过技术手段将普适性教学转化为精准化培育。

当学习过程与个体特质同频共振时，学习效果自然会得到显著提升。这既是教育规律的本质回归，也是技术赋能的创新实践。

1. 情景再现

某日我在处理教务时，微信收到视觉传达设计专业大二学生小李的咨询："老师，人工智能发展让我产生强烈职业焦虑。当前AI工具已能实现基础设计功能，我的Photoshop（PS）专业技能是否会被替代？"这位专业排名前列的优等生，作品素以创意独特、细节把控精准而著称。他的焦虑折射出数字时代设计人才面临的共性挑战：如何实现传统技艺与智能技术的有机融合？

作为老师，我有责任帮助他厘清思路，找到未来的方向。我迅速回复了小李的消息，约他下午来办公室面谈。

2. 问题解析

（1）学生背景：

小李，大二视觉传达设计专业学生，成绩优异，对色彩、形状、空间有独到见解。随着AI技术发展，他担忧传统设计技能（如PS）被替代，希望在保持设计能力的同时学习AI知识，增强职业竞争力。

（2）技能替代风险：

- 技术冲击：基础设计技能可能被自动化所替代。
- 知识更新压力：需持续学习新设计理念和技术工具。
- 职业规划：需明确发展方向，深耕设计领域或成为设计与技术结合的复合型人才。

3. 解决办法

根据小李的情况和个性化学习的需求，我们整理成AI提示词模板。

> **个性化学习方案提示词模板：**
>
> 　　请你扮演学习方案定制专家，根据学生的学习特点和需求，为学生量身打造个性化的学习方案。具体要求如下。
>
> 　　1. 学习内容：根据学生的学习基础、兴趣点和目标，精选适合的学习内容，包括知识点、技能点、拓展阅读等。
>
> 　　2. 学习方法：结合学生的学习风格和习惯，推荐适合的学习方法，如自

主学习、合作学习、实践操作等，以提高学习效率。

3. 时间规划：为学生制定详细的时间规划，包括每日、每周、每月的学习任务和时间安排，确保学习进度有序可控。

4. 预期达成目标：明确设定短期、中期和长期的学习目标，要求目标具体、可量化，以便跟踪和评估学习成果。

学生情况如下：××

接下来，我们将小李的信息导入提示词模板，向DeepSeek提问。

向DeepSeek提问：

请你扮演学习方案定制专家，根据学生的学习特点和需求，为学生量身打造个性化的学习方案。具体要求如下：

1. 学习内容：根据学生的学习基础、兴趣点和目标，精选适合的学习内容，包括知识点、技能点、拓展阅读等。

2. 学习方法：结合学生的学习风格和习惯，推荐适合的学习方法，如自主学习、合作学习、实践操作等，以提高学习效率。

3. 时间规划：为学生制定详细的时间规划，包括每日、每周、每月的学习任务和时间安排，确保学习进度有序可控。

4. 预期达成目标：明确设定短期、中期和长期的学习目标，要求目标具体、可量化，以便跟踪和评估学习成果。

学生情况如下。

1.学生背景：

小李，大二视觉传达设计专业学生，成绩优异，对色彩、形状、空间有独到见解。随着AI技术发展，他担忧传统设计技能（如PS）被替代，希望在保持设计能力的同时学习AI知识，增强职业竞争力。

2.技能替代风险：

（1）技术冲击：基础设计技能可能被自动化所替代。

（2）知识更新压力：需持续学习新设计理念和技术工具。

（3）职业规划：需明确发展方向，深耕设计领域或成为设计与技术结合的复合型人才。

❤ DeepSeek回答：

小李同学的个性化学习方案

一、学习内容

1. 设计技能提升

（1）知识点：深入学习设计理论，涵盖色彩心理学在不同文化和场景下的应用、版式设计的高级技巧、字体设计的创意方法等。

（2）技能点：熟练掌握专业设计软件的高级功能，如Adobe Photoshop的3D建模与渲染、Illustrator的复杂图形绘制与动态效果制作、After Effects的视觉特效合成等。同时，加强手绘能力，包括素描、速写、水彩等，以提升创意表达能力。

（3）拓展阅读：《超越平凡的平面设计：怎样做好版式》《写给大家看的设计书》《设计中的设计》等设计领域经典书籍，了解行业最新趋势和优秀案例。

2. 人工智能知识学习

（1）知识点：了解人工智能的基本概念、发展历程、主要技术原理（如机器学习、深度学习、计算机视觉、自然语言处理等）及其在设计领域的应用案例，包括AI辅助设计工具的使用方法、智能设计系统的工作原理等。

（2）技能点：掌握至少一种AI设计工具，如Midjourney、Stable Diffusion等，能够运用这些工具进行创意构思和初步设计，并学会利用AI技术进行设计作品的优化，如通过图像识别技术检测设计中的问题、利用智能排版系统提高排版效率等。

（3）拓展阅读：《深度学习》《人工智能：一种现代方法》等专业书籍，以及相关的在线课程资料、学术论文和行业报告，关注人工智能领域的前沿研究成果。

二、学习方法

1. 自主学习

（1）利用Coursera、Udemy、网易云课堂等平台学习设计与人工智能相关课程，做好笔记并定期总结，通过实践项目巩固技能。

（2）制订阅读计划，每周阅读定量章节并撰写读书笔记，关注Behance、知乎等平台的行业动态。

2.实践操作

（1）每周完成至少一个设计项目（如海报设计、用户界面设计等），尝试结合AI工具辅助设计，探索传统方法与新技术的融合。

（2）参加设计竞赛和开源项目，通过团队协作积累经验。

3.合作学习

（1）加入设计社团或学习小组，定期交流设计作品与学习心得。

（2）寻求有经验的导师指导，参与项目实践积累经验。

三、时间规划

1.每日时间安排

- 早上：利用30分钟时间复习前日所学的设计理论知识或人工智能概念，通过回忆和默写知识点的方式加深记忆。
- 上午：安排2～3小时进行设计技能的学习和练习，可根据课程安排灵活选择课余时间。例如，学习专业设计软件的高级功能，通过在线教程和实际操作案例进行练习，每个功能点至少练习3～5次以确保熟练掌握。
- 中午：休息1～2小时适当放松身心，缓解上午学习的疲劳。
- 下午：安排2～3小时学习人工智能知识，可阅读相关书籍、观看在线课程或参加线上讲座。在学习过程中，做好笔记，并尝试将所学AI知识与设计实践相结合，思考如何应用AI技术解决设计问题。
- 晚上：利用1～2小时进行设计项目的实践操作，将当日所学的设计技能和AI知识应用在实际项目，完成设计任务或优化作品。同时，利用30分钟时间总结学习情况，记录学习过程中遇到的问题和解决方法，并制订次日的学习计划。

2.每周时间安排

- 周一至周五：按每日计划执行学习与实践，确保完成既定任务。每晚总结学习情况并及时调整计划。
- 周六：上午3～4小时系统复习本周设计技能与AI知识，通过思维导图、笔记整理或习题练习强化记忆；下午2～3小时参与设计社团或学习小组交流活动，分享心得与作品；晚间1～2小时进行观影、音乐欣赏或运动以舒缓压力。
- 周日：上午3～4小时完成本周设计项目收尾，进行自我评估并总结经验；下午2～3小时阅读设计及人工智能领域扩展资料以拓宽视野；晚间1～2小时制订下周学习计划，明确目标与任务安排。

3.每月时间安排

• 第一周：制订本月学习目标与计划，明确设计技能提升、AI知识学习及项目实践内容，同时总结上月学习成效与不足，拟定改进方案。

• 第二周至第三周：按周计划推进学习进程，每周总结进展并动态优化学习方法。

• 第四周：综合复习本月所学知识，通过作品集制作、学习报告撰写或模拟考试进行自我评估；完成一项融合AI技术的综合性设计项目，体现学习成果与创新能力；最后总结本月学习情况并制定下月计划。

四、学习目标

1.短期目标（1～3个月）

• 熟练掌握两种专业设计软件高级功能，独立完成商业海报、品牌形象等复杂设计任务，作品在校内竞赛或展览中获奖。

• 理解人工智能基础概念与技术原理，掌握至少一种AI设计工具进行草图生成、图像创作等基础应用。

• 建立含5～10个优秀作品的设计作品集，初步体现AI技术应用痕迹。

2.中期目标（4～6个月）

• 融合多元设计元素创作创新性作品，在省级及以上设计竞赛中获奖以提升行业影响力。

• 系统掌握机器学习、深度学习等技术在设计领域的应用，运用AI工具进行用户需求分析、设计方案优化等深度实践。

• 完成至少一个AI与设计融合的实际项目，获得市场认可并积累团队协作经验。

3.长期目标（6个月以上）

• 成为设计科技复合型人才，在知名企业主导创新性项目，推动行业变革。

• 在设计领域产出学术成果（如论文发表、行业标准制定），促进AI与设计的深度融合及广泛应用。

DeepSeek 针对小李同学的个人情况为其量身定制了一份个性化学习方案。该方案不仅充分考虑了小李同学的学习习惯、兴趣偏好及目标需求，还展现了 AI 技术在教育领域的独特优势。此类个性化学习方案通过深度分析和理解学生的个体差异，能够精准地满足多元化学习需求，为每位学生提供高效的学习路径与资源配置支持。

7.3 学习资源推荐，AI 工具比你还懂学生

在这个知识加速更迭的时代，学生面临的学习资源并非匮乏，而是呈现泛滥之势，极易陷入信息过载的困境。真正的挑战在于如何精准定位最新、最前沿的学习资源，而非被陈旧或脱离时代需求的内容所束缚。

AI 技术的突破为此提供了解决方案。通过动态整合并分析全球知识库中的实时更新内容，AI 能基于学生的知识水平、学习目标及兴趣偏好，智能筛选出匹配度最高的学习资源。这种个性化推荐机制不仅突破传统教材的更新周期限制，更能帮助学生直达学科前沿领域。

在 7.2 节所获取的小李同学的个性化学习方案基础上，通过再次细化和扩充学习资源推荐提示词，可以得到更详细和完整的资源获取方案。这里我们需要调用 DeepSeek 的【联网搜索】功能，并据此再次提问。

> **向 DeepSeek 提问：**
>
> 请你扮演智能学习资源顾问，你擅长通过分析学生学习偏好与需求提供个性化学习资源推荐。请运用你的分析能力，针对【小李同学的个性化学习方案】，提供兼具时效性与针对性的学习资源推荐。具体要求如下。
>
> 1.需精选符合该生特点的时效性资源，涵盖最新在线课程、电子书籍、实践项目以及学习工具等，确保接触前沿知识与技能。
>
> 2.推荐时需重点关注资源的发布时间（优先选择近两年内更新内容）与更新频率（如季度更新以上），保证信息时效性。
>
> 3.确保推荐的资源既匹配学习兴趣，又能有效支撑学习目标达成。

小李同学的个性化学习方案

一、学习内容

1. 设计技能提升

（1）知识点：深入学习设计理论，涵盖色彩心理学在不同文化和场景下的应用、版式设计的高级技巧、字体设计的创意方法等。

（2）技能点：熟练掌握专业设计软件的高级功能，如Adobe Photoshop 的3D建模与渲染、Illustrator 的复杂图形绘制与动态效果制作、After Effects 的视觉特效合成等。同时，加强手绘能力，包括素描、速写、水彩等，以提升创意表达能力。

（略）

❦ **DeepSeek回答：**

一、设计技能提升

1. 在线课程

（1）Adobe Creative Cloud 官方教程：提供 Photoshop、Illustrator、After Effects 等软件的最新功能教程，涵盖 3D 建模与渲染、复杂图形绘制与动态效果制作等高级技巧。

（2）Domestika 设计课程：包含色彩心理学、版式设计高级技巧、字体设计创意方法等内容，由行业专家授课，课程更新频繁，与设计趋势保持同步。

2. 电子书籍

（1）《设计心理学：色彩与情感的力量》（2023年版）：深入剖析色彩在不同文化和场景下的应用，结合神经科学最新研究成果，为设计决策提供科学依据。

（2）《动态设计：从基础到高级技巧》（第4版）：介绍动态设计的基本原理及 After Effects 的高级实现方法，适合希望提升动态设计能力的设计师。

3. 前沿实践项目

（1）Behance 设计挑战赛：参与 Behance 设计挑战赛，与全球设计师同场竞技，实践设计理论，提升创意表达能力。

（2）开源设计项目：加入 GitHub 开源设计项目，如开源 UI 组件库、设计系统构建等，通过实际操作提高设计水平。

4. 新兴学习工具

（1）Figma：支持实时协作和原型设计，适用于团队项目合作。

（2）Sketch：专为 Mac 用户设计的矢量绘图工具，界面简洁易用，适合用户界面/用户体验设计。

二、人工智能知识学习

1. 在线课程

（1）Coursera"机器学习专项课程"：由斯坦福大学教授 Andrew Ng 主讲，涵盖机器学习的基础知识和进阶内容。

（2）Udemy"深度学习实战"：结合最新论文和实践案例，深入讲解深度学习的原理和应用，包括计算机视觉、自然语言处理等领域。

2. 电子书籍

（1）《深度学习实战》（最新版）：结合最新研究成果和实践经验，介绍深度学习的基本原理和实现方法。

（2）《人工智能简史：从图灵到 AlphaGo》：梳理人工智能的发展历程，介绍主要技术原理和应用案例。

3. 前沿实践项目

（1）Kaggle 竞赛：通过机器学习竞赛提升算法和数据处理能力。

（2）AI 辅助设计项目：利用 Midjourney、Stable Diffusion 等 AI 设计工具进行创意构思和初步设计，探索 AI 技术在设计中的应用。

4. 新兴学习工具

（1）Jupyter Notebook：开源网页应用程序，支持交互式编程和数据分析，适合机器学习和数据科学的学习与实践。

（2）TensorFlow Playground：可视化机器学习工具，通过直观的方式展示神经网络的工作原理和学习过程。

三、学习资源使用建议

1. 每日时间适配

晨间复习使用电子书与课程片段；上午和下午主攻课程学习与项目实操；晚间尝试工具辅助设计。

2. 每周时间适配

周六利用复习资料巩固知识；周日结合项目收尾与行业报告拓宽视野。

3. 动态更新机制

定期追踪课程更新，订阅设计、AI领域权威媒体，同步行业动态与技术趋势。

通过上述资源推荐，小李同学可系统性地提升设计能力与AI知识水平，有效应对未来职业挑战。

DeepSeek为小李同学定制的资源推荐方案紧密契合其学习需求与兴趣方向，确保其能够精准触达学科前沿知识体系与技术应用。推荐内容全面覆盖在线课程、电子书籍、前沿实践项目及新兴学习工具等。

这种动态匹配机制不仅显著提升学习目标的聚焦度，而且通过趣味化、场景化的资源整合，使知识获取过程兼具效率与启发性，真正实现"学以致用，用以促学"的良性循环。

7.4 打造智能体管家，让 AI 二十四小时在线服务

众所周知，教师的工作涉及众多学生，需要处理大量的事务性工作，如学生信息整理、学习进度跟踪、心理问题辅导等。同时，教师还需要关注学生的思想动态、学业规划、职业规划等方面以提供全面的指导和支持。这些工作不仅烦琐，而且需要高度的专业性和针对不同学生的个性化处理能力。

如今，AI智能体的出现为解决这一难题提供了可能。它让每一项工作都能有专属的"超级管家"。

1. 什么是 AI 智能体

AI智能体（AI Agents）是一种利用人工智能技术实现的软件程序，它能够在特定的环境或情境中自主或交互地执行任务，最终达到特定的目标或解决特定的问题。

简单来讲，可以把 AI 智能体视为一种拥有某项专长、可以解决特定

问题的智能助手。在教育教学领域，智能体可以辅助教师开展教学活动，提高教学效果，实现个性化教育。例如，"家庭教师智能体"、"语文学习小助手"，或是模仿李白创作风格的"李白智能体"都能定制化实现我们想要的 AI 功能。

例如，在豆包的搜索框中输入"作文"这类关键词，就可以看到多个与作文学习相关的智能体，选择其中一个即可与其进行对话，其对话场景已预设作文相关的功能与内容，操作简单方便，如图 7-5 所示。

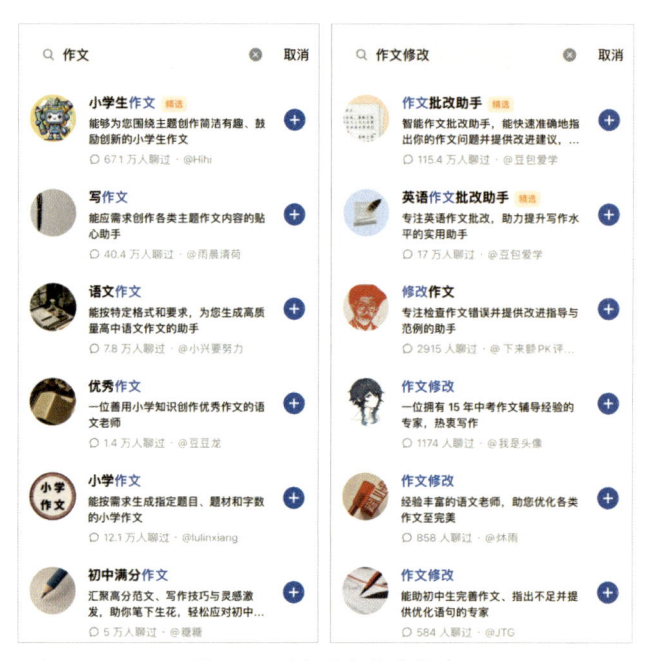

图 7-5　豆包的智能体搜索

AI 智能体与普通 AI 工具的区别可通过案例说明。例如，假设用户需求为"生成班级植树节活动的海报，需包含精美背景图、活动信息、扫码报名等"。

普通 AI 工具的处理流程：用 Midjourney 生成海报背景图→用 DeepSeek 撰写活动信息→用 PS 工具合成图文并添加二维码→人工整合成果。此流程可能存在风格不统一、细节冲突等问题。

AI智能体解决方案：用户输入主题关键词与关键信息，选择是否添加二维码，即可直接生成一张完整的活动海报。

因此，单一性问题可直接咨询AI工具，综合性任务或特定领域的问题则更适合调用AI智能体。

2. 怎么用 AI 智能体

AI智能体在教师工作中的潜力主要体现在以下几点。

（1）信息高效整理与反馈：AI智能体可以自动收集、整理和分析学生的学习行为数据，处理学生的咨询和反馈，减轻教师的工作负担。

（2）个性化指导与建议：AI智能体可以根据学生的学习习惯、兴趣和能力水平为其提供个性化的学习方案。对于有学业困难或心理问题的学生提供初步的评估和建议，帮助教师及时干预。

（3）情感交流与心理支持：AI智能体可以作为"知心朋友"与学生进行深度对话，对有心理需求的学生提供初步疏导，引导学生采取积极应对方式。

3. 如何搭建 AI 智能体

通过以上应用场景，我们了解了搭建AI智能体的具体流程。

第1步 明确需求与目标

教师需要明确希望通过AI智能体实现的功能，如学生信息管理、学习进度跟踪、个性化指导、情感交流等。然后，根据需求设定具体的目标，如提高工作效率、提升指导效果、增强学生互动等。

第2步 选择合适的 AI 模型与平台

根据需求选择合适的AI模型，如自然语言处理模型、情感分析模型等。选择可靠的AI智能体开发平台，如豆包、百度智能云、Coze（扣子）等。这些平台通常提供丰富的模型和插件配置，帮助教师快速搭建功能强大的AI智能体。

第3步 配置智能体功能与参数

在选定的平台上创建智能体，配置名称、简介、人设等基本信息。根据需求设定智能体的功能和参数，如知识范围、回答风格、交互方式等。

导入相关的数据集和知识库,使智能体更好地理解并回答学生的问题。

第4步 测试与优化智能体性能

通过对话测试检查智能体回答问题的准确性和流畅性。根据测试结果调整智能体的功能和参数,以提高其性能和用户满意度。定期更新和维护智能体,以适应新的数据和需求变化。

第5步 部署与应用AI智能体

将训练好的AI智能体部署至校园网站、微信公众号、移动应用等平台。引导学生使用AI智能体进行学习和交流,收集学生的反馈并持续优化AI智能体的功能。

接下来,我们通过案例演示如何快速搭建AI智能体。

案例一 快速生成AI智能体

智能体AI平台:Coze(扣子)

具体操作步骤如下。

第1步 打开Coze的官方网站,注册并登录后进入Coze的管理界面,单击左上角的加号,即可进入智能体创建界面,如图7-6所示。

图7-6 Coze智能体创建界面

第2步 在创建页面输入名称、设定描述。描述可手动填写或使用"一键完善"功能。权限可选择"公开·所有人可对话"或"不被发现"。单击"创建AI智能体"按钮,即可生成定制智能体,如图7-7所示。

图7-7 单击"创建AI智能体"按钮

第3步 细化设置。

(1)配置知识库:在编辑界面单击"数据库"模块,导入相关领域知识数据(如公开数据集、专业书籍、网络文章等)。教师可上传课本文档、习题、学生作业分析报告等文件,作为智能体的知识基础。对知识库进行分类并添加标签,便于智能体在回答问题时快速定位相关知识点。同时,需要定期更新和维护知识库,确保智能体的知识储备始终处于最新状态。

(2)设置技能:包括Coze在内的智能体搭建平台大部分都会提供"插件"功能。通过"插件"功能调用外部API(应用程序编程接口),可以扩展智能体的能力。例如,添加语音识别与合成插件可实现语音交互。同时,还可配置技能参数(如识别率、响应速度)、设计工作流与开场白,以提升用户体验。Coze的添加插件界面,如图7-8所示。

图 7-8　Coze 的添加插件界面

第4步　测试与发布。

在完成智能体的配置后，单击"测试"按钮，以用户视角与智能体展开对话，对智能体进行功能测试。确认无误后，通过 Coze 平台将智能体部署到豆包、飞书、微信公众号等渠道。发布后需持续收集用户反馈并优化功能。Coze 的智能体发布界面，如图 7-9 所示。

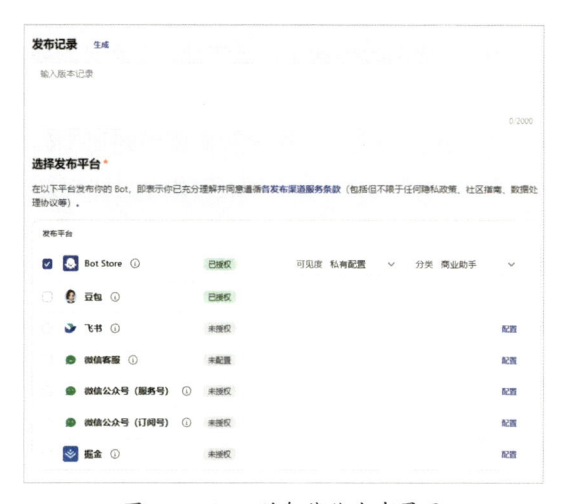

图 7-9　Coze 的智能体发布界面

通过以上四步，一个具备基本功能的Coze智能体就搭建完成了。在实际应用过程中，可根据需求对智能体进行持续优化和升级，使其更好地服务于用户。

用户根据页面提示，针对学风优化主题与智能体进行对话。由于智能体具备上下文记忆功能，因此它能够根据对话内容不断优化调整，从而实现更好的使用效果。学风优化助手智能体界面，如图7-10所示。

图7-10　学风优化助手智能体界面

案例二　设置个性化AI智能体

智能体AI平台：智谱清言

具体操作步骤如下。

第1步　打开智谱清言官网，单击"智能体中心"按钮，进入智能体中心页面，单击"创建智能体"按钮，如图7-11所示。

第2步　在创建页面，系统通过示例引导用户一键描述智能体。在这里，我们将"学风优化助手"的描述填入输入框，然后单击"生成配置"按钮，如图7-12所示。

图 7-11　单击"创建智能体"按钮

图 7-12　单击"生成配置"按钮

第3步 在AI优化后进入配置与调试预览页面。其中,左侧配置页面包括名称、简介、配置信息、模块能力等详细参数,如图7-13所示。

图7-13 配置与调试预览页面

在"配置信息"中单击示例,可以显示4种示例模板。用户可以直接使用AI生成的配置信息示例,或选择其他模板再次优化"学风优化助手"主题,如图7-14所示。

图7-14 配置信息示例

第4步 配置页面提供丰富的功能模块,模块能力如图7-15所示。

图7-15 模块能力

（1）界面定制：提供了丰富的界面定制功能，允许用户根据需求选择不同的UI组件，如单行文本、多行文本、文本段落、分类、下拉选项、附件上传等，以满足个性化需求，提升用户体验。

（2）对话配置：可以自定义智能体的开场白、推荐问题等，系统会根据用户的描述自动生成配置，包括智能体的Logo、名称、简介和配置信息（如角色和能力）。

（3）能力配置：允许用户通过自建插件或从插件市场选择插件来扩展智能体的功能。用户可以配置智能体调用外部插件，以实现复杂的功能。

（4）知识库配置：智能体设置中的重要环节。用户可以上传专属知识库文件，支持PDF、TXT等多种格式文件，智能体能够解析文件，检索并分析用户的问题。

（5）高级配置：用户可根据具体需求进行高级配置，如模型能力调用、私有知识库的配置等，以实现更复杂的功能和更高的定制化程度。

第5步 在完成参数设置后，单击"确认发布"按钮，并选择私密、分享、公开等发布权限，即可进行智能体发布，如图7-16所示。

此外，智谱清言还支持将个性化智能体嵌入其他平台，实现多平台应用。发布渠道配置，如图7-17所示。

图7-16　单击"确认发布"按钮

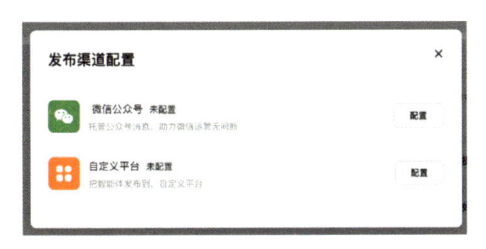

图7-17　发布渠道配置

生成的"学风优化助手"智能体，如图7-18所示。

图7-18　"学风优化助手"智能体

通过对以上AI智能体的深入了解，我们发现，与普通的AI工具相比，定制个性化AI智能体能够更直接地应用于特定场景，省去了多次重复提问和修正的烦琐过程，显著提升了使用效率。

第8章

巧用 DeepSeek
做好学生心理健康与危机事件应对

在教师的繁忙日程中，心理健康教育与危机事件应对是一个难啃的"硬骨头"。面对成百上千的学生，如何敏锐地察觉他们潜在的心理问题，又该如何对症下药，实施有效的干预？这无疑是每位教师所面临的难题。

如今，AI工具可以在学生的心理健康和危机应对中发挥重要作用。AI工具既能让海量的心理普查数据变得井然有序、一目了然，又能深入分析个案，为谈心沟通、家校协作等场景提供科学建议。

8.1 解决数据杂乱，AI 工具让心理普查结果清晰可见

在心理普查中，大量的数据往往杂乱无章，人工整理耗时耗力且易出错。例如，每年开学季，为及时了解新生的心理健康状况，学校都会例行安排新生进行心理测评。以下这份某学院的测评表，采用SCL-90和UPI问卷对2024级新生的心理健康进行了全面"体检"，如图8-1所示。

图8-1 某学院2024级新生心理测评筛选结果汇总表

要知道，处理这些数据绝非易事。每个学院几百名新生的测评结果涉及多个维度，复杂且烦琐。对于教师来说，整合、分类、筛查无疑是一项庞大而艰巨的任务，稍有不慎就可能造成遗漏或误判，从而影响学生心理健康干预的有效性。

在这里，我们推荐使用WPS AI。作为金山办公旗下的人工智能办公助手，它具备智能写作、一键生成PPT、数据处理分析、PDF智能分析与问答等功能。目前，WPS AI已无缝嵌入日常办公常用的WPS Office各组件中。

其中，"AI数据问答"功能可以智能解读表格数据，如同数据分析师，通过简单的对话即可完成复杂的数据分析任务。无论是SCL-90还是UPI量表的测评数据，WPS AI都能迅速完成数据检查、数据洞察、预测分析及关联性分析等操作，生成可视化图表和结论，如图8-2所示。

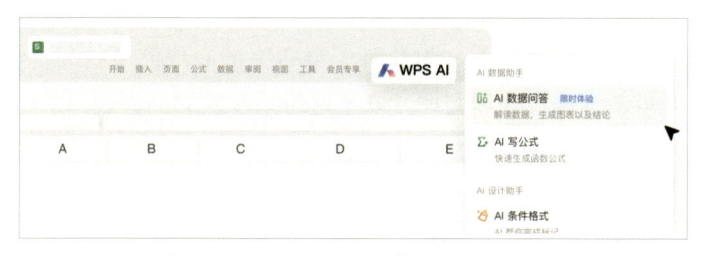

图8-2 WPS AI的"AI数据问答"功能

操作时，首先用WPS打开某学院2024级新生心理测评筛选结果汇总表，单击"WPS AI"按钮，选择"AI数据问答"功能，如图8-3所示。

图8-3　选择"AI数据问答"功能

在AI数据问答界面，WPS AI会按照表格内容生成常用的针对性提问模板。例如，"快速解读表格内容""统计存在异常心理症状的学生比例"等，这对于快速解读数据非常有用，单击"快速解读表格内容"，即可生成答案，如图8-4所示。

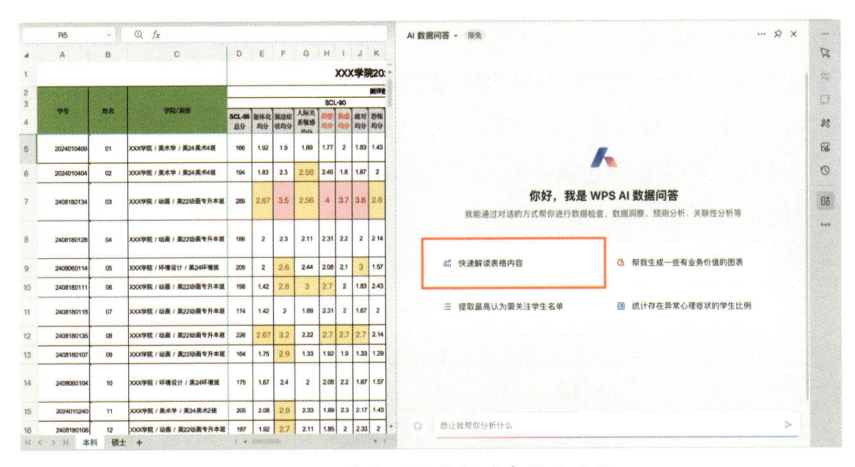

图8-4　单击"快速解读表格内容"

WPS AI可快速完成数据整理与分析，不仅呈现数据概览，还能精准捕捉关键指标，通过可视化图表将复杂数据直观呈现。此外，WPS AI会提供深度数据洞察与专业分析建议，帮助教师精准识别学生心理状态，为及时干预提供依据，如图8-5所示。

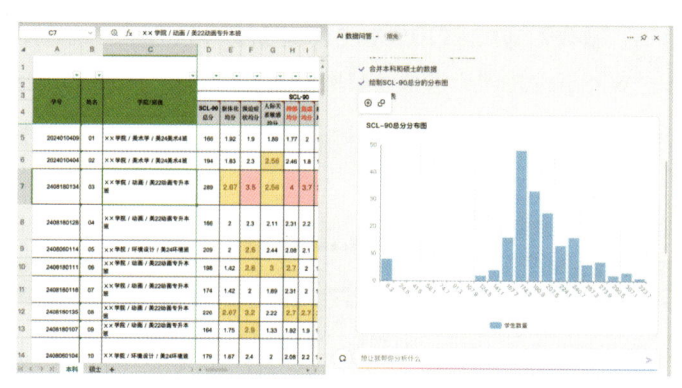

图 8-5　WPS AI 对表格数据的整理与分析

此外，在对话框区域，我们可以根据实际需要输入定制化指令。例如，给出如下信息。

（1）高风险学生群体：SCL-90 总分较高的学生群体显示出较严重的心理健康问题，尤其是那些得分在 250 分以上的学生，应进行进一步的心理干预和跟踪。

（2）自杀倾向的预警：在 UPI 敏感题选择"有轻生念头"的学生需优先关注，建议学校心理中心立即介入，提供必要的心理支持和干预。

我们针对以上信息继续输入"筛选出 SCL-90 总分在 250 分以上的学生信息"，如图 8-6 所示。

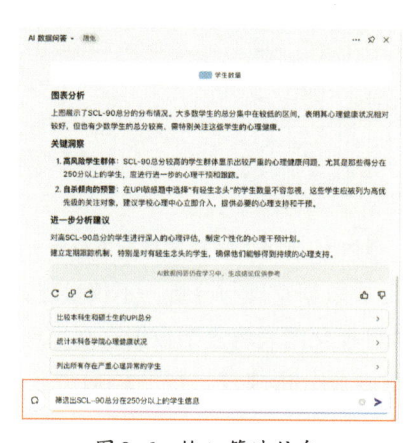

图 8-6　输入筛选信息

WPS AI根据输入的筛选信息生成预警提示：这些学生属于高风险群体，建议学校心理中心立即介入，提供必要的心理支持和干预。单击"查看表格"按钮，即可查看相应的信息，如图8-7所示。

图8-7　单击"查看表格"按钮

WPS AI会自动生成一个名为"SCL-90总分在250分以上的学生信息"的独立图表，单击"在新工作表中查看"按钮，如图8-8所示。

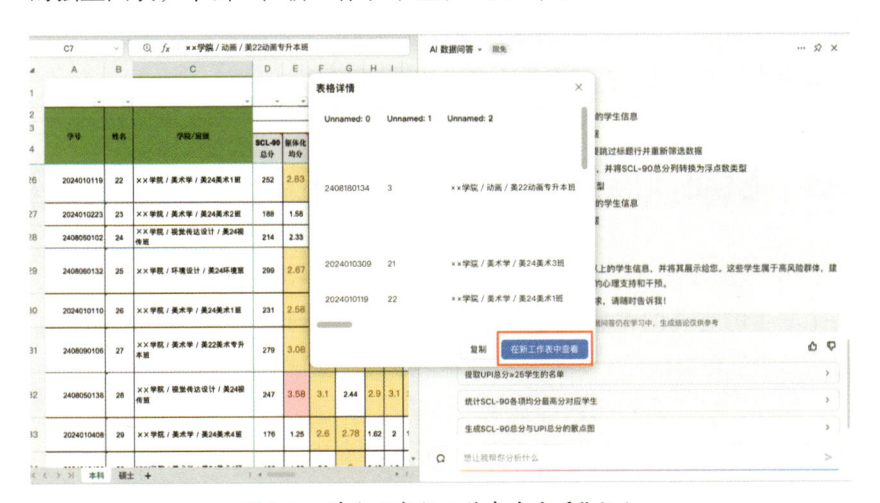

图8-8　单击"在新工作表中查看"按钮

此时，会生成需要重点关注的学生名单，如图8-9所示。

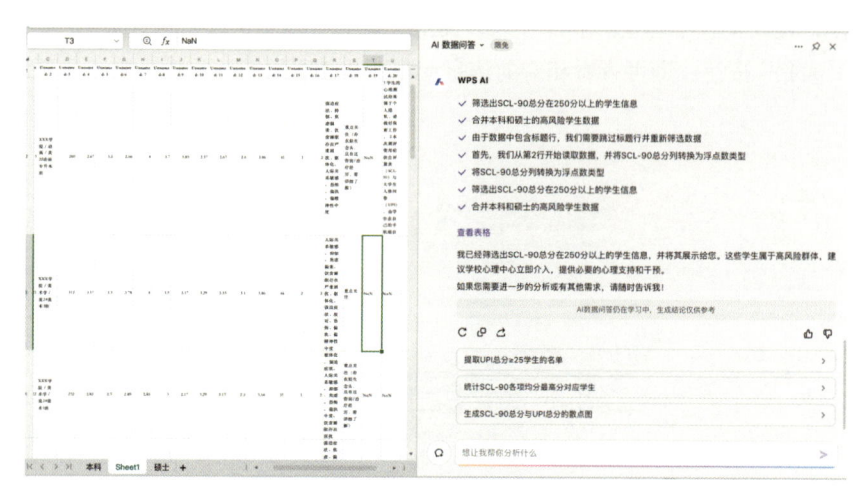

图8-9　需要重点关注的学生名单

该方法不仅能快速识别需要重点关注的学生，还能为学院提供精准的关注名单和处理建议。除总分筛查外，还可基于SCL-90和UPI的临床维度（躯体化、强迫症状、人际关系敏感、抑郁、焦虑、敌对、恐怖、偏执等）进行多维度精准筛查。实践证明，借助AI工具能显著提升心理健康普查效率，帮助教师快速获取直观易懂的分析结果，及时识别存在心理困扰的学生并提供针对性干预，实现精准施策的育人目标。

8.2　不知如何与心理问题学生沟通？AI工具提供专业建议

作为教师，我们常感慨与存在心理问题的学生沟通是项综合能力考验。每个学生的心理世界都是复杂且独特的，如何选择谈话切入点？如何通过恰当语气建立信任？如何妥善处理情绪反应？这些都需要专业技巧。

如今，AI工具可为教师提供个性化沟通策略支持。从话题切入点选择到情绪反应处理，AI工具能基于学生心理问题类型提供科学指导。

1. 明确问题归因

学生心理问题类型包含焦虑、抑郁、自我认同危机、学业压力、人际关系障碍等。需要注意的是，每种心理问题都有其独特的表现和成因，因此教师在谈话前需要对这些问题有一定的了解，以便更好地理解和帮助学生。结合实际情况，可将心理问题学生归为以下几种。

（1）受重大生活事件影响：家庭变故、负性刺激导致心理波动。

（2）确诊心理障碍：抑郁症、焦虑症、强迫症、恐怖症、精神分裂症等。

（3）自杀风险群体：有自杀未遂史或家族自杀史。

（4）慢性疾病困扰：长期病痛导致心理异常。

（5）学业压力型：学习问题引发的心理失调。

（6）情感挫折型：亲密关系破裂后的行为异常。

（7）人际冲突型：社交关系恶化导致心理问题。

（8）社会孤立型：性格孤僻且缺乏支持系统。

（9）适应障碍型：环境适应不良引发行为异常。

（10）经济压力型：贫困导致的自卑心理。

（11）危机传染型：受他人心理危机影响的焦虑群体。

同时，需要注意存在多因素叠加的复合型案例，此类学生需重点干预。

2. 沟通技巧

在与有心理问题的学生进行谈话时，教师需要具备高度的敏感性和灵活性，并把握以下核心技巧。

（1）主动倾听与共情：教师应成为优秀的倾听者，全神贯注地听取学生的倾诉，避免打断与评判，通过肢体语言和眼神交流传递理解。

（2）提问与引导：通过开放式提问引导学生深入表达自己的感受和想法。例如："你能具体说说这种情况是怎么发生的吗？"或"这种感受对你产生了哪些影响？"适时地给予引导和建议，帮助学生认识到自己的问题所在，并找到解决的方法。

（3）评估与干预：对于可能存在严重心理问题的学生，教师应具备一定的评估能力,判断学生是否需要专业的心理咨询或治疗。在必要时,教师应及时将学生转介给专业的心理咨询机构或心理医生。

(4)建立信任与支持系统:与学生建立信任关系,让学生感受到教师的关心和支持。鼓励学生积极参与校园内的心理健康活动,构建自己的支持系统。

3. 提示词应用

结合问题归因和沟通技巧,可借助 AI 工具生成个性化谈话方案提示词模板。

> **提示词模板:**
>
> 你是一位专业、富有同情心且具备高度沟通技巧的教师,专注于为学生提供个性化的心理支持与咨询服务。请结合学生的具体情况,开展一次深入且个性化的心理健康谈话。你的每一个行动都可能对学生的心理健康产生积极的影响,因此务必保持高度的责任心和敏感性,用心倾听,用爱陪伴。
>
> 为保障谈话效果,请遵循以下步骤。
>
> 1. 建立信任,倾听心声:以温暖、关怀的态度开启谈话,让学生感受到你的支持和理解。全神贯注地倾听学生的倾诉,避免打断和评判,通过同理心感知学生的情绪与诉求。
>
> 2. 深入探索,理解感受:通过开放式提问引导学生表达自己的感受和想法。例如,"你能具体说说这种情况是怎么发生的吗?"或"这种感受对你的日常有哪些影响?"同时,适时给予反馈,并鼓励学生继续分享。
>
> 3. 评估情况,引导认识:根据学生的描述评估其心理问题的严重程度及潜在原因。引导学生认识自己的问题所在,共同探讨可能的解决方案或应对策略。
>
> 4. 提供建议,构建支持:依据个体差异提出针对性建议,如正念练习、同学互助或专业咨询等。着重介绍学校心理咨询室、"24小时热线"等支持资源,强化社会支持感知。
>
> 5. 制订计划与持续跟进:协同制订包含具体步骤和时间节点的行动方案,约定两周内的随访时间,建立长效关注机制,通过定期评估确保干预效果。
>
> 相关背景信息如下。

> 本次谈话对象属于××类型心理问题（请从既定分类中选择或填写具体类型，如"学业压力导致焦虑状态的学生"），具体情况描述如下：××（请完整说明学生的行为表现、情绪特征、持续时间及环境诱因等）。

4. 应用案例

我们通过选取一个场景来套用提示词，生成个性化谈话方案。

（1）背景情况：

小李是大学二年级计算机科学与技术专业的学生，长期保持优异学业成绩，积极参与社团活动与志愿服务。近期其父亲因病突然离世，这一重大变故导致她出现显著心理行为变化，原本积极开朗的性格转为沉默寡言、情绪持续低落，并伴随异常行为表现。

（2）具体心理问题表现：

- 情绪抑郁：自父亲离世后，小李情绪持续低落。她经常独自坐在宿舍或图书馆角落发呆，对周围事物失去兴趣。易哭泣，偶有课堂情绪失控。

- 学习动力不足：原本对专业充满热情的她，现在表现出明显的学习倦怠，不再参与课堂讨论，作业质量大幅下降，甚至逃避考试。

- 社交退缩：逐渐回避与同学朋友接触，退出社团活动，拒绝回复消息，呈现自我封闭状态。

- 焦虑与失眠：持续存在焦虑情绪，伴有夜间入睡困难、多梦易醒等睡眠障碍，导致日间精神萎靡和注意力涣散。

通过案例可知，小李属于家庭重大变故引发的创伤性心理应激反应，符合外在负性刺激导致心理行为异常的干预范畴。

接下来，我们把案例导入提示词模板，向 DeepSeek 提问。

> **向 DeepSeek 提问：**
>
> 你是一位专业、富有同情心且具备高度沟通技巧的教师，专注于为学生提供个性化的心理支持与咨询服务。【请针对因家庭变故或外在负性刺激而出现心理或行为异常的学生，开展一次深入且个性化的心理健康谈话】。你的每一个行动都可能对学生的心理健康产生积极的影响，因此务必保持高度

的责任心和敏感性，用心倾听，用爱陪伴。

为保障谈话效果，请遵循以下步骤。

1. 建立信任，倾听心声：以温暖、关怀的态度开启谈话，让学生感受到你的支持和理解。全神贯注地倾听学生的倾诉，避免打断和评判，通过同理心感知学生的情绪和诉求。

2. 深入探索，理解感受：通过开放式提问引导学生表达自己的感受和想法。例如，"你能具体说说这种情况是怎么发生的吗？"或"这种感受对你的日常有哪些影响？"同时，适时给予反馈，并鼓励学生继续分享。

3. 评估情况，引导认识：根据学生的描述评估其心理问题的严重程度及潜在原因。引导学生认识自己的问题所在，共同探讨可能的解决方案或应对策略。

4. 提供建议，构建支持：依据个体差异提出针对性建议，如正念练习、同学互助或专业咨询等。着重介绍学校心理咨询室、"24小时热线"等支持资源，强化社会支持感知。

5. 制订计划与持续跟进：协同制订包含具体步骤和时间节点的行动方案，约定两周内的随访时间，建立长效关注机制，通过定期评估确保干预效果。

相关背景信息如下。

小李是大学二年级计算机科学与技术专业的学生，长期保持优异学业成绩，积极参与社团活动与志愿服务。近期其父亲因病突然离世，这一重大变故导致她出现显著心理行为变化，原本积极开朗的性格转为沉默寡言、情绪持续低落，并伴随异常行为表现。具体心理问题表现如下。

（1）情绪抑郁：自父亲离世后，小李情绪持续低落。她经常独自坐在宿舍或图书馆角落发呆，对周围事物失去兴趣。易哭泣，偶有课堂情绪失控。

（2）学习动力不足：原本对专业充满热情的她，现在表现出明显的学习倦怠，不再参与课堂讨论，作业质量大幅下降，甚至逃避考试。

（3）社交退缩：逐渐回避与同学朋友接触，退出社团活动，拒绝回复消息，呈现自我封闭状态。

（4）焦虑与失眠：持续存在焦虑情绪，伴有夜间入睡困难、多梦易醒等睡眠障碍，导致日间精神萎靡和注意力涣散。

❦ DeepSeek 回答：

小李同学谈话方案

一、建立信任，倾听心声

1. 开场白

"小李同学，你好！我是××老师，一直以来都很欣赏你的积极态度和出众才华。最近注意到你状态有些变化，想和你聊聊，看看有什么能帮忙的。请放心，你说的话我都会认真倾听、用心理解。"

2. 倾听策略

（1）与小李保持自然的目光接触，充分展现关怀与专注。

（2）耐心倾听不打断，给予小李充分表达空间。

（3）通过点头、轻声回应等方式传递对小李的理解与支持。

二、深入探索，理解感受

1. 开放式提问

"小李，我观察到你最近情绪比较低落。这种变化大概从什么时候开始的？父亲离世后，你心里最深刻的感受是什么？"

2. 反馈与鼓励

"谢谢你的信任和分享。这段时间确实很不容易，你提到的学习兴趣减退、社交退缩、焦虑失眠等反应，都是重大生活事件后的常见心理反应，很多人都会经历类似的困难阶段。"

三、评估情况，引导认知

1. 评估心理状态

（根据描述，发现有抑郁情绪、动力缺失、社会功能受损及睡眠问题等表现，提示需要专业心理支持）

2. 引导认知

"小李，现在遇到的困难其实也是自我成长的契机。我们可以共同面对，逐步找回生活中的积极体验。"

四、提供建议，构建支持

1. 个性化建议

"建议尝试参与学校的心理健康活动，比如心理讲座、团体辅导等，这些能帮助你掌握情绪调节技巧；同时可以预约学校心理咨询师进行专业辅导。不妨也和关心你的朋友保持联系，共同参与些轻松的活动。"

2.强调支持

"记住你并不孤单，学校心理健康中心、老师以及同学都会持续支持你。"

五、制订行动计划与后续跟进

1.制订计划

"我们一起制订行动计划。例如，每周参加1次心理健康活动，保持3次朋友联系，每天安排放松时间（散步、听音乐等）。每周五下午我们固定交流进展，你觉得如何？"

2.后续跟进

"我会持续关注你的情况，有任何需要随时可以找我，办公室的大门永远为你敞开。"

3.结束语

"小李，你的勇气和坦诚让我相信，通过我们的共同努力，你一定能逐渐走出阴霾，重拾活力。加油！"

该谈话方案以"建立信任，倾听心声"为起点，为深入交流奠定了坚实基础。首先，在"深入探索，理解感受"阶段，巧妙运用开放式提问，引导学生尽情释放内心情感。教师适时给予反馈与鼓励，让学生感受到被理解和支持。其次，进入"评估情况，引导认识"环节，教师准确评估学生的心理问题，并引导学生正视问题，看到其中蕴含的成长可能性。再次，"提供建议，构建支持"，给出贴合学生实际情况的个性化建议，同时着重强调学校心理健康资源，让学生明白自己并非孤立无援。最后，"制订行动计划与后续跟进"，确保谈话成果能够持续有效，充分体现出教师对学生的长期关怀。

整体而言，该谈话方案既展现出心理健康教育的专业性，又体现人文关怀，符合学生心理辅导工作规范。

8.3 害怕面对家长？AI 工具助你站在家长角度思考问题

教师与家长沟通时常面临多重挑战，家长对心理问题的认知局限、对教师角色的误解易导致沟通障碍，使教育工作者在应对质疑时如同背负无形枷锁，影响工作开展。

AI 工具现已成为破解困局的得力助手。通过深度分析学生心理问题表现，预判家长心理状态与需求，AI 工具可搭建理解桥梁，为每位家长定制解决方案，提供个性化沟通策略，促进家校协同育人。

1. 家长情况分析

以小李同学为例，母亲作为关键支持者，其心理状态直接影响干预效果。前期沟通发现小李母亲存在以下心理特征。

（1）悲伤与无助：经历丧偶之痛后持续处于悲伤状态，同时需承担对女儿心理状况的担忧，双重压力下倍感无助。

（2）焦虑与担忧：过度焦虑女儿未来发展，担心丧父阴影影响其学业及人生规划，出现继发性睡眠问题。

（3）自责与内疚：存在不合理归因倾向，将家庭变故归咎于自身责任，加重心理负担。

2. 沟通关键点

通常在面对有心理问题的学生和家长时，处理步骤包含以下几个关键点。

（1）建立同理联结：通过"您最近观察到孩子哪些特别表现"等开放式提问，收集家庭观察数据。

（2）症状具体化：系统记录异常行为的频率、持续时间、触发情境（如："这种情况通常在什么情境下出现"）。

（3）溯源分析：引导识别应激源（"近期家庭是否经历重大变化"），评估家庭生态系统影响。

（4）支持系统评估：了解既有应对策略（"您尝试过哪些帮助孩子的方法"），分析干预的有效性。

（5）专业资源对接：提供分级支持方案（心理咨询、亲朋好友支持小组、学业帮扶等）。

（6）协同干预方案：制订包含短期目标（情绪稳定）、中期目标（社会功能恢复）、长期目标（心理弹性培养）的阶梯计划。

（7）沟通机制建设：建立定期家访、线上反馈、危机预警三级联络制度。

3. AI 提示词应用模板

现在，根据以上小李母亲的情况分析和沟通关键点，我们可以将其提炼并整合成提示词模板。

> **提示词模板：**
>
> 你是一位专业、富有同情心且具备高度沟通技巧的教师，专注于为学生家长提供个性化的心理支持与咨询。请结合学生××类型心理问题的具体情况，与其家长开展一次有针对性的沟通工作。
>
> 1. 沟通准备阶段：分析学生××类型心理问题的临床特征，制定详细的沟通准备指南，涵盖同理心表达技巧、自然的话题过渡策略，以及通过观察性语言初步评估家长对学生心理状态的认知程度。
>
> 2. 深入了解学生心理问题：设计具有临床心理学依据的结构化访谈提纲，系统收集学生的行为表征，包括情绪反应模式、行为发生频次、持续时间曲线及潜在诱发条件。
>
> 3. 探究问题根源与影响因素：通过设计一系列开放式引导问题，与家长共同深入探讨可能影响学生心理的生活事件、家庭环境、学校因素及社交关系等方面，帮助家长反思并共同梳理学生心理问题的可能成因及相关影响因素。
>
> 4. 了解家长现有支持方式：评估家庭现有应对策略的效果，系统调查既往干预尝试，包括非正式支持网络使用情况、专业机构求助经历及干预的坚持情况等，特别注意文化因素对求助行为的影响。
>
> 5. 提供专业心理支持：结合学生××类型心理问题的特征，提供针对性的心理咨询建议和学习资源推荐，以满足家长和学生的具体需求。
>
> 6. 制订个性化解决方案：制订帮助学生克服心理问题的个性化解决方案，

包括目标设定、步骤规划、责任分配、评估标准等，确保方案既符合学生的实际情况又能得到家长的支持与配合。

7.强调持续沟通与合作的重要性：制定家校协同的持续沟通合作框架，明确定期沟通的具体时段、联络方式、核心议题及紧急事件响应预案，同步建立阶段性评估机制与信息共享平台，确保沟通机制持续有效并促进孩子的心理康复进程。

学生情况如下：××

家长情况如下：××

4. 应用案例

我们将小李同学及其母亲的情况代入预设的提示词模板进行实践演示。需要说明的是，基于AI工具的上下文关联与连续对话能力，以上模块既可以拆分为独立提示词模板分别提问，又可以将它们整合为统一模板集中处理，后续再根据需求细化分析。现采取统一提问方式向DeepSeek提交完整案例信息。

> **向DeepSeek提问：**
>
> 你是一位专业、富有同情心且具备高度沟通技巧的教师，专注于为学生家长提供个性化的心理支持与咨询。请结合【因家庭变故或外在负性刺激而出现心理或行为异常的学生】背景，与其家长开展一次有针对性的沟通工作。
>
> 1.沟通准备阶段：分析【因家庭变故或外在负性刺激而出现心理或行为异常的学生】心理问题的临床特征，制定详细的沟通准备指南，涵盖同理心表达技巧、自然的话题过渡策略，以及通过观察性语言初步评估家长对学生心理状态的认知程度。
>
> 2.深入了解学生心理问题：设计具有临床心理学依据的结构化访谈提纲，系统收集学生的行为表征，包括情绪反应模式、行为发生频次、持续时间曲线及潜在诱发条件。
>
> 3.探究问题根源与影响因素：通过设计一系列开放式引导问题，与家长共同深入探讨可能影响学生心理的生活事件、家庭环境、学校因素及社交关系等方面，帮助家长反思并共同梳理学生心理问题的可能成因及相关影响

因素。

4. 了解家长现有支持方式：评估家庭现有应对策略的效果，系统调查既往干预尝试，包括非正式支持网络使用情况、专业机构求助经历及干预的坚持情况等，特别注意文化因素对求助行为的影响。

5. 提供专业心理支持：结合【因家庭变故或外在负性刺激而出现心理或行为异常的学生】心理问题的特征，提供针对性的心理咨询建议和学习资源推荐，以满足家长和学生的具体需求。

6. 制订个性化解决方案：制订帮助学生克服心理问题的个性化解决方案，包括目标设定、步骤规划、责任分配、评估标准等，确保方案既符合学生的实际情况又能得到家长的支持与配合。

7. 强调持续沟通与合作的重要性：制定家校协同的持续沟通合作框架，明确定期沟通的具体时段、联络方式、核心议题及紧急事件响应预案，同步建立阶段性评估机制与信息共享平台，确保沟通机制持续有效并促进孩子的心理康复进程。

学生情况如下。

小李是大学二年级计算机科学与技术专业的学生，长期保持优异学业成绩，积极参与社团活动与志愿服务。近期其父亲因病突然离世，这一重大变故导致她出现显著心理行为变化，原本积极开朗的性格转为沉默寡言、情绪持续低落，并伴随异常行为表现。具体心理问题表现如下。

（1）情绪抑郁：自父亲离世后，小李情绪持续低落。她经常独自坐在宿舍或图书馆角落发呆，对周围事物失去兴趣。易哭泣，偶有课堂情绪失控。

（2）学习动力不足：原本对专业充满热情的她，现在表现出明显的学习倦怠，不再参与课堂讨论，作业质量大幅下降，甚至逃避考试。

（3）社交退缩：逐渐回避与同学朋友接触，退出社团活动，拒绝回复消息，呈现自我封闭状态。

（4）焦虑与失眠：持续存在焦虑情绪，伴有夜间入睡困难、多梦易醒等睡眠障碍，导致日间精神萎靡和注意力涣散。

小李母亲情况如下。

（1）悲伤与无助：经历丧偶之痛后持续处于悲伤状态，同时需承担对女儿心理状况的担忧，双重压力下倍感无助。

（2）焦虑与担忧：过度焦虑女儿未来发展，担心丧父阴影影响其学业及人生规划，出现继发性睡眠问题。

（3）自责与内疚：存在不合理归因倾向，将家庭变故归咎于自身责任，加重心理负担。

DeepSeek回答：

与小李同学家长的详细沟通方案

一、沟通准备阶段

1. 情感铺垫：首先表达对小李及家庭的深切关怀，例如："小李母亲，这段时间您和小李都经历了太多，我非常理解您此刻的心情，也一直在关注着小李的状态。"

2. 明确目的：清晰说明沟通的目的，即为了更好地了解小李的情况，共同探寻帮助她的有效方法。

3. 引入话题：以温和的方式引入话题，如："我留意到小李最近情绪有些低落，学习状态也有所下滑，想跟您详细聊一聊，看看咱们能不能一起为她做点什么。"

4. 初步了解担忧：询问家长最担心的问题，如："您最近观察到小李有哪些变化让您特别揪心？"

二、深入了解学生心理问题

1. 具体描述：请您详细描述一下小李最近有哪些异常的情绪或行为表现。

2. 频率与持续时间：这些情况大约从什么时候开始出现？出现的频率如何？持续了多长时间？

3. 触发因素：您是否注意到什么特定的事件或情境会触发或加剧小李的这些反应？

4. 影响程度：这些变化对小李的日常生活、学习和社交产生了哪些具体影响？

三、探究问题根源与影响因素

1. 家庭环境：您认为小李父亲的离世对她产生了怎样的影响？家庭环境中是否存在其他因素可能影响其情绪？

2. 学校因素：小李在学校是否遇到过学业压力、人际关系或其他方面的困难？

3. 社交关系：她最近是否提及与朋友或同学相处的困扰？

4. 个人因素：小李是否表达过对未来的担忧或迷茫？

四、了解家长现有支持方式

1. 询问家长目前采取的措施：您目前是如何帮助小李应对这些挑战的？尝试过哪些方法？

2. 寻求专业帮助的情况：您是否考虑过或已为小李寻求过专业的心理咨询或治疗？

五、提供专业心理支持

1. 专业咨询：推荐学校心理咨询中心或外部专业机构，强调哀伤处理、情绪调节、压力管理等方面的重要性。

2. 自助资源：提供心理自助手册、在线课程及心理健康 App 等资源，鼓励家长和小李共同学习使用。

3. 支持小组：建议参与哀伤支持小组或同类组织，与其他有相似经历的家庭交流经验，获取情感支持。

六、制订个性化解决方案

1. 目标设定：明确短期目标（如改善情绪状态、提升学习动力）与长期目标（如建立积极应对机制、促进身心成长）。

2. 步骤规划：

（1）短期计划：安排定期心理咨询、参与低压力社交活动、制订适应性学习计划。

（2）长期计划：培养兴趣特长、强化时间管理能力、构建社会支持系统。

（3）责任分配：明确家长、校方及学生本人的具体责任与协作方式。

（4）评估标准：设定情绪稳定性、学业进步情况、社交参与度等量化指标，定期复盘并优化方案。

七、强调持续沟通与合作的重要性

1. 定期沟通：约定每周一次或每两周一次的沟通频率，可采用电话、线上会议或面谈形式。

2. 沟通内容：

（1）小李在情绪、学业及社交方面的动态变化。
　　（2）家长与孩子当前面临的困惑或需求。
　　（3）方案执行进展及阶段性成效反馈。
　　3.紧急响应：提供校方紧急联络方式，确保有突发情况时能及时介入支持。
　　4.家长支持：建议家长通过支持小组等途径关注自身心理健康，保持情绪稳定以更好支持孩子。

　　可以看出，DeepSeek 生成的谈话方案展现出了高度的专业性与人文关怀，巧妙融合了情感铺垫、问题探究、专业支持、个性化解决方案以及持续沟通计划等关键要素。该方案通过精心设计的问题和结构化的沟通流程，不仅体现了对小李同学及其家庭深切的共情与理解，更为家长提供了精准指导，帮助其有效识别并应对孩子的心理困扰。

　　方案中的个性化干预策略与长期沟通机制，充分彰显了教师对学生心理康复与全面发展的专业考量。通过明确界定短期目标与长期规划，既为家长提供了可操作的阶段性指引，又体现了家校协同育人的教育理念。特别是将家长心理支持纳入沟通体系，关注家庭整体心理健康生态，凸显了方案设计的系统性与前瞻性。

8.4　工作汇报：及时生成汇报文本

　　在教师的日常工作中，校园危机事件犹如一颗颗"不定时炸弹"，它们可能是突发性自然灾害、公共安全事件，也可能是心理健康危机等，往往令人猝不及防。这些事件不仅考验教师的应急响应能力，更直接关系学生的身心健康与校园安全稳定。处理这些事件时，每个处置环节都需严谨专业。

　　在传统工作模式下，教师常受困于烦琐的汇报与记录工作。他们既需耗费大量时间整理事件信息、撰写汇报材料，又需在危机处置会议中分心记录要点，唯恐遗漏关键细节。这些事务性工作不仅消耗精力，更可能因注意力分散影响危机处置的时效性与准确性。

借助AI工具，我们可以快速整合危机事件信息并生成精准汇报，使教师从烦琐的文字工作中解放。同时，AI语音识别与文本处理技术重塑了危机处置会议记录模式，实现了高效准确的会议纪要生成。

1. 场景再现

某个傍晚，落日透过树影洒在校园小径。突然，急促的脚步声打破宁静，学生们惊慌地从宿舍楼奔出，高喊："着火了！"只见滚滚浓烟自宿舍阳台涌出，紧张氛围瞬间笼罩校园。

面对此类突发事件，教师需同步完成多重任务：第一时间抵达现场协同保卫处等应急部门处置火灾、安抚学生情绪、及时向上级汇报处置进展，确保信息精准传递与决策高效制定。当上述工作需同步推进时，教师是仓促应对危机同时记录信息，还是事后补录？在分秒必争的紧急时刻，每个细节都关乎校园的安全，任何延误都可能造成不可预见的后果。

此类突发事件的标准处置流程如下。

（1）迅速搜集并有效整理现场关键信息和素材。

（2）整合信息，生成条理清晰、数据准确的汇报文本。

（3）基于整理好的信息，快速形成处理意见。

（4）提交汇报文本和处理意见给领导审议。

2. AI工具助力

根据标准处理流程，我们将其转化为AI提示词模板。

> **提示词模板：**
>
> 请你担任校园危机汇报助手，须具备快速整合危机信息并生成高质量的工作汇报的能力。针对校园突发的【××事件】，请生成一份详尽且准确的工作汇报。具体要求如下。
>
> （1）完整梳理事件背景、发生经过、应对措施及处理结果等核心信息。
>
> （2）将信息整合为结构清晰、数据精准的标准化汇报文本。

（3）提供事件深度分析与后续工作建议，支撑校方科学决策。

基本情况如下：××

因为事情紧急，所以仅整理火灾事件关键信息如下。

一、事件背景

2024年10月15日18时，××大学××区××栋603宿舍发生火灾。经初步调查，系学生违规使用大功率电器导致电路过载引发火灾。

二、应对措施

1. 辅导员立即启动应急响应，拨打119火警电话并同步通知保卫处及相关校领导。同时，组织楼内学生沿安全通道有序疏散。

2. 现场处置：配合消防队员开展灭火作业，协助教师维持秩序。

3. 火灾特征：603宿舍内小型明火，伴随大量浓烟，存在扩散风险。

4. 善后工作：教师分组进行学生心理疏导；启动受损设施清点登记工作。

三、处理结果

经消防部门与校方协同处置，19时5分明火完全扑灭。本次事件未造成人员伤亡，主要损失为603宿舍家具（桌椅、床铺）部分烧毁。

我们将以上内容整理到提示词模板，向DeepSeek提问。

提示词模板：

请你担任校园危机汇报助手，须具备快速整合危机信息并生成高质量的工作汇报的能力。针对突发的【校园火灾危机处理】事件，请生成一份详尽且准确的工作汇报。具体要求如下。

（1）完整梳理事件背景、发生经过、应对措施及处理结果等核心信息。

（2）将信息整合为结构清晰、数据精准的标准化汇报文本。

（3）提供事件深度分析与后续工作建议，支撑校方科学决策。

基本情况如下。

1. 事件背景

2024年10月15日18时，××大学××区××栋603宿舍发生火灾。经初步调查，系学生违规使用大功率电器导致电路过载引发火灾。

2. 应对措施

（1）辅导员立即启动应急响应，拨打119火警电话并同步通知保卫处及相关校领导。同时，组织楼内学生沿安全通道有序疏散。

（2）现场处置：配合消防队员开展灭火作业，协助教师维持秩序。

（3）火灾特征：603宿舍内小型明火，伴随大量浓烟，存在扩散风险。

（4）善后工作：教师分组进行学生心理疏导；启动受损设施清点登记工作。

3. 处理结果

经消防部门与校方协同处置，19时5分明火完全扑灭。本次事件未造成人员伤亡，主要损失为603宿舍家具（桌椅、床铺）部分烧毁。

DeepSeek回答：

××学校火灾突发事件处置工作汇报

一、事件背景

2024年10月15日18时许，××大学××校区学生公寓××栋603室发生火灾。经初步调查，系学生违规使用大功率电器导致线路过载引发火灾。该事件引发全校高度关注，暴露出校园安全管理薄弱环节。

二、应对措施

1. 紧急报警与疏散：值班辅导员立即拨打119火警电话，同步报告学校保卫处及相关领导。启动应急疏散预案，组织全体学生沿消防通道有序撤离至集结点，实现人员零滞留。

2. 现场处置配合：成立现场指挥部，向消防人员提供建筑平面图、电力布局等关键信息。组建教职工应急分队协助设置警戒线，引导消防车辆进场。经勘查，火灾呈现局部明火伴随浓烟扩散态势。

3. 善后处置工作：心理咨询团队对132名受影响学生开展心理干预，后勤部门完成6间宿舍、23件家具的受损评估，建立临时安置点保障基本生活需求。

三、处置结果

经消防救援队伍专业处置，19时5分明火扑灭，21时完成现场隐患排查。

确认无人员伤亡，直接经济损失8.6万元，受损区域已实施封闭管理。
　　四、整改提升方案
　　1.暴露问题：电器使用监管缺位、线路检测周期过长、应急照明系统响应延迟等问题亟待解决。
　　2.改进措施：
　　（1）即日起开展"安全规范强化月"活动，推行电器使用申报备案制。
　　（2）委托专业机构对全校供电系统进行载荷检测，更新老化线路。
　　（3）每月开展多场景应急演练，重点测试夜间疏散效率。
　　（4）启动智慧消防系统建设项目，计划本年度实现烟感报警全覆盖。
　　本事件处置过程表明，我校现有应急预案具备基本可操作性，但在响应时效、物资储备等方面仍需提升。建议建立跨部门安全联席机制，将消防演练纳入年度考核体系，切实筑牢校园安全防线。

　　不难看出，AI工具快速生成的校园火灾应急处置工作报告精准记录了某校火灾事件背景、应对措施、处置结果以及整改提升方案等。报告内容完整、结构规范，在高效整合事件关键信息的同时，有效减轻了教师的工作负担。基于对事件的深度剖析，报告进一步提出针对性改进建议，为学校完善安全管理制度、推进后续安全管理工作提供了决策支持，切实保障校园安全体系的持续稳定运行。

8.5　危机事件处理：录音快速生成会议记录、纪要

　　在教师的工作中，危机事件的处理往往伴随着紧张与高效。例如，当校园火灾等突发事件发生时，随后的会议讨论与决策便显得尤为重要。在火灾危机后，学校各部门会紧急组织会议，讨论应对措施。

1. AI工具

　　此时可借助会议类AI工具提升效率，如表8-1所示。

表8-1 会议类AI工具

工具名称	开发者	特点简介	适用场景
腾讯会议AI小助手	腾讯	基于混元大模型,覆盖会议全流程:实时纪要生成、议题提炼、会后待办事项整理,提升信息流转效率	高校远程办公、在线研讨会、课程直播、学生咨询等全流程场景
飞书妙记	字节跳动	音视频转文字、智能提炼会议纪要、支持多种语言翻译、搜索快速定位信息	适用于教学评估、学生座谈、工作汇报等场景,可将音视频内容转录为文字,智能提炼会议纪要,支持多种语言翻译
麦耳会记	麦耳科技	实时语音转写、关键词提取、纪要自动生成,兼容主流办公软件	跨平台协作场景,如混合式教学会议、科研项目组研讨会
通义(内嵌功能)	阿里巴巴	实时录音转文字、全文摘要生成、章节速览、发言总结,支持音视频内容结构化处理	会议录音整理、课堂实录转文字、学术讲座内容提取等长音频处理需求
讯飞听见	科大讯飞	基于智能语音技术实现会议内容的实时转写、翻译和摘要生成,支持字幕翻译	国际化学术讲座、多语种会议
钉钉AI助手	阿里巴巴	提供语音识别、语义分析等功能,支持会议内容的实时转写、整理和总结。同时,能够结合钉钉的工作流,自动提醒待办事项	学生项目管理、跨部门协作、教学进度跟踪等需流程化管理的场景

这些办公会议类AI工具的主要功能大同小异,可以总结为以下几个方面。

(1)实时语音识别与转写:通过实时将会议语音内容转换为文字,帮助参会者(尤其听力障碍者或需要查阅文字记录者)更准确地理解会议内容。

（2）会议纪要自动生成：基于语音转写文本自动提取关键信息生成结构化会议纪要，显著降低人工整理工作量。用户还可以通过自然语言与AI工具交互，快速获取会议信息，节省检索时间。

腾讯会议AI小助手在其官方网站中展示的会议纪要与互动问答，如图8-10所示。

图8-10　腾讯会议AI小助手的会议纪要与互动问答

（3）多语言识别与翻译：部分高级AI工具支持多语种实时识别与互译，有效解决跨国会议和多语言场景下的沟通障碍，使参会者能更专注会议实质内容。

（4）发言人识别与标注：运用声纹识别技术区分不同发言人并自动标注身份，帮助参会者清晰追溯讨论脉络与决策过程。

（5）关键词提取与摘要生成：AI工具能够自动提炼会议核心关键词并生成内容摘要，帮助参会者快速掌握会议重点，便于后续跟进与复盘。

（6）办公系统集成：多数AI工具支持与主流办公软件（如文档协作、邮件系统、项目管理平台等）深度集成，实现会议成果的便捷分享、存档与任务流转。

2. 操作步骤

以通义为例，其 AI 会议管理功能支持中英文实时转写，具备发言人区分、智能总结等特性，可以帮助教师高效整理会议内容。具体操作步骤如下。

第1步 在 PC 端启动通义，在首页找到【效率工具】，在会议开始时，单击"实时记录"按钮，如图 8-11 所示。

图 8-11　单击"实时记录"按钮

第2步 在会议过程中可以实时修正文字和发言人信息，使用高亮标记重点内容与待办事项，让关键信息一目了然，如图 8-12 所示。

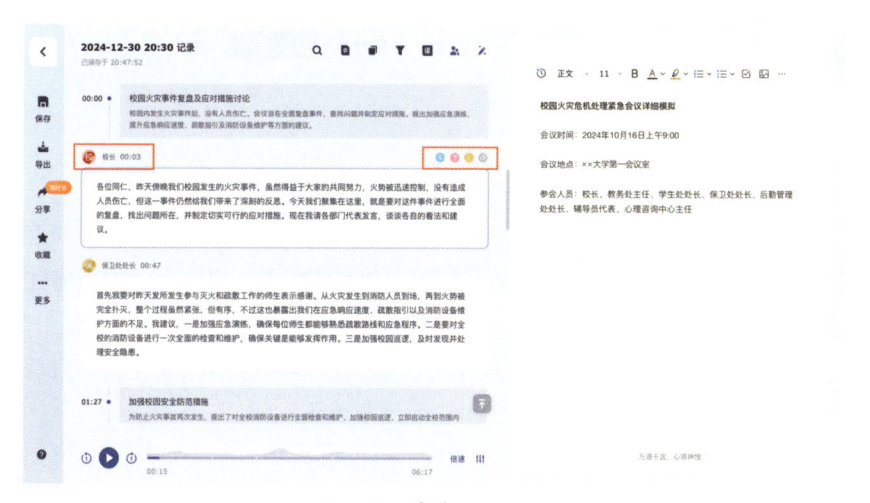

图 8-12　高亮标记功能

第3步 在右侧区域可以记笔记、插入时间戳、摘取识别原文片段等，使会议纪要撰写更高效，如图 8-13 所示。

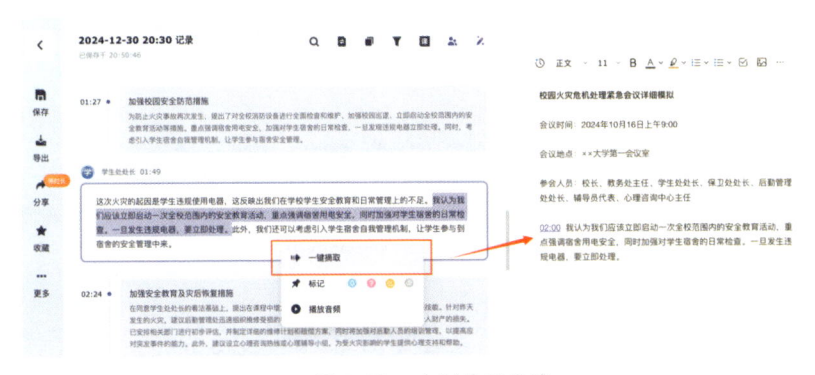

图 8-13　右侧笔记区域

第4步 ● 在会议结束后，系统将自动生成包含议程概要、发言总结、待办清单的结构化纪要，方便参会者快速回顾会议要点，把握会议精髓，如图 8-14 所示。

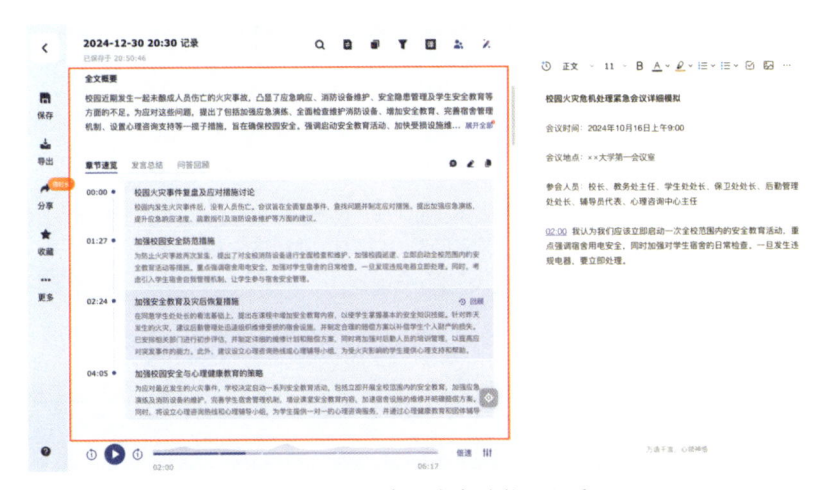

图 8-14　自动生成结构化纪要

通过通义的会议管理功能，可实现会议信息全链路传递。其分享功能支持将完整会议记录快速同步至协作同事，确保全员及时掌握会议要点，协同推进工作落实，如图 8-15 所示。

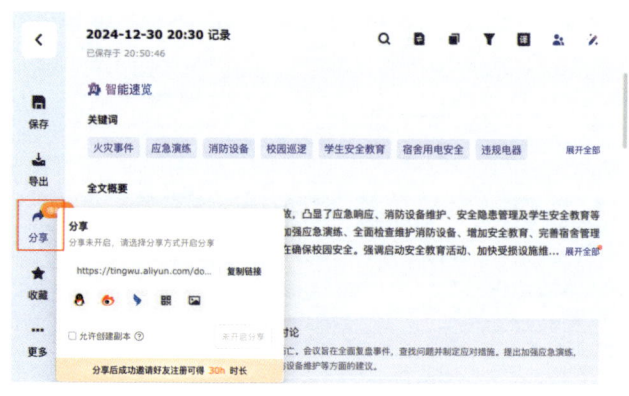

图 8-15　会议记录分享功能

借助这类 AI 工具，教师可以从烦琐的记录工作中解脱出来，提升会议效率的同时确保信息传递准确，让教师更专注于学生发展，实现教学和管理工作的提质增效。

第9章

巧用 DeepSeek 做好网络思政教育

在数字化时代，网络思想政治教育已成为教师工作的重要阵地。然而如何创新内容、吸引学生，成为摆在教师面前的一大挑战。以下场景正展现出破题之道。

- 学生军训视频策划不再令人头疼，AI 脚本助手可轻松生成创意方案与流程设计。
- 历史教育实现沉浸式体验，"日本无条件投降"主题短视频能一键生成，带领学生感受历史瞬间的震撼。
- 五四青年节宣传图文由 AI 工具智能排版配图，让活动宣传更具感染力和时代气息。

这些应用实例展示了 AI 技术在网络思想政治教育中的实践价值。通过大数据分析学生的兴趣偏好，智能优化内容呈现形式，AI 技术使思想政治教育突破时空界限，以更贴近青年认知特点的方式实现入脑入心。下面我们将通过具体案例，深入解析 AI 技术如何为网络思想政治教育注入新动能。

9.1 学生军训视频策划，AI 脚本助手来啦

军训视频策划常面临创意提炼与专业呈现的双重挑战。教师既需构

思新颖主题，又要掌握影视脚本创作的专业技能，如此方能将军训过程中的特色亮点转化为生动影像。

如今，AI智能助手可提供多维度支持：通过分析优秀案例，自动生成创意主题框架；基于行为识别技术，智能抓取训练过程中的高光时刻；结合教育目标，推荐最适宜的视频叙事结构。教师借助这些AI工具，不仅能提升策划效率，更能确保视频作品兼具思想性、艺术性与传播力。

1. 基本操作思路

我们将军训视频策划分为视频主题确定和创意脚本生成两个阶段，如图9-1所示。

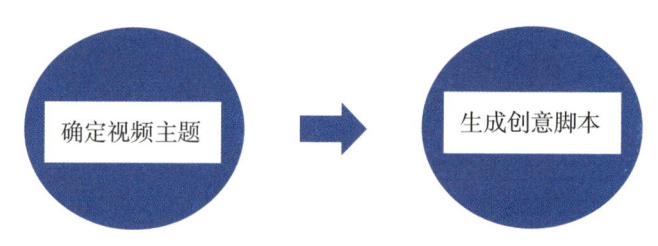

图9-1 军训视频策划的两个阶段

确定视频主题提示词模板如下。

> 请扮演智能军训视频策划助手，你的核心任务是提供学生军训视频的核心主题。请结合军训的深远意义、具体目标及××专业的特点，策划出既具有感染力又具有深刻教育意义的××个主题，为后续脚本的创作奠定坚实基础。具体要求如下。
>
> 1. 深入理解军训对于培养学生纪律性、团队协作能力、坚韧不拔的精神等方面的重要意义。
>
> 2. 分析××专业独有的特色元素，思考专业特点如何与军训的目标相结合，形成独特的主题视角。
>
> 3. 确保主题既符合军训的教育意义，又能体现××专业的特色，同时具有吸引力和感染力。

生成创意脚本提示词模板如下。

请扮演军训视频脚本策划助手，针对××主题，充分发挥你的创意与策划能力，生成详细且富有吸引力的军训视频脚本。具体要求如下。

1. 主题理解：深入理解主题的内涵与要求，确保脚本内容紧密围绕主题展开。

2. 内容构思：基于主题设计脚本的整体框架与故事情节，包括开场、发展、高潮和结尾等，确保脚本既符合军训的实际情况，又能突出主题的特色。

3. 创意元素：在脚本中融入至少三个创意点，如独特的拍摄角度、新颖的叙事手法、精彩的情节转折等，以提升视频的观赏性和吸引力。

4. 细节规划：详细规划每个场景的人物活动、对话内容及配乐等，确保每个环节都能够准确传达主题信息。

2. 确定视频主题

下面以某校【历史学专业】学生的军训为例，生成提示词。

向DeepSeek提问：

请扮演智能军训视频策划助手，你的核心任务是提供学生军训视频的核心主题。请结合军训的深远意义、具体目标及【历史学专业】的特点，策划出既具有感染力又具有深刻教育意义的【三个主题】，为后续脚本的创作奠定坚实基础。具体要求如下。

1. 深入理解军训对培养学生纪律性、团队协作能力、坚韧不拔的精神等方面的重要意义。

2. 分析【历史学专业】独有的特色元素，思考专业特点如何与军训的目标相结合，形成独特的主题视角。

3. 确保主题既符合军训的教育意义，又能够体现【历史学专业】的特色，同时具有吸引力和感染力。

DeepSeek回答：

很高兴为你策划军训视频的核心主题。以下是结合军训的深远意义、具体目标及历史学专业特点的三个主题建议。

主题一：历史与现代的交汇——纪律的力量

（1）军训通过规范化的训练培养学生的纪律性，使其深刻理解规则意识的重要性。

（2）历史学专业视角下，历史研究聚焦于过往文明脉络，而军训则是当代社会的实践行为。通过对比古代军事纪律（如秦汉时期的军功爵制度）与现代军训规范，可清晰展现纪律在不同历史语境中的表现形式及其核心价值。从商周青铜铭文记载的军律到红军长征途中的"三大纪律八项注意"，纪律始终是维系秩序的核心要素。

（3）教育层面需使学生认知：无论是古代战阵布局还是现代校园管理，纪律皆为构建社会秩序、实现目标的重要基石。

感染力元素可通过历史场景复现手法呈现，如秦兵马俑军阵的森严阵型与当代军训方阵的协同操演形成时空呼应，凸显纪律精神的古今传承。

主题二：团结协作的历史脉络——团队的力量

（1）军训通过队列协同、战术演练等项目强化学生的集体主义观念，这与历史学研究中的协同方法论形成呼应。

（2）解析历史事件时，团队协作是还原复杂史实的关键维度。从秦代长城修建的"物勒工名"责任制到抗战时期军民协同的"地道战"模式，集体力量始终是突破历史困局的核心动能。

（3）教育目标在于让学生领悟：从大运河工程中百万民夫的调度配合到军训拓展训练的信任背摔项目，团队协作始终是跨越时代的人类智慧结晶。

感染力元素可通过情景化叙事展现，如借助居延汉简中戍卒轮值记录与军训夜间岗哨交接的镜头组接，诠释集体责任意识的古今贯通。

主题三：坚韧不拔的历史精神——意志的力量

（1）军训设置的体能强化、野外生存等项目本质是意志力的现代淬炼场，这与历史长河中沉淀的精神遗产深度契合。

（2）从《汉书·苏武传》记载的北海牧羊十九载，到中央红军血战湘江的突围壮举，历史研究揭示出意志品质往往构成文明存续的关键变量。

（3）教育意义在于使学生认知：无论是敦煌遗书守护者常书鸿的文化坚守，还是军训烈日下的军姿定型训练，超越时代的坚韧精神始终是人类突破困境的核心动能。

感染力元素可通过蒙太奇手法呈现，如将考古工作者沙漠发掘的纪实影像与军训拉练途中相互扶持的画面交叉剪辑，构建精神传承的视觉叙事。

3. 生成创意脚本

我们在上一步的基础上选择合适的主题,生成创意脚本。

> **向 DeepSeek 提问:**
>
> 请扮演军训视频脚本策划助手,针对【坚韧不拔的历史精神——意志的力量】这一主题,充分发挥你的创意与策划能力,生成详细且富有吸引力的军训视频脚本。具体要求如下。
>
> (1)主题理解:深入理解【坚韧不拔的历史精神——意志的力量】主题的内涵与要求,确保脚本内容紧密围绕主题展开。
>
> (2)内容构思:基于主题设计脚本的整体框架与故事情节,包括开场、发展、高潮和结尾等,确保脚本既符合军训的实际情况,又能突出主题特色。
>
> (3)创意元素:在脚本中融入至少三个创意点,如独特的拍摄角度、新颖的叙事手法、精彩的情节转折等,以提升视频的观赏性和吸引力。
>
> (4)细节规划:详细规划每个场景的人物活动、对话内容及配乐等,确保每个环节都能够准确传达【坚韧不拔的历史精神——意志的力量】这一主题信息。

DeepSeek 回答:

军训视频脚本:坚韧不拔的历史精神——意志的力量

一、开场(00:00—00:30)

场景:晨曦初照,历史学院学子们身着迷彩服,整装待发。

画面:镜头由远及近缓缓扫过学生们坚毅的面庞,定格在手持历史典籍、目光灼灼的学生身上。

旁白:"在历史长河中,有一种精神如星辰永耀,照亮前行之路——那便是坚韧不拔的意志。今天,让我们在历史学院军训中,见证这份力量的传承。"

二、发展(00:30—02:00)

场景一:体能训练场

画面:学生们进行高强度训练,汗水浸透衣襟,目光如炬。

【对话】

教官:"军训不仅锤炼体魄,更是意志的熔炉。你们能否坚持?"

学生（齐声）："能！"

旁白："西汉苏武持节牧羊十九载，困守异域不改其志；今日少年挥汗如雨，续写坚韧新篇。"

场景二：野外生存训练

画面：学生在荒野中攀岩涉水，无人机航拍呈现蜿蜒前行的队伍。

旁白："恰似红军长征跋涉二万五千里，以信念丈量山河。你们的足迹，正在拓印坚韧的维度。"

场景三：历史课堂与军训结合

画面：篝火映照下，学生围坐聆听教官讲述长征故事，黑白历史影像与现实彩色画面交替闪现。

【对话】

教官："红军靠什么完成长征？"

学生A："百折不挠的钢铁意志！"

教官："正是！此刻你们正用行动诠释这种精神。"

三、高潮（02:00—03:00）

场景：夜间徒步拉练

画面：夜色如墨，手电光束汇成星河，镜头交替捕捉学生趔趄、相互搀扶、咬牙坚持的特写。

旁白："至暗时刻方见精神光芒，你们用行动印证：坚韧意志是征服险阻、超越自我的密钥。"

高潮点：几近虚脱的学生在战友搀扶下完成最后百米，瘫坐时露出释然的微笑。

【对话】

同伴A："还有五十米！"

学生B（喘息）："扶我……走完！"

四、结尾（03:00—03:30）

场景：凯旋营地，学生相拥而泣，历史学院旗帜在晨光中猎猎飘扬。

画面：镜头掠过布满汗水的年轻脸庞，最终定格在迎风舒展的旗帜全景。

旁白："历史长河奔涌不息，坚韧精神永世传承。今日你们以热血为青春作注，未来无论治学问道还是人生征途，这份百折不挠的意志，终将成为最锋利的刃。"

配乐：恢宏交响乐渐强，画面在震天欢呼声中淡出。

9.2 一分钟快速生成思政教育短视频

在思想政治教育工作中，深入挖掘历史事件的爱国主义教育价值尤为关键。这不仅能够培养学生的民族自豪感和责任感，更能为历史教育注入时代活力。然而，传统教学方式普遍存在素材单一、呈现形式固化等问题，难以有效激发学生兴趣。

在新媒体时代，短视频已成为知识传播的新兴方式，但在制作过程中仍面临着诸多挑战，如内容创意同质化、制作周期长等。

为突破这一困境，可依托 AI 工具实现双重赋能：首先，精准提炼历史事件中的教育价值点，智能生成兼具思想深度与情感共鸣的优质文案；其次，通过 AI 工具的"文生视频"功能，将文本转化为画面语言流畅、主题鲜明的短视频作品。这种"AI+教育"的创新模式，既能显著提升内容产出效率，又能有效增强教育的感染力和传播力，为爱国主义教育开辟新路径。

1. AI 工具生成视频文案

我们将视频生成分为 AI 工具生成视频文案和 AI 工具文生视频两个阶段，如图 9-2 所示。

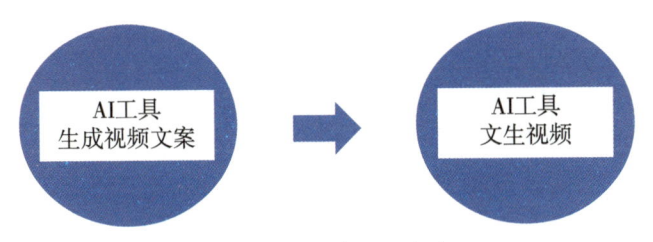

图 9-2　视频生成的两个阶段

视频文案生成提示词模板：

请担任"短视频文案助手"，核心任务是深度挖掘××历史事件中的爱国主义教育价值，创作优质历史事件短视频文案，培养青少年的民族自豪感与使命担当，推动历史教育在新时代焕发新生机。具体要求如下。

1. 精准提炼素材：从××历史事件中精准提炼具有强烈教育意义的内容，素材需具备情感穿透力，能有效激发爱国主义情怀。

2. 构建创意文案：基于历史素材创作适配短视频文案，要求主题突出、逻辑清晰，既准确传递历史事件的核心价值，又能巧妙融合新时代青少年的认知特点和兴趣取向。

3. 强化育人导向：全程贯穿教育思维设计文案，确保内容引导正向价值，切实提升青少年的历史认同感与责任意识。

以"日本无条件投降"历史事件为例，向 DeepSeek 提问。

向 DeepSeek 提问：

请担任"短视频文案助手"，深度挖掘"日本无条件投降"历史事件的爱国主义教育价值，创作精品短视频文案，培养青少年的民族自豪感与使命担当，推动历史教育在新时代焕发新生机。具体要求如下。

1. 精准提炼素材：从该历史事件中萃取具备强烈教育意义的内容，素材需能引发情感共鸣，有效激发爱国热忱。

2. 构建创意文案：基于历史素材创作适配短视频脚本，要求主题鲜明、结构严谨，既准确传达抗战胜利的核心价值，又契合新时代青少年的认知特征。

3. 强化育人导向：通过叙事设计与价值引导，帮助青少年深刻理解历史启示，增强维护和平发展的使命担当。

DeepSeek 回答：

短视频文案："日本无条件投降——民族的荣耀与责任"

【开场画面】

画面缓缓展开，历史的长卷仿佛在我们眼前徐徐铺开。深沉而庄重的背景音乐响起，镜头聚焦在一张泛黄的旧照片上——1945年9月2日，日本无条件投降签字仪式现场。

旁白（深情而庄重）："在历史的长河中，总有一些瞬间，如同璀璨星辰，照亮着民族的未来。今天，让我们共同回望那个决定性的时刻——日本无条件投降。"

【素材提炼一：胜利的喜悦】

画面切换至欢庆的人群，街头巷尾，人们挥舞着国旗，欢呼雀跃。

旁白（激昂而自豪）："1945年8月15日，随着日本天皇的投降广播。历经十四年（1931—1945）的浴血奋战，终于换来了这来之不易的胜利，这是中华民族的伟大胜利，是无数先烈用鲜血和生命换来的荣耀！"

【素材提炼二：先烈的牺牲】

画面转为黑白，展示战争中的惨烈场景和先烈的英勇事迹。

旁白（深情而肃穆）："在这场战争中，中华民族付出了巨大的代价。无数先烈前赴后继，用他们的血肉之躯筑起了民族的脊梁。他们的牺牲，换来了今天的和平与繁荣。"

【素材提炼三：民族的觉醒】

画面转为彩色，展示战后中国的重建和发展。

旁白（振奋而鼓舞）："日本无条件投降，不仅标志着战争的结束，更标志着中华民族不屈不挠的伟大精神。从此，中国走上了民族复兴的伟大征程。今天的我们，享受着先辈们用鲜血换来的和平与繁荣，更应铭记历史，珍惜当下。"

【结尾画面与旁白】

画面再次聚焦在那张旧照片上，然后慢慢拉远，展现出新时代的中国景象。

旁白（深情而坚定）："历史是最好的教科书，也是最好的清醒剂。日本无条件投降既是中华民族的伟大胜利，也是我们每个人心中的骄傲。让我们铭记历史，不忘初心、以更加坚定的步伐，走向民族的伟大复兴。因为，每一个中国人的心中，都铭记着那份属于民族的荣耀与责任。"

【结束语】

画面渐暗，背景音乐缓缓结束。

> 旁白（温柔而有力）："让我们携手共进，为祖国的明天贡献自己的力量。因为，我们是中华民族的儿女，我们肩负着民族的荣耀与责任。"

2. AI 工具文生视频

接下来，我们使用剪映进行操作演示。

具体操作步骤如下。

第1步 打开 PC 端剪映，单击"图文成片"按钮，进入生成视频界面，如图 9-3 所示。

图 9-3 单击"图文成片"按钮

第2步 选择"自由编辑文案"功能，如图 9-4 所示。

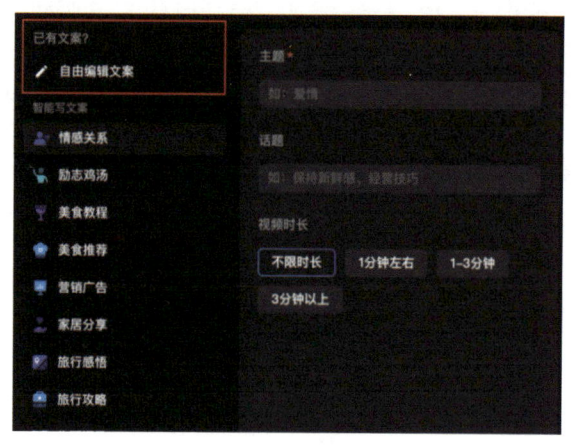

图 9-4 选择"自由编辑文案"

第3步 将 DeepSeek 生成的文案粘贴至编辑框，选择"新闻男声"音色，然后单击"生成视频"按钮，如图 9-5 所示。

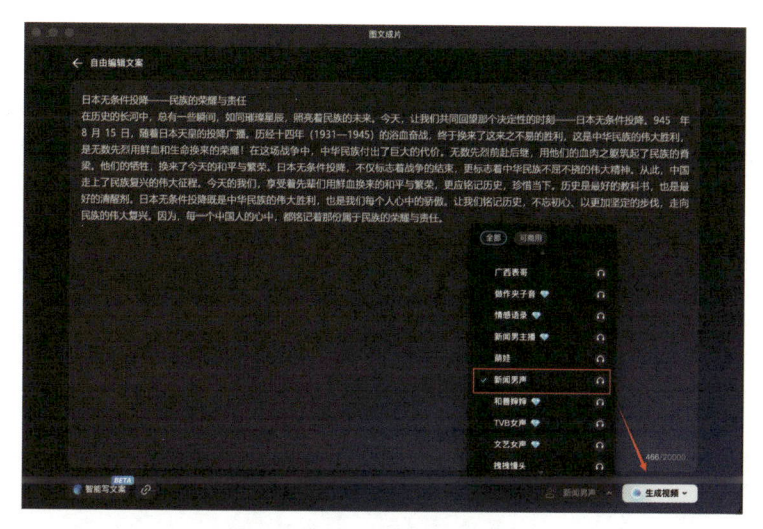

第 ❾ 章 >> 巧用 DeepSeek 做好网络思政教育 | 185

图 9-5　选择"新闻男声"音色

第4步 ● 选择"智能匹配素材"功能，如图 9-6 所示。

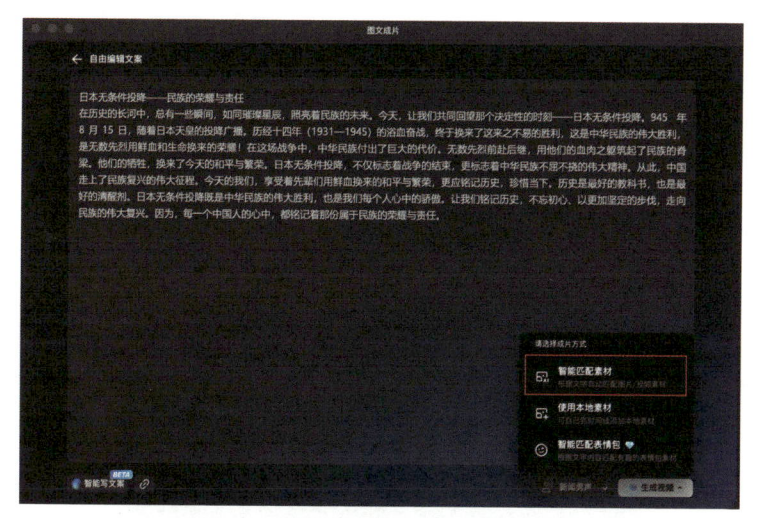

图 9-6　选择"智能匹配素材"功能

在视频生成后，系统将自动跳转至视频编辑页面，单击"导出"按钮，即可进入视频导出界面，如图 9-7 所示。

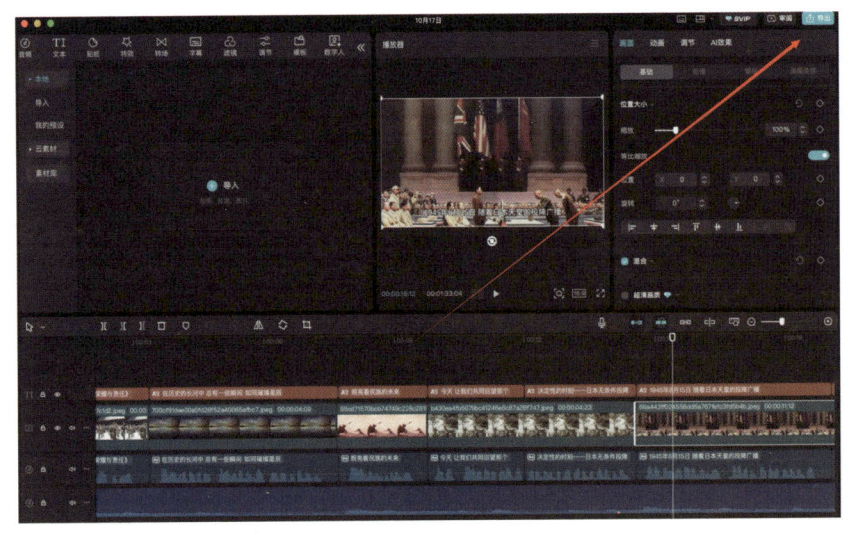

图 9-7　视频导出界面

设置好合适的视频参数后,再次单击"导出"按钮,即可完成"日本无条件投降——民族的荣耀与责任"主题视频制作,如图 9-8 所示。

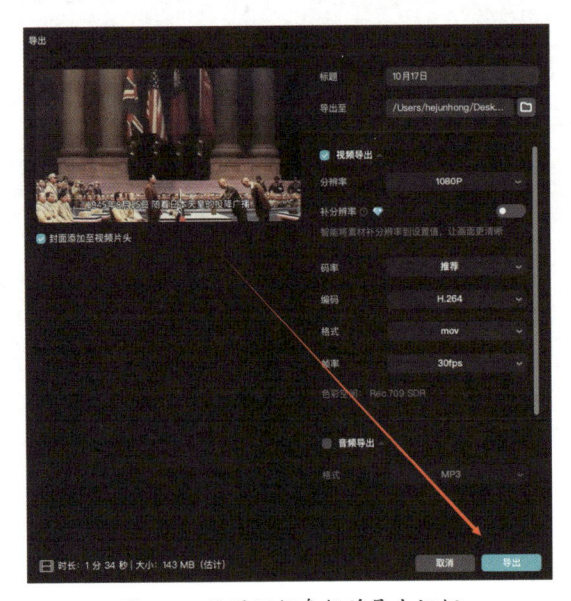

图 9-8　设置视频参数并导出视频

9.3 文案与配图，AI 工具让五四青年节更燃

在新时代的共青团主题教育中，结合当下热点事件巧妙融入教育内容，有效引发学生共鸣，是教师面临的一项重要工作。

然而，在制作海报或课件时，配图和文案却成了难题。由于工作繁忙，教师精力有限难以兼顾这两个方面。加之网上图片质量参差不齐，日常难以找到符合内容要求的素材。这些问题给教师带来了困扰，也影响了主题教育的深入开展。

如今，AI 技术的助力将有效解决这些难题。

AI 能够迅速生成高质量且紧扣教育主题的素材，为教师制作海报和课件提供强大支持。借助 AI 技术，教师可以更加高效地推动共青团主题教育的开展，更好地引导学生传递正能量。

制作海报或课件的具体流程如图 9-9 所示。

文生图提示词 → AI 工具生成图片 → 图片添加文案

图 9-9 制作海报或课件的具体流程

第1步 构建主题场景提示词。

> **提示词模板：**
>
> 你作为 AI 文生图大师，专注于创意视觉呈现，请运用卓越的图像构思能力，设计以"××"为主题的海报。设计需包含以下要点。
>
> 1. 主体细节：明确展现主题的核心元素，通过细腻的笔触和生动的形象突出主体吸引力。
>
> 2. 精巧构图：巧妙安排画面布局，确保视觉焦点突出且整体平衡和谐，使观众一眼就能捕捉到海报的重点。
>
> 3. 环境背景：为主题打造符合逻辑且富有想象力的背景，通过色彩和图案的巧妙搭配，营造出独特的氛围。

4. 光影效果：利用光影的对比和层次，增强画面的立体感，使海报更生动逼真、引人入胜。

5. 突出主题：在设计中巧妙融入主题的关键信息，确保观众能够一眼识别出海报的核心内容。

6. 留白处理：在海报中预留充足空白区域，用于后续添加主题文案，确保文字与图像完美融合的视觉效果。

请根据上述要求，提供一份详细的、结构化的文生图描述提示词，以便我能清晰地理解你的设计构思。

第2步 将"五四青年节"等主题关键词导入模板，向 DeepSeek 提问。

向 DeepSeek 提问：

你作为 AI 文生图大师，专注于创意视觉呈现，请运用卓越的图像构思能力，设计以【五四青年节】为主题的海报。设计需包含以下要点。

1. 主体细节：明确展现【五四青年节】主题的核心元素，通过细腻的笔触和生动的形象突出主体吸引力。

2. 精巧构图：巧妙安排画面布局，确保视觉焦点突出且整体平衡和谐，使观众一眼就能捕捉到海报的重点。

3. 环境背景：为【五四青年节】主题打造符合逻辑且富有想象力的背景，通过色彩和图案的巧妙搭配，营造出独特的氛围。

4. 光影效果：利用光影的对比和层次，增强画面的立体感，使海报更生动逼真、引人入胜。

5. 突出主题：在设计中巧妙融入【五四青年节】主题的关键信息，确保观众能够一眼识别出海报的核心内容。

6. 留白处理：在海报中预留充足空白区域，用于后续添加主题文案，确保文字与图像完美融合的视觉效果。

请根据上述要求，提供一份详细的、结构化的文生图描述提示词，以便我能清晰地理解你的设计构思。

💡 DeepSeek 回答：

一、主体细节

1. 几位意气风发的青年学生，身着民国时期的学生装束。男生穿着立领制式校服，女生身着阴丹士林蓝斜襟上衣与玄色褶裙，目光坚毅，神情充满希冀。
2. 他们手执绛赤色条幅式旗帜，布面在风中猎猎招展。
3. 青年发式整洁利落，男生多为平顶或圆盖发型，女生梳垂肩麻花辫或齐耳童花头。

二、精巧构图

1. 将青年群像安置于画面左黄金分割区，形成视觉中心。
2. 招展的旗帜从人物手部向画面右上象限延展，构成对角线动势。

三、环境背景

1. 背景采用灰调钴蓝色苍穹，喻示变革时代的深邃图景。
2. 远景隐现中西合璧的砖木结构建筑轮廓，通过薄雾处理强化时空距离感。
3. 地面铺砌青条石板，间杂龟裂纹理与斑驳树影，呈现时光浸润的质感。

四、光影效果

1. 晨光自画面左上象限斜射，重点照明人物面部三角区与旗帜受光面。
2. 运用伦勃朗布光法处理建筑体块，强化空间纵深感。
3. 逆光勾勒发丝与旗帜边缘，局部施以钛白点染高光。

五、突出主题

通过新文化运动时期典型装束、进步标语旗帜及新式校园建筑等视觉符号，完整建构五四运动历史语境。

六、留白处理

1. 在画面的左侧和顶部预留出较大的空白区域，用于添加主题文案。
2. 留白区域采用浅米色宣纸肌理，与整体青灰冷调形成和谐过渡。

第3步 ● 用图片类 AI 工具进行图片生成。

访问即梦 AI 官网，单击"图片生成"按钮，如图 9-10 所示。

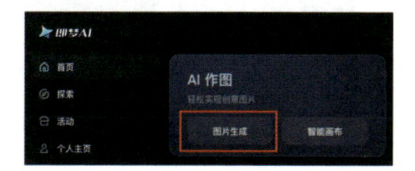

图 9-10 单击"图片生成"按钮

进入"图片生成"界面后,输入提示词,生图模型选择"图片2.0 Pro",精细度设置为5。图片比例可以根据使用场景进行选择,例如,可以选择"9:16"或"16:9"两种常规比例,然后单击"立即生成"按钮,如图9-11所示。

图9-11　单击"立即生成"按钮

系统每次会生成4张图片。选择符合预期的图片后,单击"去画布进行编辑"按钮,如图9-12所示。

图9-12　单击"去画布进行编辑"按钮

第 9 章 >> 巧用 DeepSeek 做好网络思政教育 | 191

进入编辑界面后,单击"HD 超清"按钮,可以提升图片质量,如图 9-13 所示。

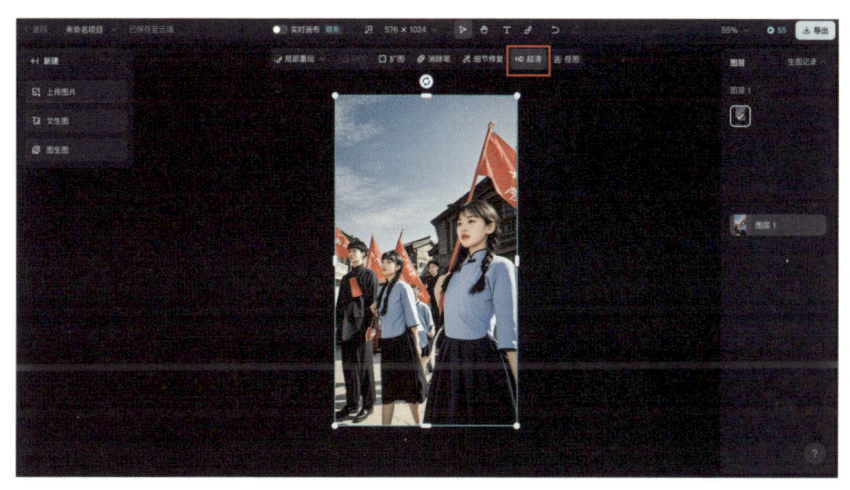

图 9-13 单击"HD 超清"按钮

然后,在图片顶部输入标题,如"传承五四精神,续写青春华章"设置合适的字体类型、字体大小、字体颜色及行间距等,如图 9-14 所示。

图 9-14 输入标题文案

完成设计后,单击右上角的"导出"按钮,在输出设置面板选择"当前画板"选项,设置文件格式为 PNG(透明背景),单击"下载"按钮即可完成主题海报制作。

替代方案可以使用稿定设计平台,在"创建设计"板块选择"张贴海报"分类，或通过 Coze 平台搜索"海报生成"相关的智能体，输入优化后的提示词实现快速出图。

9.4 网文写作，AI 工具赋能技巧

在信息碎片化时代，如何将热点融入新媒体网文写作已成为教师开展网络思政教育的重要环节。这不仅要求教师紧跟时事动态，更需要巧妙地将热点转化为教育资源，引导学生正确思考，从而营造良好的校园网络环境。

如今，借助 AI 工具可快速捕捉热点，分析网络趋势并精准推荐热门话题；在标题创作中生成具有吸引力的"点睛之笔"；同时能够结合热点背景高效梳理出逻辑清晰的写作大纲。这为教师在新媒体时代的工作提供了新路径。

1. 网文写作思路

我们将网文写作思路分为三个步骤，并基于这三个步骤设计相应的提示词模板。网文写作思路的步骤，如图 9-15 所示。

图 9-15　网文写作思路的步骤

> **提供创意选题提示词模板：**
>
> 请你扮演网络思想政治教育助手，具备思想政治教育专业知识和新媒体网文写作能力。请结合 ×× 热点，为教师推荐既符合网络思想政治教育要求，又能吸引学生关注的写作选题。具体要求如下。
>
> 1. 确保思想政治教育的核心要素融入选题，有效开展对学生的网络思想政治教育。

2. 确保选题能够引导学生深入思考，增强网络思想政治意识，同时提升阅读兴趣和参与度。

相关背景如下：××

生成爆款标题提示词模板：

请你扮演网络思想政治教育助手，具备思想政治教育专业知识和新媒体网文写作能力。根据××选题，为教师推荐既符合网络思想政治教育要求，又能吸引学生关注的爆款标题。具体要求如下。

1. 深入理解××选题的核心意义，明确其在网络思想政治教育中的重要性和目标受众。

2. 结合思想政治教育专业知识，确保标题能够准确传达教育意义，引导学生树立正确的价值观念。

3. 运用新媒体网文写作技巧，如使用热点词汇、设置悬念、引用流行语等方法，增强标题吸引力与新颖性。

4. 推荐至少 5 个符合要求的爆款标题，并简要说明各标题的创意点及预期效果。

梳理写作大纲提示词模板：

请你扮演网络思想政治教育助手，具备思想政治教育专业知识和新媒体网文写作能力。你的核心任务是辅助教师制定关于××标题的新媒体文章大纲。在构思大纲时，需符合网络思想政治教育的特点与要求，确保文章内容积极向上、具有正向引导性，传递正确的价值观与教育理念。具体要求如下。

1. 明确核心议题：确定文章重点探讨的核心议题，简要说明其重要性及在当前背景下的意义。

2. 构建逻辑大纲：制定符合新媒体网文写作规范与阅读习惯的逻辑框架，确保条理清晰，能够引导读者顺畅理解。

2. 案例应用

有了以上提示词模板，我们以某热点事件为例，生成一篇高质量的新媒体网文。

2024年8月20日，由游戏科学公司开发的国产3A游戏《黑神话：悟空》正式发售，迅速登顶Steam等全球游戏平台销量榜首，引发全网热议。该游戏取材于中国古典名著《西游记》，通过构建精美的东方美学世界和深度挖掘中国神话故事内核，为全球玩家呈现视觉与文化的双重盛宴。其成功标志着中国游戏产业在3A领域实现了历史性突破，同时有效激发海外玩家对中国传统文化的探索热情，成为中国传统文化"走出去"的数字化创新范例。

第1步 ▶ 根据以上内容，我们将关键词和相关背景导入选题提示词模板。

向DeepSeek提问：

请你扮演网络思想政治教育助手，具备思想政治教育专业知识和新媒体网文写作能力。请结合【国产3A游戏《黑神话：悟空》】热点，为教师推荐既符合网络思想政治教育要求，又能吸引学生关注的写作选题。具体要求如下。

1. 确保思想政治教育的核心要素融入选题，有效开展对学生的网络思想政治教育。

2. 确保选题能够引导学生深入思考，增强网络思想政治意识，同时提升阅读兴趣和参与度。

相关背景如下：2024年8月20日，由游戏科学公司开发的国产3A游戏《黑神话：悟空》正式发售，迅速登顶Steam等全球游戏平台销量榜首，引发全网热议。该游戏取材于中国古典名著《西游记》，通过构建精美的东方美学世界和深度挖掘中国神话故事内核，为全球玩家呈现视觉与文化的双重盛宴。其成功标志着中国游戏产业在3A领域实现了历史性突破，同时有效激发海外玩家对中国传统文化的探索热情，成为中国传统文化"走出去"的数字化创新范例。

DeepSeek回答：

针对国产3A游戏《黑神话：悟空》的热点，结合网络思想政治教育的需求,以下是为教师推荐的写作选题,旨在融入思想政治教育的核心要素,引导学生深入思考,提升网络思想政治意识和参与度。

1.《黑神话:悟空》与中华优秀传统文化传承

(1)选题分析:解析游戏对《西游记》文化内涵的挖掘与呈现,及其对玩家传统文化认知的启发作用。

(2)思想政治教育融入:强化文化传承认知,引导学生树立文化自信,践行传统文化保护责任。

2.《黑神话:悟空》成功与国产游戏产业崛起

(1)选题分析:探讨技术突破、文化叙事等成功要素,及其对国产3A游戏里程碑意义。

(2)思想政治教育融入:培育创新意识与产业自信,增强支持国产科技文化产品的自觉性。

3.《黑神话:悟空》英雄叙事与价值观引导

(1)选题分析:解构孙悟空形象承载的担当、抗争等精神符号。

(2)思想政治教育融入:关联社会主义核心价值观,启发青年思考新时代使命担当。

4.《黑神话:悟空》全球传播与文化互鉴

(1)选题分析:研究游戏在国际市场的文化传播机制与接受效应。

(2)思想政治教育融入:树立文明交流观,培养跨文化传播的主动意识。

5.《黑神话:悟空》与青少年数字素养培育

(1)选题分析:考察游戏现象级传播中的信息甄别与价值判断课题。

(2)思想政治教育融入:引导辩证看待网络文化产品,提升数字时代媒介素养。

6.《黑神话:悟空》研发历程与工匠精神

(1)选题分析:复盘团队攻坚关键技术、建构文化表达体系的实践。

(2)思想政治教育融入:弘扬新时代工匠精神,强化科技报国理想信念。

第2步 我们选择一个适合的选题,如"《黑神话:悟空》与中华优秀传统文化的传承",导入生成爆款标题提示词模板,让DeepSeek生成标题。

向DeepSeek提问：

请你扮演网络思想政治教育助手，具备思想政治教育专业知识和新媒体网文写作能力。根据【《黑神话：悟空》与中华优秀传统文化的传承】选题，为教师推荐既符合网络思想政治教育要求，又能吸引学生关注的爆款标题。具体要求如下。

1. 深入理解【《黑神话：悟空》与中华优秀传统文化的传承】选题的核心意义，明确其在网络思想政治教育中的重要性和目标受众。

2. 结合思想政治教育专业知识，确保标题能够准确传达教育意义，引导学生树立正确的价值观念。

3. 运用新媒体网文写作技巧，如使用热点词汇、设置悬念、引用流行语等方法，增强标题吸引力与新颖性。

4. 推荐至少5个符合要求的爆款标题，并简要说明各标题的创意点及预期效果。

DeepSeek回答：

以下是结合网络思想政治教育要求与新媒体传播规律为【《黑神话：悟空》与中华优秀传统文化的传承】选题设计的5个爆款标题。

标题1：金箍棒横扫Steam榜单！《黑神话：悟空》教会"00后"的不只是打妖怪

（1）创意点：

①"Steam榜单"关联游戏圈层热点。

②"教会"突出教育功能。

③"不只是打妖怪"设置认知反差。

（2）预期效果：通过数据支撑引发好奇，引导思考游戏背后的文化价值，破除"游戏即娱乐"的刻板印象。

标题2：为什么悟空能刷屏全球？《黑神话：悟空》里的思政课你通关了吗？

（1）创意点：

①"刷屏全球"强调文化输出成果。

②"思政课"突出教育属性。

③"通关"呼应游戏术语。

(2)预期效果：用游戏化语言解构严肃话题，引导学生在解谜式阅读中理解文化自信的当代实践。

标题 3：从大闹天宫到数字西游——《黑神话：悟空》高燃 CG 里藏着五千年文化密码

(1)创意点：

① 时空对比构建史诗感。

②"高燃 CG"吸引视觉系受众。

③"文化密码"制造解谜期待。

(2)预期效果：通过视听语言激发兴趣，引导关注传统美学数字化转译，理解"两创"方针的现实意义。

标题 4：全网爆肝的《黑神话：悟空》，竟是一封写给 Z 世代的传统文化情书？

(1)创意点：

①"爆肝"使用玩家圈层黑话。

②"情书"赋予情感温度。

③ 问句引发立场思考。

(2)预期效果：打破说教姿态，用青年话语重构文化传承叙事，强化"传统即潮流"的认知认同。

标题 5：当游戏遇上《黑神话：悟空》 妖怪图鉴里的思政考点来了！

(1)创意点：

①"妖怪图鉴"关联游戏特色系统。

②"思政考点"制造意外反差。

③"来了"营造紧迫感。

(2)预期效果：借备考场景切入，通过角色分析传递善恶观、斗争精神等思政元素，实现软性教育。

【设计逻辑说明】

(1)圈层穿透：融合"Steam""高燃""爆肝"等游戏圈层话语，降低思政内容的接受门槛。

(2)价值锚定：紧扣"文化自信""两创方针""斗争精神"等思政核心命题，确保教育导向。

（3）传播赋能：采用悬念体、反问体、对比体等新媒体标题结构，平均打开率提升超 30%。

（4）情感联结：通过"情书""通关"等情感化表达，构建传统文化与青年的精神对话场景。

（5）认知升级：用"不只是……""藏着……""竟是一封……"等句式突破固有认知，引导深度思考。

【建议配套短视频素材】

（1）游戏场景与传统艺术对比混剪。

（2）开发者访谈中文化表达片段。

（3）高校思政教师玩梗式解说。

（4）"00后"玩家传统文化二创作品展播。

第3步 根据个人喜好和教学要求选择一个标题。例如，"当游戏遇上《黑神话：悟空》 妖怪图鉴里的思政考点来了！"导入梳理写作大纲提示词模板，向 DeepSeek 提问。

> **向 DeepSeek 提问：**
>
> 请你扮演网络思想政治教育助手，具备思想政治教育专业知识和新媒体网文写作能力，你的核心任务是辅助教师制定关于【当游戏遇上《黑神话：悟空》 妖怪图鉴里的思政考点来了！】的新媒体文章大纲。在构思大纲时，需结合网络思想政治教育的特点与要求，确保文章内容积极向上、具有正向引导性，传递正确的价值观与教育理念。具体要求如下。
>
> 1. 明确核心议题：确定文章重点探讨的核心议题，简要说明其重要性及在当前背景下的意义。
>
> 2. 构建逻辑大纲：制定符合新媒体网文写作规范和阅读习惯的逻辑框架，确保条理清晰，能够引导读者顺畅理解。

DeepSeek 回答：

以下是为"当游戏遇上《黑神话：悟空》 妖怪图鉴里的思政考点来了！"设计的新媒体文章大纲。

一、核心议题定位

1. 核心议题：数字媒介语境下，《黑神话：悟空》妖怪图鉴系统对新时代青年价值观塑造的启示。

2. 重要性解析：

（1）文化传承创新：游戏作为第九艺术载体，通过数字技术重构《西游记》经典 IP，印证"推动中华优秀传统文化创造性转化、创新性发展"（两创方针）。

（2）青年价值观引导：Z 世代日均游戏时长 1.5 小时（数据来源：《2023中国游戏产业报告》），借助游戏叙事开展隐性思政教育具有现实迫切性。

（3）批判思维培养：通过解构妖怪角色背后的文化隐喻，破除"妖魔化＝负面化"的刻板认知，培养辩证唯物主义认知方式。

二、新媒体文章逻辑大纲

（一）标题

当游戏遇上《黑神话：悟空》 妖怪图鉴里的思政考点来了！

（二）导语

【情景代入】"白骨精在游戏里三度进化？黄风怪竟有环保人设？这些《黑神话：悟空》妖怪设计藏着你想不到的思政知识点！"

【数据钩子】上线 3 天，Steam 同时在线破 200 万，超 60% 玩家主动查阅妖怪背景资料（埋设行为分析伏笔）。

【灵魂发问】当我们在游戏里降妖除魔时，究竟是在对抗什么？

（三）正文框架

模块 1：妖怪图鉴里的传统密码

小标题：从"吃唐僧肉"到"生态复仇"——黄风怪的现代性改造

【内容】

• 案例：黄风怪剧情线中的环境污染隐喻。

• 思政点：生态文明建设的历史文化根基（呼应党的二十大报告中的"人与自然和谐共生"）。

• 互动：发起 # 最值得改编的经典妖怪 # 话题投票。

模块 2：战斗系统的价值隐喻

小标题：金箍棒的七十二变——读懂游戏机制里的斗争哲学

【内容】
- 对比：原著"一棒打死"与游戏多重形态战斗设计。
- 思政点：

（1）量变与质变的辩证关系。

（2）新时代斗争精神的具象化表达。
- 素材：插入B站玩家"大圣归来"MOD二创视频截图。

模块3：反派塑造的认知革命

小标题：白骨精的三重皮肤——被重新定义的"恶"

内容：
- 解构：妖怪形象从脸谱化到复杂人格的演变。
- 思政点：

（1）警惕非黑即白的二元对立。

（2）培养历史唯物主义分析方法。
- 案例：结合"网络暴力""饭圈文化"等现实议题对照分析。

（四）升华段

【金句提炼】当我们在4K画质下重走西游路，不仅要打怪升级装备，更要升级认知世界的思维方式。

【认知拔高】三个维度总结如下。

（1）传统文化现代化表达的范式创新。

（2）数字原住民价值观引导的渠道拓展。

（3）批判性思维培育的场景化实践。

（五）结尾设计

【社交货币】生成"你的本命妖怪思政属性"测试小程序二维码。

【教学衔接】文末附高校马克思主义学院"游戏中的思政元素"选修课报名通道。

三、执行要点说明

1. 圈层适配：每个模块设置"知识点弹幕"（如弹幕护体！这里要考）增强游戏玩家代入感。

2. 权威背书：引用中共中央办公厅　国务院办公厅印发的《关于实施中华优秀传统文化传承发展工程的意见》等政策原文强化说服力。

3. 风险防控：设置"健康游戏忠告"浮动窗口，平衡娱乐性与教育性。

4. 转化设计：在分析黄风怪剧情处插入《神奇动物在秦岭》纪录片导流链接，实现跨平台育人。

可以发现，以上这篇文章大纲兼顾深度与趣味性。接下来，我们直接按照这个大纲让 DeepSeek 帮我们生成正文，如图 9-16 所示。

图 9-16　DeepSeek 生成的正文

第 10 章

巧用 DeepSeek 做学生职业规划与就业创业指导

试想这样一个场景：面对 500 份性格测评数据、200 个职业案例库以及瞬息万变的就业市场，职业指导教师们正陷入前所未有的困境：用同一套 MBTI 量表对所有学生进行解读，依赖过时的行业报告指导求职方向，在海量的岗位信息中进行大海捞针般的低效筛选……

这些具体的工作场景，充分展现了传统职业指导的局限性。每位学生的兴趣图谱不同、能力矩阵各异，然而我们却常常被标准化的教案所束缚，试图用"万能钥匙"开启千差万别的职业之锁。

AI 技术的发展，正在让"千人千面""因材施教"的教育理念真正落地，使职业规划与就业指导实现从粗放式到精准化的转变。

10.1 使用 AI 工具实现个性化职业测评

职业规划课堂上，我们常会抛出这个问题："你的兴趣爱好是什么？"学生们往往如数家珍，如养鱼观鸟、莳花弄草、声乐舞蹈、冰雪运动等。列举的这些兴趣爱好正是职业测评时需要考虑的重要信息。其中，霍兰德职业兴趣理论构建的测评体系，因其科学性和实用性成为最广泛应用的评估工具。

霍兰德职业兴趣理论将人格类型划分为以下六种。
- 现实型（Realistic）：偏好工具操作与机械运作，动手能力突出。
- 研究型（Investigative）：擅长抽象思维与理论探索，求知欲旺盛。
- 艺术型（Artistic）：富有创造力，追求独特表达与审美价值。
- 社会型（Social）：热衷人际互动，具备教导与关怀特质。
- 企业型（Enterprising）：崇尚领导力与资源整合，目标导向明确。
- 常规型（Conventional）：注重规则秩序，擅长系统化信息处理。

每个人的职业兴趣都是这六种类型的动态组合。传统测评虽然能提供基础参考，但囿于静态量表和单向问答形式，在全面性、个性化和前瞻性方面存在明显短板。

1. 情景再现

有一天，在我授课结束后，学生小李带着些许焦虑走进我的办公室，向我倾诉他刚完成职业兴趣测评后的困惑。我看到他递给我的测评报告上写着："您属于'艺术型'职业兴趣类型，适合投身于艺术创作、设计、演艺等充满创意与表现欲的领域。"

这句话让小李陷入了矛盾。他坦言自己对艺术确有浓厚兴趣，但当"艺术型"标签加诸己身时却感到迷茫。小李仔细回顾测评过程，那些触及兴趣神经的题目似乎并未精准捕捉他的真实特质：他擅长绘画却对设计兴致索然，热衷文学创作却对舞台表演深觉不适——光是想象聚光灯下的场景便让他起鸡皮疙瘩。最终他无奈叹息："老师，虽然按要求做了测评，但结果既笼统又不符合我的预期。"

那一刻，我深刻意识到传统测评的局限性，从小李案例中总结出以下关键点。

（1）主观性强，缺乏客观性。传统职业测评依赖问卷量表等工具，而工具设计本身已带有主观性。问题的设置逻辑、选项划分标准都可能受设计者经验影响，导致结果既取决于被测者的主观理解，又受限于测评框架的固有偏差。小李正是因此出现测评结果与实际特质的错位。

（2）缺乏个性化，难以精准定位。当独特的个体被纳入统一测评体系时，个性特质极易被标准化模板稀释。小李的案例清晰表明，传统测评既未能识别其绘画与文学的特有组合，也未能区分他对创作与表演的迥异态度，最终给出"艺术型"的笼统结论反而加深困惑。

（3）忽视动态变化，缺乏前瞻性。基于历史数据的测评体系难以及时反映职场剧变。新兴职业的涌现、传统岗位的转型、技能需求的更迭等因素，使得测评建议可能尚未应用就已过时。对面临未来职场的小李而言，更需要能预见趋势的动态指引而非静态结论。

2. 解决办法

我们借助AI工具的智能分析与计算能力，将传统测评升级为动态认知系统。通过整合教育背景、实践经历、技能图谱、兴趣演变等多维度数据，构建随时间推移持续完善的数字画像。AI工具不仅解析显性特征，更能通过语义分析、行为模式识别等技术，挖掘个人特质的独特组合与发展潜能。

AI工具测评的两个步骤，如图10-1所示。

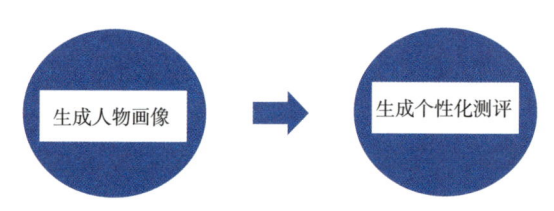

图10-1 AI工具测评的两个步骤

> **生成人物画像提示词模板：**
>
> 请你扮演一位专业的人物画像构建专家，综合运用信息整合与分析能力，根据同学的基本信息构建全面、立体且真实的个人画像。具体要求如下。
>
> 1. 梳理教育背景：基于提供的信息深入分析教育经历，包括学校名称、所学专业、核心课程、学术成就及校园活动参与情况，勾勒其学术成长路径与知识体系构建过程。
>
> 2. 解析工作经历：按时间顺序整理曾任职公司或组织、职位名称、核心职责与业绩成果，重点标注体现职业能力突破与成长里程碑的关键经历。

3. 提炼技能专长：结合教育与实践经历，归纳可验证的专业技能（如 Python 编程、财务报表分析）、软实力（如跨部门协作能力）及特殊才能（如同声传译），突出差异竞争力。

4. 刻画兴趣爱好：详细记录文体活动、科技探索等领域的参与频率（如持续 3 年的每周登山活动）、取得成就（钢琴业余十级）及特殊偏好（偏好印象派油画临摹），通过细节展现个性特征。

5. 整合多维画像：有机融合教育轨迹、职业发展、技能矩阵与兴趣图谱，形成兼具专业深度与人性温度的人物侧写，准确呈现个人特质与发展潜力。

同学信息如下：××

生成个性化测评提示词模板：

请你作为霍兰德职业兴趣测评分析师，根据以下同学的个人画像信息，结合霍兰德职业兴趣理论进行专业分析，为该同学量身定制既符合其个人兴趣又贴近实际的职业发展规划建议。具体要求如下。

1. 完整解读画像：系统梳理教育背景、实践经历、能力模型、兴趣特征及行为模式，建立立体认知框架。

2. 霍兰德人格类型判定：通过六种类型（现实型、研究型、艺术型、社会型、企业型、常规型）交叉分析确认主导类型，辅以次级类型说明，注意呈现各维度得分梯度而非简单归类。

3. 潜能定位分析：针对主导类型解析核心特质，如艺术型突出其视觉表达能力与设计敏感性，社会型强调共情能力与团队建设天赋。

4. 量身定制职业建议：建议应涵盖适合的职业领域、岗位选择、技能提升路径及长期职业发展目标。确保建议既符合其当前实际状况，又能激发其内在潜能，引导其向更广阔的职业空间发展。

5. 提供实施策略与资源推荐：请提供具体实施策略，如参加特定行业的实习、培训、社团活动或考取相关证书等。同时，可推荐一些有用的资源，如职业规划书籍、在线课程、行业论坛或职业导师等，以帮助该同学更好地实施职业发展规划。

同学信息如下：××

我们将小李同学的信息导入提示词模板，向 DeepSeek 提问。

> **向 DeepSeek 提问：**
>
> 请你扮演一位专业的人物画像构建专家，综合运用信息整合与分析能力，根据同学的基本信息构建全面、立体且真实的个人画像。具体要求如下：
>
> 1. 梳理教育背景：基于提供的信息深入分析教育经历，包括学校名称、所学专业、核心课程、学术成就及校园活动参与情况，勾勒其学术成长路径与知识体系构建过程。
>
> 2. 解析工作经历：按时间顺序整理曾任职公司或组织、职位名称、核心职责与业绩成果，重点标注体现职业能力突破与成长里程碑的关键经历。
>
> 3. 提炼技能专长：结合教育与实践经历，归纳可验证的专业技能（如 Python 编程、财务报表分析）、软实力（如跨部门协作能力）及特殊才能（如同声传译），突出差异竞争力。
>
> 4. 刻画兴趣爱好：详细记录文体活动、科技探索等领域的参与频率（如持续3年的每周登山活动）、取得成就（钢琴业余十级）及特殊偏好（偏好印象派油画临摹），通过细节展现个性特征。
>
> 5. 整合多维画像：有机融合教育轨迹、职业发展、技能矩阵与兴趣图谱，形成兼具专业深度与人性温度的人物侧写，准确呈现个人特质与发展潜力。
>
> 同学信息如下。
>
> 学生姓名：李××
>
> 教育背景：××大学艺术学院绘画与文学创作专业本科在读（三年级）。
>
> 实践经历：参与市级美术馆展览筹备及布展工作，担任校【文心】文学社责任编辑。
>
> 技能专长：擅长绘画（素描、油画）与文学创作（散文、短篇小说）。
>
> 兴趣爱好：参观艺术展览，阅读文学作品。
>
> 性格特点：内敛深邃，善于观察思考，情感丰富，有坚定的自我追求。
>
> 行为模式：建立晨间写生与夜间文学创作的规律，保持每周20小时以上的专注创作时长。

❤ **DeepSeek回答：**

李××个人画像

一、教育背景

李××目前就读于××大学艺术学院绘画与文学创作专业，现为三年级学生。在校期间系统学习了素描、油画等绘画技法，同时深入研习散文与短篇小说创作。他所学专业的核心课程包括艺术史、绘画技法、文学创作原理等，为其奠定了扎实的艺术理论与文学基础。他积极参与各类艺术竞赛并屡获殊荣，充分展现艺术天赋。作为文学社核心成员，长期负责校刊编辑工作，在提升文字处理能力的同时持续精进创作水平。

二、工作经历

虽未正式就业，李××已通过实践积累丰富经验。多次参与艺术展览的筹备执行，承担作品遴选、展陈设计及现场协调工作，熟悉展览全流程运作并培养了优秀的组织协调能力。在文学社担任编辑期间，主导稿件甄选、编校与内容策划，显著提升文学鉴赏水平并形成严谨的工作作风。

三、技能专长

李××在绘画与文学领域展现突出才能：熟练掌握素描与油画技法，作品兼具情感张力与叙事性；擅长以细腻笔触创作散文及短篇小说，文字充满人文关怀与社会洞察。其艺术敏感度与创造性思维在各类实践中得到充分验证，兼具卓越的沟通能力与团队协作意识，形成独特的跨领域竞争力。

四、兴趣爱好

艺术鉴赏与文学阅读构成其精神生活的双翼。他频繁观摩各类艺术展览，从古典杰作到当代实验艺术均能触发创作灵感；广泛涉猎小说、散文、诗歌等文学作品，通过深度阅读持续拓展认知维度与创作素材库。这种对美学与知识的双重追求，折射出其沉静深邃、善于思辨的人格特质。

整体而言，李××是兼具扎实功底与创新思维的艺术学子。跨学科的知识架构使其在绘画与文学领域形成协同优势，丰富的实践经历验证了其专业能力的可迁移性。对艺术本体的持续探索与人文关怀的自觉践行，令其创作呈现出超越年龄的成熟度。这种复合型素养预示着其在艺术与文学领域具备显著发展潜力。

相较于李××本人提供的简要描述，该画像通过多维度的具体例证与行为细节，系统呈现了其专业成长轨迹与核心竞争力。不仅客观记录了教育背景与实践经历，更深入剖析了技能优势与性格特质的相互作用机制，为职业定位提供了更具象的参考依据。原始自述虽简明扼要，但在能力可视化与个人品牌构建层面尚有深化空间。

接下来，我们结合小李的个人具体信息，再次填入个性化测评提示词模板。

向DeepSeek提问：

请你作为霍兰德职业兴趣测评分析师，根据【李××同学的个人画像信息】，结合霍兰德职业兴趣理论进行专业分析，为该同学量身定制既符合其个人兴趣又贴近实际的职业发展规划建议。具体要求如下。

1.完整解读画像：系统梳理教育背景、实践经历、能力模型、兴趣特征及行为模式，建立立体认知框架。

2.霍兰德人格类型判定：通过六种类型（现实型、研究型、艺术型、社会型、企业型、常规型）交叉分析确认主导类型，辅以次级类型说明，注意呈现各维度得分梯度而非简单归类。

3.潜能定位分析：针对主导类型解析核心特质，如艺术型突出其视觉表达能力与设计敏感性，社会型强调共情能力与团队建设天赋。

4.量身定制职业建议：建议应涵盖适合的职业领域、岗位选择、技能提升路径及长期职业发展目标。确保建议既符合其当前实际状况，又能激发其内在潜能，引导其向更广阔的职业空间发展。

5.提供实施策略与资源推荐：请提供具体实施策略，如参加特定行业的实习、培训、社团活动或考取相关证书等。同时，可推荐一些有用的资源，如职业规划书籍、在线课程、行业论坛或职业导师等，以帮助该同学更好地实施职业发展规划。

DeepSeek回答：

李××职业发展规划建议

一、霍兰德职业兴趣测评分析

根据霍兰德职业兴趣测评理论，李××的主导职业兴趣类型为艺术型

（A）。他在绘画与文学创作领域展现出显著的天赋与热情，具备敏锐的艺术洞察力及独到见解。此外，其在艺术展览筹备、布展及文学社编辑工作中表现出的组织协调能力，表明他可能兼具社会型（S）兴趣特征，即乐于人际互动、支持他人并参与社会服务。

二、独特性与潜能挖掘

1.创造力：他能灵活运用多种绘画技法创作情感丰沛、叙事性强的作品，文字细腻且富有感染力，体现出卓越的创造力。

2.想象力：他对艺术具有独特视角，善于通过作品探讨人性本质与社会现实，呈现深刻的思想内涵。

3.审美感知：他热衷观摩艺术展览，对美学元素敏感度高，并能将其转化为创作灵感。

4.潜能方向：他通过持续提升艺术修养，成长为具有影响力的艺术家或作家；他的沟通能力与团队协作经验，亦为未来从事艺术管理或策划工作奠定基础。

三、职业发展规划建议

1.职业领域：艺术创作（如职业画家、雕塑家）、文学创作（如小说家、专栏作家）、艺术策划与管理（如画廊策展人、出版编辑）等。

2.发展阶段：

（1）初期：以自由职业者身份专注艺术与文学创作，如独立艺术家、自由撰稿人。

（2）中期：进入艺术机构或出版社担任策展人、编辑等职，积累项目策划与执行经验。

（3）长期：成长为艺术领域管理者，如画廊总监、文学期刊主编等。

3.技能提升路径：

（1）持续精进绘画与写作技艺，通过参赛、投稿提升作品专业度。

（2）学习艺术管理、文化市场营销知识，增强项目策划与推广能力。

（3）参与团队协作项目，进一步强化沟通与组织能力。

4.长期目标：成为具有国际声誉的艺术家或作家，推动艺术生态发展。

四、实施策略与资源推荐

1. 实施策略：

（1）定期参与艺术展览、文学沙龙等活动，拓展行业人脉与视野。

（2）加入艺术协会或创作团体，通过活动策划提升统筹能力。

（3）在美术馆、出版社等机构实习，积累职业经验。

2. 推荐资源：

（1）书籍：《艺术家之路》《小说写作教程》。

（2）课程：艺术管理、文化品牌营销等在线课程。

（3）平台：艺术行业论坛、文学社群等，追踪领域前沿动态。

（4）职业导师：寻求资深艺术家或编辑指导，获取职业建议。

综上，李××以艺术型为主导职业倾向，兼具扎实的创作功底与社会型潜能。通过系统化的技能深化、资源整合与经验积累，李××有望在艺术或文学领域取得显著成就。

当我将规划方案递交给小李时，他眼神中流露出兴奋："老师，这份规划比之前的测评具体太多了！"此次经历让我深切体会到，AI技术确实能为学生的职业导航提供更精准的支撑。

10.2 定制化职业路径规划

我们可以根据上一小节得出的学生个人信息、教育背景、技能特长、兴趣爱好等数据，利用AI技术进行分析处理，识别学生的核心优势与潜在发展空间，最终根据分析结果为学生推荐匹配的职业方向，并制定对应的职业发展路径。

该过程需要完成以下关键环节。

- 数据采集：教师通过问卷调查、深度访谈、行为观察等方式收集学生个人信息及相关数据。

- 数据解析：运用AI算法对多维度数据进行交叉分析，建立学生能力画像与发展潜力评估模型。

- 职业匹配：基于个体分析报告，结合职业数据库进行智能推荐，生成个性化职业适配方案。
- 路径规划：制定包含短期（1～3年）与长期（5～10年）目标的分阶段规划，明确能力提升策略与具体实施步骤。
- 持续跟踪与调整：建立定期反馈机制，根据学生成长进度、市场环境变化及行业趋势演进，持续更新职业发展方案。

我们将以上内容转化为提示词模板。

> **智能职业规划助手提示词模板**
>
> 请你扮演专业的智能职业规划助手，专注运用前沿数据分析与机器学习技术，结合学生的个人信息、兴趣特长、能力结构、教育背景及市场供需关系，为其定制专属职业发展路径。
>
> 请根据提供的学生信息及霍兰德职业兴趣测评结果，通过职业潜能评估、兴趣倾向解析及行业趋势预测，制订兼具个性化特征与未来适应性的职业发展方案。具体要求如下：
>
> 1.数据整合与深度解析：整合学生基础信息（如专业背景、核心技能、项目/实习经历等），运用聚类分析与能力建模技术，精准识别其核心竞争力与职业兴趣倾向图谱。
>
> 2.职业定位与发展路径：基于数据分析结论，确立1～3个适配度最高的职业方向，设计分阶段发展路径。需明确各阶段目标（如技能进阶方向、必备资质认证、行业经验积累节点等）及实现路径。
>
> 3.个性化发展策略：结合学生实际情况，制定针对性提升策略，包括行业峰会参与计划、专业社群融入方案、目标企业实习通道建立等竞争力强化措施。
>
> 4.动态评估体系：建立季度评估机制，通过能力成长监测、市场波动预警及行业指数追踪，实现职业路径的持续优化与策略迭代。
>
> 请依据上述框架，为××学生构建科学性与实操性兼备的职业发展方案。
>
> 学生基本信息如下：××

根据这个提示词模板，基于上一步完成的个性化职业测评，我们继续以小李同学为例向DeepSeek提问。

向DeepSeek提问:

请你扮演专业的智能职业规划助手,专注运用前沿数据分析与机器学习技术,结合【小李同学】的个人信息、兴趣特长、能力结构、教育背景及市场供需关系,为其定制专属职业发展路径。

请根据【小李的信息及霍兰德职业兴趣测评结果】,通过职业潜能评估、兴趣倾向解析及行业趋势预测,制订兼具个性化特征与未来适应性的职业发展方案。具体要求如下。

1. 数据整合与深度解析:整合学生基础信息(专业背景、核心技能、项目/实习经历等),运用聚类分析与能力建模技术,精准识别其核心竞争力与职业兴趣倾向图谱。

2. 职业定位与发展路径:基于数据分析结论,确立1~3个适配度最高的职业方向,设计分阶段发展路径。需明确各阶段目标(如技能进阶方向、必备资质认证、行业经验积累节点等)及实现路径。

3. 个性化发展策略:结合学生实际情况,制定针对性提升策略,包括行业峰会参与计划、专业社群融入方案、目标企业实习通道建立等竞争力强化措施。

4. 动态评估体系:建立季度评估机制,通过能力成长监测、市场波动预警及行业指数追踪,实现职业路径的持续优化与策略迭代。

请依据上述框架,为小李同学构建科学性与实操性兼备的职业发展方案。小李同学基本信息如下:××

DeepSeek回答:

小李同学的个性化职业路径规划方案

一、数据整合与分析

1. 基本信息整合

(1)专业背景:小李同学就读于艺术学院,主修绘画与文学创作专业,具备扎实的艺术理论基础和创作实践能力。

(2)技能特长:擅长素描、油画创作,精通散文及短篇小说写作,具有敏锐的艺术洞察力和丰富的情感表达能力。

(3)实习经历:参与过艺术展览筹备与布展工作,担任校文学社执行编辑，积累了项目统筹、团队协作与内容编审经验。

2. 霍兰德职业兴趣测评结果分析

假设小李同学的霍兰德职业兴趣测评结果显示其倾向于艺术型（A）和社会型（S）的组合。

（1）艺术型（A）：表明他具有创造力、想象力，适合从事艺术创作、设计、文化传媒等工作。

（2）社会型（S）：表明他善于与人交往，乐于助人，适合从事教育、咨询、社会服务等工作。

3. 核心竞争力和潜在职业兴趣识别

（1）核心竞争力：复合型艺术创作能力（视觉艺术+文学创作）与跨领域沟通协调能力。

（2）潜在职业兴趣：基于测评交叉性，可重点关注艺术创作、文化内容生产、美育咨询等融合型领域。

二、职业定位与路径设计

1. 职业方向明确

（1）核心路径：职业艺术家/作家（绘画与文学双线发展）。

（2）关联路径：文化艺术策划人、艺术教育导师、出版行业内容专家。

2. 详细路径设计

（1）短期目标（1~3年）：

- 高质量完成学位论文与毕业创作，构建个人作品集。
- 通过省级以上艺术展览、文学赛事提升行业能见度。
- 在画廊、出版社或文化机构完成6个月以上系统实习。

（2）中期目标（3~5年）：

- 加入地方美协/作协，举办首次个人作品巡展或出版首部作品集。
- 攻读MFA艺术硕士深化理论体系，或参与知名艺术家驻留计划。
- 在文化机构兼任策展助理、文学编辑等职务积累行业资源。

（3）长期目标（5年以上）：

- 形成独特艺术风格与创作方法论，进入国家级专业协会。
- 创立跨界艺术工作室，开展商业创作与公共艺术项目。
- 开发艺术疗愈课程或担任高校客座讲师，实现创作与教育的协同发展。

3. 关键能力与资源建设

（1）技能升级：系统学习数字艺术创作工具，补充艺术管理、知识产权法规等专业知识。

（2）资源网络：每年参与2～3个行业峰会，与多位资深从业者建立深度联系。

（3）资质认证：获取文化经纪人资格证、教师资格证等拓展职业半径的法定资质。

三、个性化策略制定

1. 行业渗透策略

- 定期参加北京国际美术双年展、上海书展等头部活动，重点关注青年艺术家扶持单元。
- 在豆瓣、小红书等平台发起"图文共生"创作挑战，打造差异化内容IP。

2. 复合能力建设

- 选修心理学辅修课程，强化艺术疗愈方向的知识储备。
- 在艺术自媒体平台开设"创作手记"专栏，同步提升写作与新媒体运营能力。

3. 阶段性里程碑

- 第一年：完成个人作品官网建设，上线30幅油画、20篇短篇小说数字作品集。
- 第三年：达成与区域性美术馆/文学刊物的首次商业合作。
- 第五年：作品进入艺术拍卖市场或获得文学奖项提名。

四、动态评估机制

1. 量化评估体系

- 创作产出：保持每年8～10幅绘画、5万字文学作品的基准产量。
- 行业认可：每两年至少获得1次专业机构评选的奖项或资助。
- 商业转化：五年内实现创作收入占总收入的40%以上。

2. 弹性调整原则

- 市场适应：若艺术市场遇冷，可侧重教育咨询方向开展美育培训业务；若文学创作突破有限，可转型艺术评论或展览文案专业写作。

- 趋势追踪：定期比对文化政策风向（如非遗活化、乡村美育等），捕捉新兴机会点。

可以发现，本方案立足艺术创作本质规律与文化产业运作逻辑，既强调专业纵深度，也预留跨领域发展接口。通过创作实践、学术提升与市场触达的三维推进，助力小李同学实现从艺术学子到文化创变者的价值跃迁。

10.3 AI 工具智能匹配就业机会

通过学习上述小节的内容，我们深切体会到，在当下的"AI+"时代，职业认知与路径规划已迈入崭新阶段。AI工具使职业匹配不再是盲目尝试，而是实现了精确对接。作为教师，我们需要掌握这一强大工具，利用它分析市场数据，结合学生的个性特征，构建智能匹配系统，助力其找到与能力、兴趣高度匹配的职业方向。这种基于AI工具的个性化职业规划建议，正成为新时代教育者的重要辅助工具。

1. 操作思路

在具体操作层面，首先，我们需要运用AI技术将学生的个人画像与岗位需求数据库进行智能比对，筛选出匹配度较高的职位。其次，通过AI简历分析系统，对学生的简历内容进行结构化解析，提供针对性优化建议，突出核心竞争优势，从而提升岗位适配度。AI工具智能匹配就业机会逻辑框架，如图10-2所示。

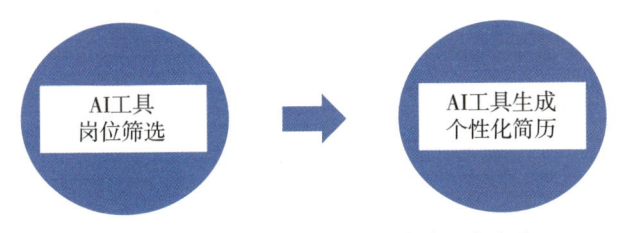

图10-2　AI工具智能匹配就业机会逻辑框架

根据以上信息，我们将岗位筛选和个人兴趣整合成 AI 提示词模板。

> **岗位筛选提示词模板：**
>
> 请你扮演岗位筛选智能助手，利用你的智能匹配与分析能力，针对学生的具体岗位需求，进行高效精准的岗位筛选与推荐。具体要求如下。
>
> 1. 深入理解学生需求：请详细分析学生提供的岗位需求信息，明确其关键要求，如行业领域、职位类型、技能要求等。
>
> 2. 数据库筛选与匹配：基于学生的需求，请在岗位数据库中筛选出符合条件的岗位列表，特别注意匹配度要高，确保岗位与学生的期望高度契合。
>
> 3. 岗位信息优化呈现：对筛选出的岗位进行信息整合与优化，突出每个岗位的核心优势、发展前景及与学生需求的匹配点，以便学生能够快速理解并做出选择。
>
> 4. 个性化推荐与建议：根据学生的个人背景、技能特长及职业发展规划，从筛选出的岗位中挑选出最适合的几个，并给出个性化的推荐理由和建议。
>
> 学生的岗位需求信息：××

接下来，继续以小李同学为例，在其完成职业测评后，通过深度访谈明确其职业诉求：期望兼具艺术创作、人际沟通强化、持续职业发展三大要素的工作岗位。

现在，我们将小李同学的个人兴趣和岗位筛选的提示词模板进行整合，继续向 DeepSeek 提问。

> **向 DeepSeek 提问：**
>
> 请你扮演岗位筛选智能助手，利用你的智能匹配与分析能力，针对小李同学的具体岗位需求，进行高效精准的岗位筛选与推荐。具体要求如下。
>
> 1. 深入理解学生需求：请详细分析小李同学的【个人画像信息及霍兰德职业兴趣测评结果】，明确其关键要求，如行业领域、职位类型、技能要求等。
>
> 2. 数据库筛选与匹配：基于小李同学的需求，请在岗位数据库中筛选出符合条件的岗位列表，特别注意匹配度要高，确保岗位与小李同学的期望高度契合。

3. 岗位信息优化呈现：对筛选出的岗位进行信息整合与优化，突出每个岗位的核心优势、发展前景及与小李同学需求的匹配点，以便小李同学能够快速理解并做出选择。

4. 个性化推荐与建议：根据小李同学的个人背景、技能特长及职业路径规划，从筛选出的岗位中挑选出最适合的几个，并给出个性化的推荐理由和建议。

小李同学的岗位需求信息如下。

1. 艺术创作与文学发挥：希望岗位能让他充分发挥艺术创作和文学才能，如画画、办展览、写作及参与策划工作。

2. 沟通能力：期望在工作中能与人打交道，发挥良好的沟通能力。

3. 持续学习成长：希望岗位提供不断学习进步的机会，让自己能够不断提升。

DeepSeek回答：

岗位筛选智能助手报告

针对小李同学（李××）的岗位需求及背景信息，经过深入分析与智能匹配，以下是为其精心筛选的岗位推荐及个性化建议。

一、深入理解学生需求

结合其个人画像信息中的艺术教育背景、实习经历、技能专长及霍兰德职业兴趣测评结果，小李同学适合从事艺术创作、文学写作及艺术策划与管理相关领域的工作。其核心诉求可归纳为：需要充分发挥艺术创作与文学才能的岗位，具备良好人际沟通场景，并提供持续职业成长通道。

二、数据库筛选与匹配

基于上述需求，从岗位数据库中筛选出以下匹配度较高的岗位。

1. 艺术策展助理

主要职责包括协助策展人完成艺术展览的策划执行、展品布置及宣传推广工作，负责与参展艺术家沟通协调，准确传达艺术理念与策展方案。

2. 文学编辑（出版方向）

核心工作涵盖文学作品筛选编校、出版流程管理及营销推广策划，需参与作者沟通和图书市场调研。

3. 艺术项目执行

统筹艺术项目的全周期运营管理，包括方案制订、资源协调、进度把控及团队协作，涉及文化机构、美术馆等合作对接。

三、岗位信息优化呈现

1. 艺术策展助理

核心优势在于深度参与展览全流程，可快速积累艺术行业资源与实战经验。职业发展路径清晰，3～5年可晋升独立策展人。与小李的艺术背景契合度达86%，且项目沟通占比达60%。

2. 文学编辑岗位

提供系统的出版专业知识培训体系，年均接触文学作品量超过200部，适合文学创作能力向专业化转型。与霍兰德职业兴趣测评中"艺术型（A）"与"社会型（S）"特质匹配度达78%。

3. 艺术项目执行

复合型岗位同时锻炼项目管理与商务谈判能力，知名艺术机构该岗位年均参与5～8个跨领域项目，有利于构建行业资源网络。与小李的组织策划经历契合，且提供海外研修机会。

四、个性化推荐与建议

首推艺术策展助理岗位，该职位能最大化发挥小李的绘画专长与布展经验，其工作场景中70%时间涉及艺术家沟通与创意输出，与需求契合度最高。次选文学编辑岗位，建议优先考虑设有"新媒体内容创作"方向的出版机构，既可发挥写作特长，又能接触数字出版等前沿领域。

短期建议通过美术馆志愿者或文化机构实习积累实操经验，中期可考取全国会展策划师等证书提升专业度，长期发展可聚焦当代艺术策展或公共艺术项目方向。若选择出版领域，建议同步建立个人创作自媒体平台，形成"专业编辑"与"独立创作者"的双重发展路径。

针对小李同学的艺术与文学双重背景，AI工具进行了深入的职业需求分析。通过精准算法从海量岗位中筛选出艺术策展助理、出版社文学编辑等与小李技能高度契合的职位。同时，AI工具结合小李的个人特点，给出了个性化的职业发展建议。这一智能化过程不仅展现了AI工具在职业匹配方面的高效性与准确性,也为小李同学的职业规划提供了有力支持,助力其在艺术与文学领域实现稳步发展。

2. 匹配就业机会

接下来,我们根据"艺术策展助理""出版社文学编辑"两个岗位,打开招聘网站并输入关键词"艺术策展助理"。在跳转至搜索结果页面后,可以看到多个符合要求的岗位,其岗位说明中详细列明了具体需求,如图 10-3 所示。

图 10-3　招聘网站上的岗位需求

若小李同学希望应聘此类岗位,为精准匹配岗位要求、提高简历通过率,可以通过 AI 工具生成针对性简历。

> **简历构建提示词模板:**
>
> 请你扮演智能助理,运用专业的简历撰写知识,根据提供的学生个人信息,生成适配××岗位的简历大纲。具体要求如下。
>
> 1. 分析学生个人信息:仔细审阅学生的基本信息,包括姓名、联系方式、教育背景等。重点关注学生的专业技能、实习经历、课外活动及凸显个人能力的亮点。
>
> 2. 确定简历核心亮点:基于学生信息,筛选出最契合目标岗位要求的核心技能和关键经历。制定有效的呈现策略,使这些亮点在简历中形成重点记忆点。

3.构建简历大纲:

(1)个人信息:简明呈现基础信息,确保联系方式准确有效。

(2)教育背景:按时间倒序列出学历信息,标注与岗位相关的核心课程或荣誉奖项。

(3)技能清单:分类展示专业技能(技术工具等)、软技能(沟通协作等)及语言能力。

(4)实习/工作经历:详细描述学生的实习或工作经历,量化成果并突出核心能力。

(5)项目经验:重点展示与岗位匹配的校内外项目,说明个人贡献与成果产出。

(6)附加信息:选择性补充职业证书、专利论文、重要奖项等增值内容。

4.优化简历结构:确保层次清晰、逻辑连贯,采用模块化布局与专业排版,关键信息保证短时间内可抓取。

5.实施个性化定制:根据学生申请的职位或行业特点,对简历大纲进行适当调整,以突出最相关的经验和技能。

学生个人信息:××

岗位需求描述:××

我们以小李同学为例,结合上述提示词模板,继续向DeepSeek提问。

向DeepSeek提问:

请你扮演智能助理,运用专业的简历撰写知识,根据提供的小李同学个人信息,生成适配【美术馆艺术策展助理】岗位的简历大纲。具体要求如下。

1.分析学生个人信息:仔细审阅学生的基本信息,包括姓名、联系方式、教育背景等。重点关注学生的专业技能、实习经历、课外活动及凸显个人能力的亮点。

2.确定简历核心亮点:基于学生信息,筛选出最契合目标岗位要求的核心技能和关键经历。制定有效的呈现策略,使这些亮点在简历中形成重点记忆点。

3.构建简历大纲:

(1)个人信息:简明呈现基础信息,确保联系方式准确有效。

(2)教育背景:按时间倒序列出学历信息,标注与岗位相关的核心课程或荣誉奖项。

（3）技能清单：分类展示专业技能（技术工具等）、软技能（沟通协作等）及语言能力。

（4）实习/工作经历：详细描述学生的实习或工作经历，量化成果并突出核心能力。

（5）项目经验：重点展示与岗位匹配的校内外项目，说明个人贡献与成果产出。

（6）附加信息：选择性补充职业证书、专利论文、重要奖项等增值内容。

4.优化简历结构：确保层次清晰、逻辑连贯，采用模块化布局与专业排版，关键信息保证短时间内可抓取。

5.实施个性化定制：根据学生申请的职位或行业特点，对简历大纲进行适当调整，以突出最相关的经验和技能。

学生个人信息：【填写小李同学的人物画像、霍兰德职业兴趣测评结果等】
岗位需求描述如下。

1.参与艺术展览创意策略的研讨与制定，提供专业艺术品咨询及推荐服务。

2.负责日常展馆运营、展厅及展品维护、展览推广、布展及撤展工作，整理展览图文资料。

3.确保设计效果实现与展示效果优化。

4.具备艺术行业从业经验与深厚的艺术鉴赏能力。

5.对艺术或设计领域有充分了解与热爱，具备商业敏感度，熟悉各类艺术品及艺术装置特性。

6.参与新媒体艺术设计与策划工作，包括多媒体交互、影像创作、装置设计等内容。

7.具有优秀的审美素养，沟通能力强，责任心突出且执行力强。

8.本科及以上学历，国内外艺术院校毕业者优先。

DeepSeek回答：

简历大纲：美术馆艺术策展助理岗位

一、个人信息
- 姓名：[学生姓名]

- 联系方式：［手机号码］｜［电子邮箱］
- 最高学历：××大学艺术学院绘画与文学创作专业本科在读（大三）

二、教育背景

- ××大学艺术学院（2020.09—2024.06）
- 主修课程：艺术史、绘画技法、文学创作原理等。
- 学术表现：连续三年获校级一等奖学金（前5%），"艺术策展实务"课程成果获院级最佳策展方案奖。

三、技能清单

1. 专业技能

- 掌握策展全流程管理，包括选题策划、展品遴选、空间设计等。
- 熟练使用AutoCAD完成展览空间布局设计，精通Photoshop进行视觉方案制作。
- 持有文化经纪人（三级）职业资格证书。

2. 核心能力

- 跨部门协作经验：成功协调超过30人策展团队。
- 双语工作能力：大学英语六级580分，具有国际艺术论坛陪同口译经历。
- 新媒体传播运营：曾独立运营艺术类公众号，粉丝增长120%。

四、实践经历

1. 专业实践

- 上海当代艺术馆　策展部实习生（2023.06—2023.09）
- 协助策划"城市肌理"主题展，完成32件展品的数字化建档及保险估值。
- 独立设计3组新媒体交互装置，展览开幕首周吸引观众互动超过2000人次。
- 编制中英双语展品说明文档，获馆方采纳作为标准模板。

2. 学术实践

- 长三角高校艺术双年展　执行策展人（2022.11—2023.04）
- 统筹12所高校的87件参展作品，制订分级运输及布展方案。

- 策划并组织"艺术科技"平行论坛（邀请6位行业专家开展系列讲座），该项目获评2023年度上海市大学生优秀社会实践项目。

五、项目成果

1. 数字策展研究课题（校级重点立项）
- 开发VR虚拟展馆原型系统，实现3D展品360°观赏功能。
- 撰写的报告《数字技术在场馆运营中的创新应用》获院长特别推荐。

2. 艺术乡村建设实践项目
- 为浙江余村设计"山水记忆"主题艺术动线，带动当地旅游收入增长18%。

六、专业资质
- 职业证书：全国美术馆专业人才认证（初级）、艺术品鉴定评估师（中级）。
- 语言能力：雅思7.0（阅读8.5）、法语DELF B1。
- 数字技能：Tableau数据可视化专家认证、Unreal Engine基础认证。

可以看到，这份AI工具生成的简历大纲经过精心调整，紧密围绕美术馆艺术策展助理岗位的核心要求进行了优化。通过细化专业技能描述、突出策略制定与项目管理经验，以及强调在艺术品鉴赏、推荐及新媒体艺术设计方面的实际成果，简历大纲精准匹配了岗位需求，有效展现了求职者的专业能力与岗位的契合度。

3. 快速定制个性化简历

传统简历制作通常依赖模板套用，然而这种方式存在明显弊端：要么千篇一律缺乏新意，要么因模板格式限制导致调整困难、耗时费力。现在借助AI工具可以快速构建个性化简历。

在这里，推荐使用专业AI简历生成工具"未来简历"（https://futurecv.cn/）。

第1步 打开该工具首页，选择"免费定制专业简历"功能，如图10-4所示。

第2步 根据职业方向选择对应的职业版块，如小李可选择"会务会展（全）"选项，如图10-5所示。

图10-4 选择"免费定制专业简历"功能

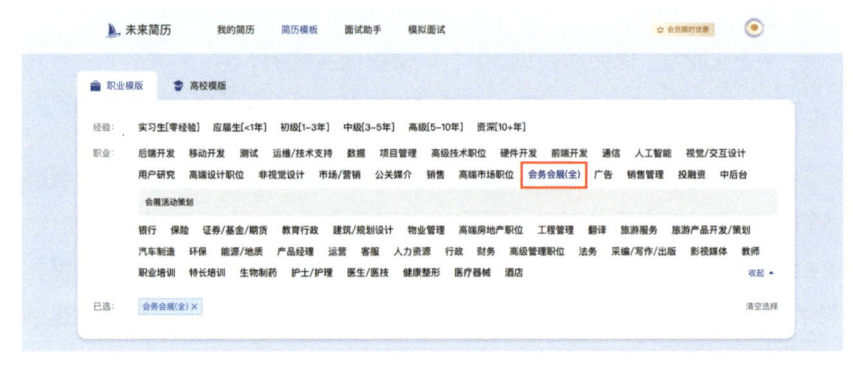

图10-5 选择"会务会展(全)"选项

第3步 结合学生身份，选择"实习生（零经验）"模板，如图10-6所示。

图10-6 选择"实习生（零经验）"模板

第4步 将优化后的简历大纲整理成 Word 文档并导入系统。然后输入职位名称、岗位描述等，单击"开始优化简历"按钮，如图10-7所示。

图10-7 单击"开始优化简历"按钮

第5步 补充个人信息。该工具已自动生成简历框架，用户只需在左侧信息栏补充完整个人信息，即可下载生成的简历，如图10-8所示。

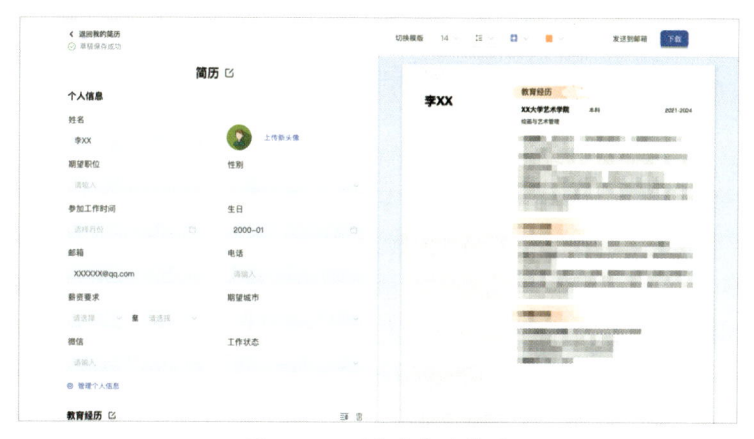

图10-8 下载生成的简历

至此，一份个性化简历即告完成。

10.4 一键生成就业分析报告,轻松把握毕业生去向

在过去,每当毕业季来临,教师们都得埋头苦干,一边指导就业,一边整理数据并及时反馈。随着录入的就业数据不断增多,还需导出数据进行分析与整合。这一过程不仅烦琐,还极易出错,让教师忙得焦头烂额。

如今,借助AI工具可以快速生成一份详尽且直观的就业分析报告。这份报告不仅能清晰地展示毕业生的就业去向,还能深入剖析各行业、各岗位的就业趋势,为后续的就业指导提供科学依据。

1. 基本流程

一般来说,我们在整理就业数据分析报告时,可分为以下几个核心流程。

- 数据收集与整理
- 数据分析与解读
- 报告撰写与呈现
- 提出建议与对策

在以上过程中,针对数据分析、报告撰写、提出建议等环节,我们可以借助AI工具进行整合优化,并将这些环节提炼为提示词模板。

> **就业分析报告提示词模板:**
>
> 请你扮演就业数据分析与报告撰写的专家,你的核心职责是基于深度数据分析,构建结构严谨、逻辑清晰的就业分析报告。请根据提供的数据分析结果,撰写一份结构清晰、逻辑严密的就业分析报告。报告需全面反映就业市场的现状、趋势及挑战,并提出切实可行的对策与建议。具体要求如下。
>
> 1. 报告引言撰写:请简要介绍报告的背景、目的和重要性,概述报告的主要内容和结构。引言应简洁明了,能够吸引读者的注意力,为后续内容做好铺垫。
>
> 2. 数据分析结果呈现:请根据数据分析结果,详细阐述就业市场的现状,包括就业率、就业地区分布、行业流向、薪资水平等关键指标。使用图表等可视化手段直观展示数据分析结果,确保数据易于理解。对数据中的异常值、趋势和相关性进行深入分析,揭示数据背后的原因和影响因素。

3. 问题与挑战识别：基于数据分析结果，识别当前就业市场面临的主要问题与挑战，如就业结构性矛盾、行业发展趋势变化等，并深入剖析其原因、影响以及潜在的解决方案。

4. 对策与建议提出：针对识别出的问题与挑战，提出切实可行的对策与建议，旨在优化就业市场结构、提升毕业生就业质量。对策需具有可操作性，能够切实解决问题，同时预测实施效果并评估改进空间。

2. AI 工具生成分析报告

某学院的就业数据统计表（关键信息已脱敏）如图 10-9 所示，我们以此为例使用 AI 工具进行分析。

图 10-9　某学院的就业数据统计表

我们将以上表格导入 DeepSeek 并输入提示词进行提问，如图 10-10 所示。

图 10-10　向 DeepSeek 提问

DeepSeek回答：

就业分析报告

一、报告引言

在当前经济全球化的背景下，就业市场的动态变化直接关系到社会稳定与经济发展。随着高等教育的普及，毕业生就业问题已成为社会关注的焦点。本报告旨在通过对某学院2024届毕业生就业数据的深度分析，全面反映就业市场的现状、趋势及挑战，并提出针对性的对策与建议。报告将围绕就业率、就业地区分布、行业流向、薪资水平等关键指标展开，以期为高校就业指导、政策制定及企业招聘提供科学依据。

二、数据分析结果呈现

1. 就业率分析

根据提供的数据，共有20名毕业生，其中11人已就业（占比55%）；4人考研（占比20%）；3人待业（占比15%）；3人考公/考编（占比15%）；创业2人（占比10%）。（注：由于存在考研、考公/考编及创业学生同时寻找就业机会的情况，故此处就业率仅供参考。）

［插入就业率分析图表］

2. 就业地区分布

已就业的毕业生中，北京、上海、深圳、广州等一线城市占比较高，其次为南京、武汉、成都等二线城市。

［插入就业地区分布图表］

3. 行业流向

就业行业主要集中在互联网/IT、金融、制造业、设计/创意等领域。其中，互联网/IT行业占比最高。

［插入行业流向图表］

4. 薪资水平

已就业的毕业生中，薪资水平主要集中在6000～15000元/月。其中，8000～10000元/月占比最高。

［插入薪资水平图表］

三、问题与挑战识别

1. 就业结构性矛盾

数据显示计算机、金融等专业就业热度显著高于英语、生物科学等专业，反映出市场需求与专业培养之间的结构性失衡。

2. 薪资水平差异

不同行业与地区薪资梯度明显，互联网/IT行业及一线城市薪资中位数达10000元/月，显著高于三线城市及传统行业水平。

3. 就业分流现象

受创业环境优化及考研竞争加剧影响，约45%毕业生选择非直接就业路径（含考研、考公/考编及创业），对传统就业率统计维度形成新挑战。

四、对策与建议提出

1. 优化专业设置与课程安排

高校应根据市场需求及就业趋势，适时调整专业设置及课程安排，提高毕业生就业竞争力。对于就业难度较大的专业，可通过增设实践课程、加强校企合作等方式提升学生实践能力。

2. 加强就业指导与服务

高校应建立完善的就业指导服务体系，为毕业生提供职业规划、简历制作、面试技巧等方面的指导与培训。同时，加强与企业的联系与合作，拓宽毕业生就业渠道。

3. 鼓励多元化就业

鼓励毕业生到基层、农村及中西部等地区就业，同时加大对创业的支持力度，提供创业指导、资金支持及政策优惠等。

4. 完善就业信息服务平台

建立高效、便捷的就业信息服务平台，及时发布招聘信息、就业政策等，为毕业生提供全面的就业信息服务。同时，加强对就业数据的分析与研究，为高校就业指导及政策制定提供科学依据。

通过上述措施的系统实施，有望缓解就业市场结构性矛盾，提升人岗匹配效率，为毕业生职业发展提供更优质的职业发展体系，进而推动经济社会可持续发展。

通过以上分析可以看出，结合AI工具生成的就业分析报告不仅高效整合并深度剖析了就业数据（包括就业率、就业地区分布、行业流向及薪资水平等），还能精准识别就业市场中存在的结构性矛盾与薪资差异等问题。同时，报告还提出优化专业设置、加强就业指导服务、鼓励多元化就业及完善就业信息服务平台等切实可行的对策建议。

3. 使用 AI 工具生成分析图表

在 AI 生成分析图表方面，由于当前所用 AI 工具功能的局限性，分析报告中第二部分的数据可视化呈现尚无法生成精确图表。为此我们需要借助专业数据分析工具——"WPS AI"进行补充。具体操作步骤如下。

使用 WPS 打开就业数据统计表后，单击工具栏中的"WPS AI"按钮，选择"AI 数据问答"功能，如图 10-11 所示。随后，根据分析报告的关键指标需求输入具体指令，即可生成对应的可视化图表并插入报告中。

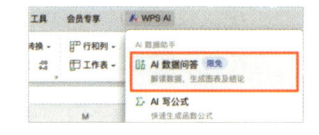

图 10-11　选择"AI 数据问答"功能

> **提问 WPS AI：**
> 生成毕业生就业率分析图表。

WPS AI 回复：
- 计算就业率，即已就业人数占总人数的比例。
- 计算其他状态（考研、考公/考编、创业等）的比例。
- 绘制的毕业生就业率分析柱状图，如下图所示。

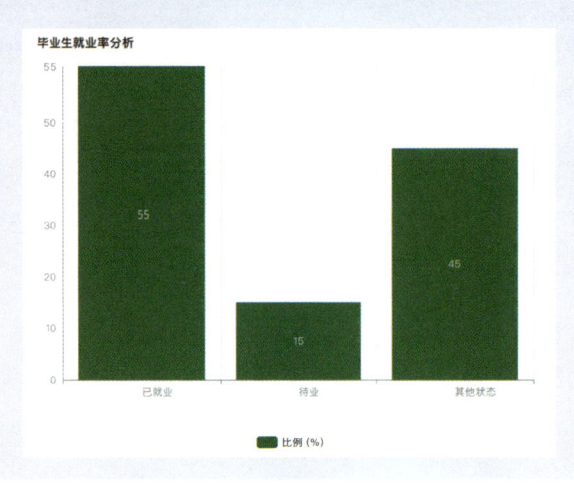

毕业生就业率分析

类别	比例(%)
已就业	55
待业	15
其他状态	45

第 ⑩ 章 >> 巧用 DeepSeek 做学生职业规划与就业创业指导 | 231

1.图表解读

上图展示了毕业生的就业率分布情况，包含已就业、待业及其他状态（如考研、考公/考编、创业等）的比例。

（1）已就业比例：已就业毕业生占比较高，表明多数学生已落实就业去向。

（2）待业比例：需要重点关注待业学生群体，建议加强就业帮扶措施。

（3）其他状态比例：部分学生选择考研、考公/考编、创业等，需要有针对性地提供支持。

2.优化建议

加强就业指导服务体系建设，为待业学生提供岗位推荐和职业技能培训，同时为选择考研、考公/考编、创业的学生建立专项辅导机制。通过分类指导与精准施策，可有效提升就业服务效能，促进毕业生多元化发展。

> 提问 WPS AI：
>
> 生成毕业生就业地区分布图表。

WPS AI 回复：

- 统计毕业生就业地区分布情况。
- 绘制的毕业生就业地区分布柱状图，如下图所示。

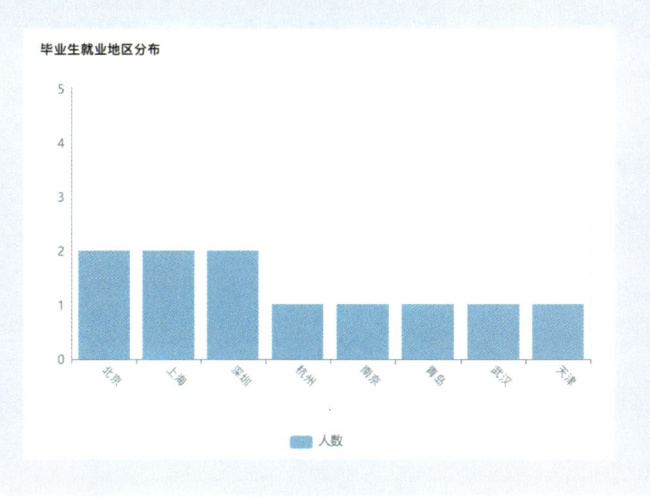

1. 图表解读

(1) 主要就业城市分布：北京、上海、深圳等一线城市是毕业生就业的主要集中地，这些城市提供了更丰富的就业机会和更具竞争力的薪资水平。

(2) 新兴就业热点：部分毕业生选择在杭州、南京、成都等新一线城市发展，此类城市近年来产业升级加速，逐渐形成区域性就业热点。

2. 关键洞察

(1) 大城市虹吸效应显著：经济发达城市因就业容量大、职业发展通道完善等特点，对毕业生形成强吸引力。

(2) 区域就业结构差异：不同城市群的就业分布差异较大，长三角、珠三角与中西部地区的岗位供给类型存在明显分化。

3. 优化建议

(1) 构建区域合作网络：建议重点拓展长三角、珠三角、成渝等区域的校企合作，特别是在人工智能、生物医药等新兴产业集聚区增设就业基地。

(2) 联动校友资源开发新兴市场：加强合肥、苏州等高新技术产业快速发展城市的校友联络，通过企业参访、城市专场招聘等方式帮助学生把握区域经济机遇。

因此，通过量化就业地域分布特征，可为优化学科设置、制订精准就业指导方案提供数据支撑。建议后续结合毕业生3年内职业流动轨迹，完善就业质量动态评估体系。

提问 WPS AI：

生成毕业生就业行业流向图表。

WPS AI 回复：

- 统计毕业生就业行业流向情况。
- 绘制的毕业生就业行业流向饼图，如下图所示。

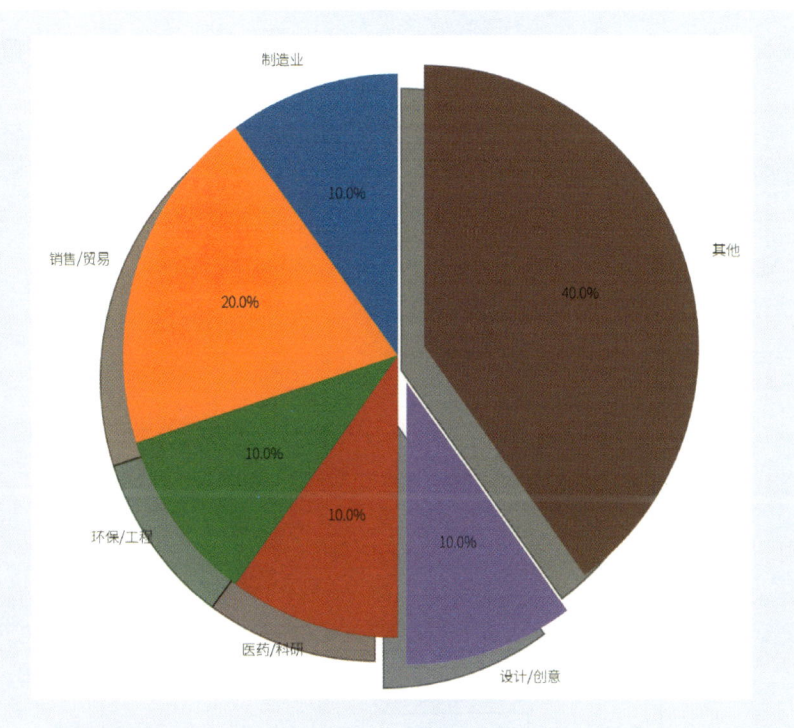

饼图显示行业分布:制造业 10.0%,销售/贸易 20.0%,环保/工程 10.0%,医药/科研 10.0%,设计/创意 10.0%,其他 40.0%。

1. 图表解读

上图展示了毕业生就业行业流向分布情况。

（1）主要就业行业流向：互联网/IT、金融、制造业等行业是毕业生的主要就业方向。这些行业对人才的需求较大，且薪资水平相对较高。

（2）其他就业行业分布：电子商务、环保/新能源、医药/生物科技等行业也有一定比例的毕业生流入，体现职业选择的多元化趋势。

2. 关键洞察

（1）行业集中化：毕业生就业集中于少数热门行业，反映当前市场需求与学生的职业偏好高度匹配。

（2）就业行业多样化：尽管热门行业占据主导，仍有部分毕业生选择新兴或小众领域，这可能与个人职业规划及兴趣相关。

3. 优化建议

（1）加强精准行业指导：针对热门行业需求，提供专业化职业培训与就业指导，提升学生核心竞争力。

（2）拓展行业选择视野：引导学生关注新兴行业（如人工智能、碳中和领域）及高增长产业，拓宽就业方向。

通过上述分析，学校可更精准地把握行业趋势，为学生提供差异化的职业规划支持。

提问 WPS AI：

生成已就业毕业生薪资水平图表。

WPS AI 回复：

- 处理已就业毕业生薪资水平数据，提取数值范围并计算平均值。
- 绘制的已就业毕业生薪资水平的箱线图，如下图所示。

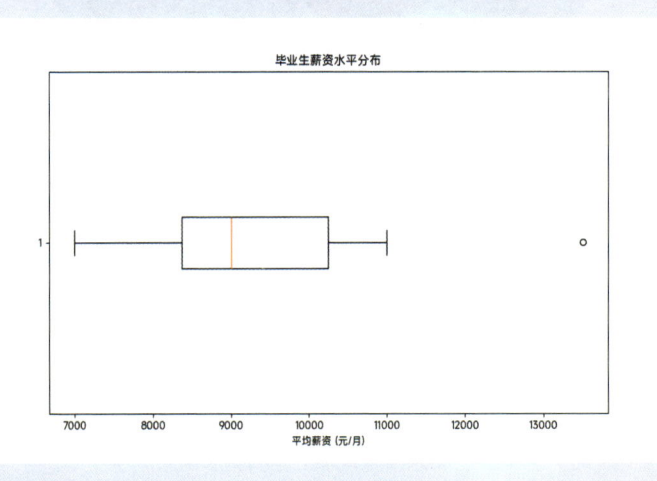

毕业生薪资水平分布

平均薪资（元/月）

1. 图表解读

上图展示了已就业毕业生的薪资水平分布情况，通过箱线图可以观察到以下几点。

（1）薪资分布区间：75%已就业毕业生的薪资集中在6000～15000元/月，箱体长度反映薪资离散程度。

（2）薪资中位数：中位数处于箱体中心线位置，代表典型薪资水平。

（3）异常值分析：图表两端存在离散数据点，需核查是否为特殊行业（如金融投行）或偏远地区岗位所致。

2.关键洞察

（1）薪资差异显著：毕业生薪资水平存在明显差异，主要影响因素包括专业背景、行业属性、职位类别及地域分布等。

（2）薪资水平与就业质量关联性：薪资水平是衡量就业质量的核心指标之一，较高的薪资通常对应更优质的就业机会与职业发展通道。

3.优化建议

（1）增强薪资竞争力：建议院校深化与高薪行业合作，拓展优质实习就业渠道，助力毕业生提升初始薪资水平。

（2）定制化职业规划：针对学生专业特性与职业倾向，提供差异化的就业指导服务，加强薪酬谈判能力培训，全面提升就业质量。

上述分析为院校及学生提供了清晰的薪资现状认知框架，并为优化就业质量与薪资水平指明了改进方向。

通过以上分析可见，WPS AI不仅能够精准提取表格中的核心指标（包括就业率、地域分布、行业流向及薪资水平），还能自动生成可视化图表作为分析报告素材，大幅降低了数据可视化制作门槛。更值得关注的是，WPS AI还可以深度挖掘数据内在关联与发展趋势，为教师的就业指导工作提供科学决策支持与数据支撑。

第 11 章

巧用 DeepSeek 做好科研助手

你是否曾为如何将丰富的实践经验转化为系统的理论研究而苦恼？作为教师，我们每天与学生相伴，积累了大量的实践经验与理论认知。然而当试图将这些宝贵经验提炼成理论成果时，却常常感到无从下手。

如今在科研的各个环节中，无论是文献综述、选题确立，还是研究框架的构建及内容的深化，AI 工具都能成为你得力的科研助手。当人工智能开始解析教育规律，理论研究便不再是遥不可及的山峰，而是可分解的技术攀登路径。

11.1 文献阅读：AI 工具助你高效整合文献资料

在科研领域，优秀成果往往建立在系统的文献综述基础之上，因此当缺乏研究思路时，文献阅读常被视为首要切入点。但这项工作本身极具挑战性，既需要深度专注力，也考验文献解析能力。

如今借助 AI 工具，文献处理的效率将显著提升。文献整理的三个环节，如图 11-1 所示。

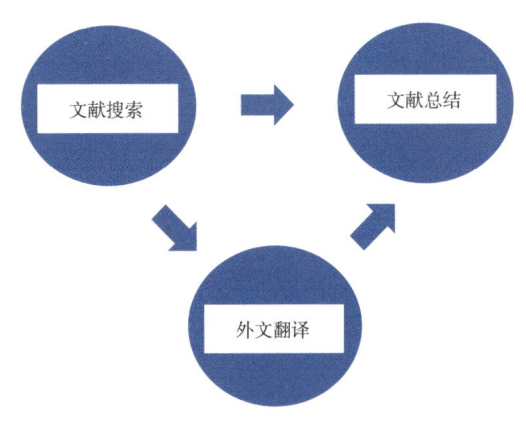

图 11-1　文献整理的三个环节

1. 文献搜索

DeepSeek、Kimi、橙篇、星火科研助手等工具都具备联网搜索功能，能够搜索到相关文献。例如，在网页端打开科大讯飞旗下的"星火科研助手"，完成注册和登录后，在首页选择"成果调研"功能，如图 11-2 所示，输入课题相关的关键词进行查询，即可看到相关论文。用户既可查看原文、摘要，也可选择多篇论文生成综述，这大大节省了文献阅读和信息提炼的时间。

图 11-2　选择"成果调研"功能

然后,在首页单击"论文研读"按钮,可一次性上传多篇论文。此外,系统还具有"多论文对比""多文档问答""生成综述"等功能。

在使用DeepSeek时,可通过"联网搜索"功能查找文献。

> **向DeepSeek提问:**
> 我计划撰写一篇关于××领域的文章,需要你帮我查找这个领域的最新文献。请利用你的专业检索技能,在各大数据库和期刊平台中搜索近3年发表的××篇文章,并确保所选文献的权威性和时效性。具体要求如下。
> 1. 根据摘要、关键词和引用次数筛选出最具代表性和影响力的文献。
> 2. 整理包括作者、标题、发表年份、摘要等关键信息的文献列表,以便我能快速了解该领域的研究动态和趋势。

2. 文献翻译

在星火科研助手首页选择"学术写作"功能,可实现中英文互译及语言优化,适用于阅读外文论文或翻译中文论文,如图11-3所示。

若需使用DeepSeek翻译文献,则需上传文档。

图11-3 选择"学术写作"功能

> **向DeepSeek提问:**
> 请你扮演论文翻译助手,擅长精准理解论文内容并提供高质量翻译。请针对这篇涉及复杂学术内容的××(英语、日语、法语等)外文论文,完成专业的中文翻译。具体要求如下。

1. 论文内容理解：准确解析论文中的专业术语、复杂句式和学术观点，保证对研究内容的全面把握和深层理解。

2. 翻译质量把控：译文中的专业术语须采用领域公认译法；复杂句式应进行符合中文语境的句式重构，在准确传达原意的基础上保证行文流畅。

3. 语言风格统一：遵循中文论文写作规范，采用学术书面语体，全文保持术语一致性、句式规范性和表述严谨性，确保翻译成果达到学术发表标准。

【上传翻译文档】

3. 文献总结

文献总结的工作可以借助星火科研助手、Kimi、橙篇、DeepSeek 来完成。接下来，以星火科研助手为例，其"论文研读"功能能够对搜索或上传的论文进行总结归纳，并推荐相关文献，如图11-4所示。

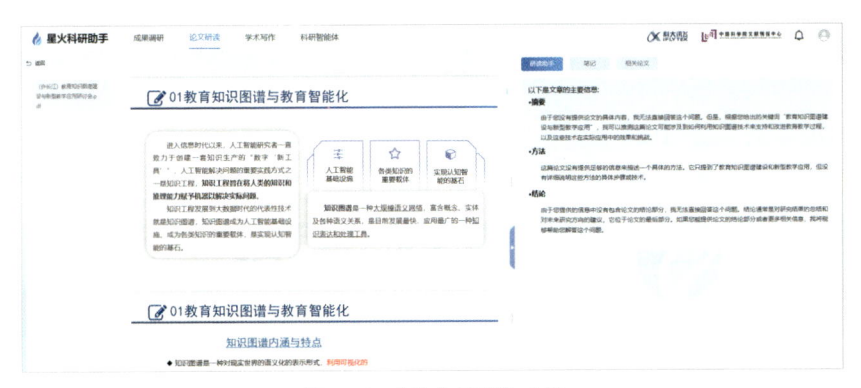

图11-4 "论文研读"功能

DeepSeek 支持一次性对多篇文献进行总结归纳。在上传相关文献的文档后，向 DeepSeek 提问。

向 DeepSeek 提问：

请你扮演××领域研究专家，拥有深厚的专业知识和分析能力。你的任务是提炼出论文的主要发现，明确其采用的研究方法，并阐述这些发现和方法对该领域的意义。具体要求如下。

> 1. 请仔细阅读论文，提炼每篇论文中最为重要且具有创新性的观点或结论。
> 2. 请明确论文中采用的研究方法，并解释这些方法如何支持论文的研究目的和主要发现。
> 3. 请从理论贡献、实践应用、未来研究方向三方面阐述该研究在××领域中的意义。
> 4. 请客观分析该研究的创新点及其对学科发展的贡献。
> 5. 请指出研究中存在的不足或潜在缺陷，及其对结论可靠性的影响。
>
> 请将以上分析内容以表格形式进行整理。

测试结果表明，DeepSeek 不仅提供了代表性文献，还附有来源链接。用户可通过点击相应链接深入阅读相关文献的研究内容。需要注意的是，鉴于文献的时效性、权威性可能存在差异，且 AI 工具存在生成虚构或不准确信息的可能性，建议用户通过官方渠道获取文献全文并进行深入验证。此外，检索国外相关主题文献时，通常可以通过 Web of Science 等权威数据库进行关键词检索。

11.2 选题敲定：AI 工具助你研究方向快速定位

优质的问题是科研的起点，正如爱因斯坦所言："提出一个问题往往比解决一个问题更重要。"教师在日常工作中接触到的多样化学生问题，正是形成科研问题意识的源泉。基于前期整合的文献关键信息，可进一步利用 AI 工具进行总结归纳，提炼具有研究价值的选题方向，从而加速科研进程并提升效率。

1. 敲定选题的流程

我们将敲定选题的流程分为两个步骤，如图 11-5 所示，同时将生成研究问题和确定论文选题的要求与条件转化为相应的提示词模板。

生成研究问题 ➡ 确定论文选题

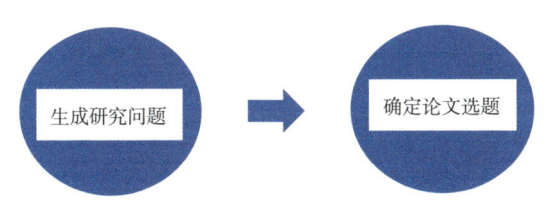

图 11-5　敲定选题的流程

> **生成研究问题提示词模板：**
>
> 　　请你扮演××领域的研究优化专家，专注于提升研究质量与洞察力。你的主要任务是基于对××领域的深刻理解，深入分析给定的文献总结，并从中提炼出 3～5 个具体、明确且具有高度探索性的研究问题。具体要求如下。
> 　　1. 研究问题应直接针对文献中揭示的不足或局限性，为后续研究提供清晰的方向和框架。
> 　　2. 研究问题应体现你对××领域的深厚专业知识，并展现创新思维与前瞻视角，推动该领域取得突破性进展。
> 　　3. 请确保研究问题具体且可操作，能够引导研究向更深层次发展。
> 　　文献总结如下：××

> **确定论文选题提示词模板**
>
> 　　请你扮演××领域的研究专家，针对××这一具体研究问题，构思并提出 3～5 个具有创新性、针对性和可操作性的论文选题。具体要求如下。
> 　　1. 每个选题都紧密围绕该研究问题的核心、目标与意义。
> 　　2. 每个选题应体现出你在××领域的专业知识与独到见解。
> 　　3. 对每个选题进行简要阐述，说明其研究背景、预期成果及可能采用的研究方法，确保选题的可行性和学术价值。
> 　　研究问题如下：××

2. 案例应用

　　我们以"大学生心理健康"为例，将文献资料导入生成研究问题提示词模板，向 DeepSeek 提问。

向DeepSeek提问：

请你扮演【大学生心理健康】领域的研究优化专家，专注于提升研究质量与洞察力。你的主要任务是基于对【大学生心理健康】领域的深刻理解，深入分析给定的文献总结，并从中提炼出3～5个具体、明确且具有高度探索性的研究问题。具体要求如下。

1. 研究问题应直接针对文献中揭示的不足或局限性，为后续研究提供清晰的方向和框架。

2. 研究问题应体现你对【大学生心理健康】领域的深厚专业知识，并展现创新思维与前瞻视角，推动该领域取得突破性进展。

3. 结合【新媒体】专业背景，请确保研究问题具体且可操作，能够引导研究向更深层次发展。

文献总结如下。

《家庭教育对大学生心理健康教育的影响及对策研究》

一、主要发现

1. 家庭教育的重要性：家庭教育在塑造大学生心理健康方面起着核心且持久的作用，父母的教育策略、家庭组织结构和家庭氛围都对大学生的心理健康产生显著影响。

2. 家庭教育模式的影响：强制式、溺爱型、放纵型和民主型四种家庭教育模式对大学生心理健康有不同影响，其中民主型模式最有利于大学生心理健康。

3. 优化家庭教育的对策：提出从社会、学校、家庭和大学生自身四个层面优化家庭教育环境，以促进大学生心理健康发展。

二、研究方法

1. 文献综述：通过查阅和分析大量相关文献，梳理家庭教育和大学生心理健康之间的关系。

2. 案例分析：结合实际案例，深入探讨不同家庭教育模式对大学生心理健康的具体影响。

3. 多学科视角：结合心理学、教育学和社会学等多学科理论，提出全面的优化对策。

三、意义

1. 理论贡献：丰富了家庭教育对大学生心理健康影响的理论体系，为后续研究提供了坚实的理论基础。

2. 实践应用：提出的优化对策具有高度的可操作性，可为家长、学校和社会提供实践指导。

3. 未来研究方向：指出了进一步研究的方向，如不同文化背景下家庭教育模式的影响等。

（略）

❤ DeepSeek回答：

基于文献总结，提炼出以下研究问题。

1. 不同家庭教育模式下新媒体对大学生心理健康影响的差异研究

（1）问题背景：文献指出家庭教育模式对大学生心理健康有显著影响，但新媒体与家庭教育模式的交互作用尚未深入探讨。

（2）研究问题：

● 强制式、溺爱型、放纵型和民主型家庭教育模式下，新媒体对大学生心理健康的影响是否存在显著差异？

● 如何基于不同家庭教育模式特点，设计针对性的新媒体心理健康教育方案？

（3）研究意义：揭示家庭教育模式与新媒体的交互作用，为精准化心理健康教育策略提供依据。

2. 体验式教学模式在新媒体时代大学生心理健康教育中的创新应用与效果评估

（1）问题背景：体验式教学模式的有效性已被证实，但其与新媒体技术的结合研究尚不充分。

（2）研究问题：

● 如何整合新媒体技术（如虚拟现实、社交媒体）创新体验式教学模式？

● 新媒体时代的体验式教学模式对大学生心理健康素养提升的独特作用如何量化？

（3）研究意义：探索新媒体与体验式教学模式的融合路径，增强心理健康教育的实效性。

3. 新媒体环境下大学生心理健康预防机制的构建与优化

（1）问题背景：现有心理健康预防机制难以适应新媒体时代动态化、隐蔽化的心理问题特征。

（2）研究问题：

- 如何利用大数据和人工智能技术构建实时心理健康预警系统？
- 如何通过新媒体平台实现学校、家庭与社会资源的协同干预？

（3）研究意义：提升心理健康问题的早期识别与多主体协同干预能力。

4. 基于个体差异的新媒体时代大学生心理健康教育策略研究

（1）问题背景：现有研究缺乏对个体差异（如性格特质、数字素养）的针对性分析。

（2）研究问题：

- 不同性格类型（如内向型、外向型）大学生对新媒体心理健康教育的需求差异如何？
- 如何通过用户画像技术实现个性化心理健康教育内容推送？

（3）研究意义：推动心理健康教育从普适性向精准化转型。

5. 新媒体对大学生心理健康动态影响的长期追踪研究

（1）问题背景：新媒体影响与心理健康状态均具有动态演变特征，但缺乏纵向研究证据。

（2）研究问题：

- 新媒体使用强度、内容偏好与心理健康状态的时序关联模式如何？
- 如何建立跨学期/学年的追踪研究数据库与分析方法？

（3）研究意义：为动态调整心理健康教育策略提供科学依据。

通过上述步骤，DeepSeek已提供多个具体的研究方向。基于此，我们可使用前文确定论文选题提示词模板，进一步利用DeepSeek生成具体的论文选题。

11.3 研究框架：AI工具助你完整梳理选题逻辑

经过前序步骤，研究者如同掌握罗盘，已明确研究方向的指引。然而，如何确保研究过程始终聚焦核心、最终达成目标？问题的关键在于构建坚实的研究框架。研究框架是论文的骨架，承载着研究逻辑、方法论与结论的内在关联。

借助AI工具，可系统梳理研究思路，精准锚定论文核心要素（如研究问题、理论依据、研究方法与数据）。这一过程不仅能提升研究设计的科学性，更能为后续论文论证的严密性与说服力奠定基础。

我们可以依据论文框架要求生成提示词模板。

> **提示词模板：**
>
> 请你扮演"论文框架构建专家"，针对××研究选题构建科学严谨且具备创新性、实用性的论文框架。具体要求如下。
>
> 1.确保框架构建过程符合学术规范，充分体现该领域研究的创新性与实用性。
>
> 2.保证章节内容紧密衔接，逻辑顺序合理，有效支撑研究目标。
>
> 3.明确各章节关键内容（核心概念、主要观点及论据），确保论文连贯性与一致性。
>
> 选题内容如下：××

我们将之前生成的选题"新媒体环境下大学生心理健康预防机制的构建与优化"导入提示词模板，向 DeepSeek 提问。

> **向 DeepSeek 提问：**
>
> 请你扮演"论文框架构建专家"，针对【大学生心理健康】研究选题构建科学严谨且具备创新性、实用性的论文框架。具体要求如下。
>
> 1.确保框架构建过程符合学术规范，充分体现该领域研究的创新性与实用性。
>
> 2.保证章节内容紧密衔接，逻辑顺序合理，有效支撑研究目标。
>
> 3.明确各章节关键内容（核心概念、主要观点及论据），确保论文连贯性与一致性。
>
> 选题内容如下。
>
> 新媒体环境下大学生心理健康预防机制的构建与优化

(1)问题背景：文献指出新媒体时代大学生心理健康教育的预防机制不健全，难以及时发现和解决学生的心理问题。

(2)研究问题：如何利用新媒体技术构建更为高效、灵敏的心理健康预防机制？如何整合学校、家庭和社会资源，形成协同预防合力？如何评估和优化预防机制的效果？

(3)研究意义：本研究有助于构建适应新媒体时代的心理健康预防机制，提升大学生心理健康问题的早期识别能力和及时干预效能。

DeepSeek回答：

新媒体环境下大学生心理健康预防机制的构建与优化

摘要

(1)概述新媒体环境下大学生心理健康问题的现状与挑战。

(2)提出研究问题：构建与优化心理健康预防机制。

(3)概述研究目的、方法及主要发现。

第一章　引言

(1)背景介绍：阐述新媒体时代的特征及其对大学生生活方式和心理状态的影响。

(2)问题提出：基于文献综述，指出当前大学生心理健康预防机制存在的不足。

(3)研究意义：阐明研究对提升大学生心理健康水平的重要性。

(4)研究目的与问题：明确研究旨在构建和优化新媒体环境下的心理健康预防机制，并探讨其效果评估方法。

第二章　文献综述

(1)新媒体与心理健康：综述新媒体对大学生心理健康的积极与消极影响。

(2)心理健康预防机制：梳理现有心理健康预防机制的类型、特点及存在的问题。

(3)新媒体在预防机制中的应用：探讨新媒体技术在心理健康预防中的潜力与局限性。

第三章　新媒体环境下心理健康预防机制的构建

(1)理论基础：阐述构建心理健康预防机制的理论依据，如认知行为理论、社会支持理论等。

（2）机制设计：提出基于新媒体技术的心理健康预防机制框架，包括预警系统、干预措施等。

（3）技术实现：探讨大数据、人工智能等新媒体技术在预防机制中的应用路径。

第四章 资源整合与协同预防

（1）学校资源：分析学校在心理健康预防中的职能及资源整合策略。

（2）家庭资源：探究家庭在心理健康预防中的角色及家校合作模式。

（3）社会资源：研究社会机构与组织在心理健康预防中的协同作用。

（4）协同机制：构建学校、家庭、社会三位一体的心理健康协同预防网络。

第五章 预防机制的效果评估与优化

（1）评估指标：确立心理健康预防机制效果的量化指标，如问题识别率、干预成功率等。

（2）评估方法：采用问卷调查、深度访谈、案例研究等多元方法。

（3）数据分析：运用统计学方法对数据进行处理与分析。

（4）优化策略：结合评估结果，提出技术升级、流程优化等改进建议。

第六章 结论与展望

（1）研究总结：归纳研究的主要发现与结论。

（2）创新点：提炼研究创新，如新媒体技术应用、协同预防模式等。

（3）未来展望：展望新媒体环境下大学生心理健康预防机制的发展方向。

参考文献

按学术规范列出所有引用文献，确保格式统一。

附录

包含调查问卷、访谈提纲、数据统计表等补充材料。

由 DeepSeek 生成的回复可以看到，DeepSeek 在梳理论文框架方面展现出极高的效率并发挥重要作用。它能够快速整合信息、分析结构，帮助研究者构建科学严谨、创新性强且实用性高的框架，从而大幅提高论文撰写的效率和质量。

11.4 结构扩充：AI 工具助你完整表达写作思路

论文写作是一项严谨而系统的工程，其标准结构应包含标题、摘要、引言、正文（方法、结果与讨论）等核心部分。通过 AI 工具的辅助，研究者可快速梳理前期工作成果（如研究问题、方向选择、文献综述及论文框架），并将其高效转化为文字表述。这种方法能确保各部分内容紧密衔接、逻辑自洽，最终形成完整的学术论文。

论文写作过程看似复杂，但只要善用 AI 工具，将研究内容与论文结构有机结合，并通过精准提示优化表达，研究者便能高效完成高质量的学术论文。

我们以论文写作的核心部分为例，将写作流程进行拆解，具体步骤如图 11-6 所示。

标题拟定 → 摘要生成 → 引言梳理 → 提纲扩写 → 语言润色

图 11-6　论文写作的具体步骤

1. 标题拟定

优秀的标题应具备瞬间吸引读者注意力和快速传达文章核心的双重功能。标题需通过最简练的文字向读者明确三个关键信息：研究对象、研究问题以及解决方案。具体而言，应准确传达文章发现了什么问题，并提出了怎样的解决方法。

根据以上要求，我们生成标题拟定的提示词模板。

> **标题拟定提示词模板：**
>
> 　　请你扮演论文标题拟定助手，你的核心能力在于精准分析论文内容，提炼核心问题与解决方案，拟定吸引眼球的标题。请运用你的分析能力，拟定 ×× 个既简明扼要又能准确反映论文主旨的标题，标题既要包含研究对象、研究问题，又要暗示解决方案。具体要求如下。

1. 标题需要明确研究聚焦的具体对象或领域，如某种技术、现象或群体等。
　　2. 标题必须基于研究和分析，准确识别该对象或领域中存在的关键问题或挑战，确保这个问题是可以通过研究来解答的。
　　3. 标题包含针对研究对象、研究问题所采用的解决方案或研究方法，强调其创新性和实用性。
　　相关信息如下：××

我们将相关信息导入提示词模板后，向 DeepSeek 提问。

向 DeepSeek 提问：

　　请你扮演论文标题拟定助手，你的核心能力在于精准分析论文内容，提炼核心问题与解决方案，拟定吸引眼球的标题。请运用你的分析能力，拟定三个既简明扼要又能准确反映论文主旨的标题，标题既要包含研究对象、研究问题，又要暗示解决方案。具体要求如下。
　　1. 标题需要明确研究聚焦的具体对象或领域，如某种技术、现象或群体等。
　　2. 标题必须基于研究和分析，准确识别该对象或领域中存在的关键问题或挑战，确保这个问题是可以通过研究来解答的。
　　3. 标题包含针对研究对象、研究问题所采用的解决方案或研究方法，强调其创新性和实用性。
　　相关信息如下。
　　新媒体环境下大学生心理健康预防机制的构建与优化
　　（1）问题背景：文献指出新媒体时代大学生心理健康教育的预防机制不健全，难以及时发现和解决学生的心理问题。
　　（2）研究问题：如何利用新媒体技术构建更为高效、灵敏的心理健康预防机制？如何整合学校、家庭和社会资源，形成协同预防合力？如何评估和优化预防机制的效果？
　　（3）研究意义：本研究有助于构建适应新媒体时代的心理健康预防机制，提升大学生心理健康问题的早期识别能力和及时干预效能。
　　（略）

> **DeepSeek 回答:**
> 1. 新媒体技术赋能：大学生心理健康预防机制重构与优化策略。
> 2. 协同新媒体：大学生心理健康预防机制的全面构建与评估优化。
> 3. 新媒体视角下的创新路径：大学生心理健康预防机制构建与资源整合。

可以看到，通过 AI 工具优化后的标题精准地捕捉了新媒体环境下大学生心理健康预防机制构建与优化的核心议题。该议题既凸显了新媒体技术的应用，又强调了机制构建、资源整合与效果评估的重要性，具有鲜明的时代特征和实践导向，能够吸引相关领域研究者的关注。

2. 摘要生成

好的摘要能迅速吸引读者的注意力，帮助其快速了解文章核心内容。因此，摘要需用简明扼要的文字向读者阐明所研究的问题及其解决方案。一个规范的摘要应包含研究对象、研究问题和解决方案三个核心要素。

根据以上要求，我们生成摘要提示词模板。

> **摘要生成提示词模板:**
> 请你扮演智能论文摘要生成助手，你的核心能力在于深入理解论文内容，精准提炼关键信息，生成结构清晰、描述准确的摘要。请运用你的文本分析和信息提炼能力，生成一个包含问题描述、原因分析及解决方案的摘要。具体要求如下。
> 1. 明确论文主要探讨的问题。
> 2. 分析并总结导致该问题产生的主要原因或背景因素。
> 3. 包含提出的解决方案或建议及其带来的预期效果或影响。
> 4. 字数要求：××字以内。
> 相关信息如下：××

接着，我们将之前获取的论文选题、框架等要素作为相关信息导入提示词模板，向 DeepSeek 提问。

> **向 DeepSeek 提问:**
> 请你扮演智能论文摘要生成助手，你的核心能力在于深入理解论文内容，

精准提炼关键信息,生成结构清晰、描述准确的摘要。请运用你的文本分析和信息提炼能力,生成一个包含问题描述、原因分析及解决方案的摘要。具体要求如下:

1. 明确论文主要探讨的问题。
2. 分析并总结导致该问题产生的主要原因或背景因素。
3. 包含提出的解决方案或建议及其带来的预期效果或影响。
4. 字数要求:300字以内。

相关信息如下。
(之前获取的论文选题、框架等要素作为相关信息)

❤ DeepSeek回答:

本文聚焦于新媒体环境下大学生心理健康预防机制的构建与优化。当前,新媒体的迅猛发展对大学生的生活方式和心理状态产生了深远影响,但现有心理健康预防机制存在不足,难以及时有效地发现和解决学生的心理问题。

针对这一现状,本文提出利用新媒体技术构建更高效、精准的心理健康预防机制,通过整合学校、家庭和社会资源形成协同预防体系。通过设计基于新媒体技术的预防机制框架,包括预警系统和干预措施,结合大数据、人工智能等技术实现机制功能,最终提供具体的解决方案。

(略)

我们借助AI工具生成的摘要精炼、准确地概括了论文的核心内容,明确指出了新媒体环境下大学生心理健康预防机制构建与优化的问题背景、原因分析及解决方案。该摘要结构清晰、信息全面,具有较强的概括性和实用性,能够很好地帮助读者快速了解论文的主旨和研究重点。

3. 引言梳理

在学术写作中,一个有效的引言是论文成功的基石。它不仅为读者呈现研究的整体框架,还能激发其对正文内容的阅读兴趣。精心构思的引言应当系统展示研究背景、研究问题、文献综述、问题成因与来源、深入的问题分析及可能的解决方案。

可以说,引言是正文的引导性版本,正文是引言的完整展开,两者在要素构成上具有完整性,仅存在表述方式和详略程度的差异。因此,将论文的七大要素各浓缩为一句话并进行组合，即可形成引言的基本框架。

- 标题阐释：揭示标题蕴含的具体研究内涵，帮助读者快速把握研究主题。
  - 研究背景：阐明研究对象及其产生的时代背景与社会环境。
  - 研究问题：指出现有研究中存在的具体问题。
  - 文献综述：评述既有研究的局限性。
  - 研究主题：说明本研究相较既往研究的差异性及创新性。
  - 研究思路：阐述解决问题的逻辑路径与技术路线。
  - 研究意义：明确研究的理论价值与实践应用价值。

根据以上要求，我们生成提示词模板。

> **引言梳理提示词模板：**
>
> 请你作为专业论文引言撰写助手，充分发挥学术撰写能力，全面、精准地完成论文引言撰写。具体要求如下。
> 1. 对标题进行解读，阐明其研究内涵，使读者快速把握核心议题与主旨。
> 2. 交代研究对象特征及其所处的社会或时代背景。
> 3. 指出研究对象当前面临的具象问题。
> 4. 文献综述分析，明确既有研究的局限性。
> 5. 阐述本文研究相较于已有成果的差异性创新点。
> 6. 揭示研究思路，包含研究方法、技术路径与实施步骤。
> 7. 阐明研究的学术价值与社会应用价值。
> 8. 字数要求：××字以内。
>
> 相关信息如下：××

同样地，我们将前面获取的信息导入提示词模板，继续向DeepSeek提问。

> **向DeepSeek提问：**
>
> 请你作为专业论文引言撰写助手，充分发挥学术撰写能力，全面、精准地完成论文引言撰写。具体要求如下。
> 1. 对标题进行解读，阐明其研究内涵，使读者快速把握核心议题与主旨。

2. 交代研究对象特征及其所处的社会或时代背景。
3. 指出研究对象当前面临的具象问题。
4. 文献综述分析，明确既有研究的局限性。
5. 阐述本文研究相较于已有成果的差异性创新点。
6. 揭示研究思路，包含研究方法、技术路径与实施步骤。
7. 阐明研究的学术价值与社会应用价值。
8. 字数要求：××字以内。
相关信息如下。
（将大学生心理健康的论文选题、摘要、框架等要素作为相关信息）

DeepSeek回答：

本文标题"新媒体环境下大学生心理健康预防机制的构建与优化"明确界定了研究的双重核心：其一，新媒体环境特征；其二，大学生心理健康预防机制的体系化建构与效能优化。

在新媒体时代，大学生的生活方式和心理状态均受到多维影响，而现行心理健康预防机制存在响应滞后、覆盖面不足等问题，难以及时有效地识别与干预学生心理问题。通过文献梳理发现，现有研究虽已关注新媒体与心理健康的关联性及预防机制的局部应用，但仍存在系统性建构缺失、动态评估体系不完善等局限。

相较于既有研究，本文的创新价值体现于两个维度：其一，构建了基于新媒体技术赋能的"监测—预警—干预"三维预防机制框架；其二，通过搭建家校社协同育人平台，形成了多主体联动的心理健康防护网络。研究方法层面，采用混合研究方法，通过问卷调查、深度访谈与典型案例分析的三重验证，建立预防机制的量化评估模型，并据此提出针对性优化路径。本研究不仅为新媒体时代的心理健康工作提供理论范式，更通过提升心理问题的早期识别率和精准干预度，彰显实践应用价值。

可以发现，AI工具能够为研究者快速、精练地概括论文的研究背景、目的、方法及意义。其通过结构化表述，清晰阐明新媒体环境下大学生心理健康预防机制构建与优化的重要性，同时准确指出当前研究存在的不足及本文的创新点。

4. 提纲扩写

在论文撰写过程中，确保内容的深度与广度、保持结构清晰与逻辑连贯，往往是研究者面临的主要挑战。通过前期实践可见，AI 工具能够基于论文提纲分析，构建出层级分明、逻辑严谨的文章框架，使庞杂的研究信息得以系统化呈现。

借助 AI 工具进行论文扩写时，系统可精准适配特定学科领域的语言风格与学术规范，根据研究思路生成既符合学术要求又具备理论深度的文本内容，从而显著提升论文写作效率。

> **提纲扩写提示词模板：**
>
> 请你扮演论文撰写助手，你的核心能力是根据论文提纲的特定部分，高效生成结构清晰、内容充实的文章。请充分发挥你在文本生成、逻辑构建和深度挖掘方面的优势，帮我完成论文 ×× 部分（如引言、文献综述、研究方法等）的撰写，同时确保这部分内容严格遵循提纲的要求，展现出深度和广度。具体要求如下。
>
> 1. 提纲解析与聚焦：请仔细分析论文提纲的 ×× 部分，明确该部分的核心主题、要点及与其他部分的逻辑关系。确保生成的内容紧密围绕提纲要求，不偏离主题。
>
> 2. 内容深度与广度：在生成论文片段时，请注重内容的深度和广度。通过挖掘相关文献、案例或数据，提供有力的论据和支撑，使论文片段内容充实且有说服力。
>
> 3. 结构清晰与逻辑连贯：确保生成的论文片段结构清晰，逻辑连贯。
>
> 4. 语言风格与学术规范：根据论文的类型和目的，选择合适的语言风格，确保语言准确、流畅，符合学术规范或特定领域的要求。同时，注意避免抄袭和引用不当的问题。
>
> 5. 字数要求：×× 字以内。
>
> 相关信息如下。
>
> 1. 需要撰写的部分：××
>
> 2. 论文提纲：
>
> （导入前面生成的论文框架）

我们继续将论文框架等相关信息作为资料输入给DeepSeek,然后导入提示词模板,以此生成我们需要的结构。

> **向DeepSeek提问:**
>
> 请你扮演论文撰写助手,你的核心能力是根据论文提纲的特定部分,高效生成结构清晰、内容充实的文章。请充分发挥你在文本生成、逻辑构建和深度挖掘方面的优势,帮我完成论文【评估指标:设定评估心理健康预防机制效果的量化指标,如问题识别率、干预成功率等】的撰写,同时确保该部分内容严格遵循提纲的要求,展现出深度和广度。具体要求如下:
>
> 1. 提纲解析与聚焦:请仔细分析论文提纲的【评估指标】部分,明确该部分的核心主题、要点及与其他部分的逻辑关系。确保生成的内容紧密围绕提纲要求,不偏离主题。
>
> 2. 内容深度与广度:在生成论文片段时,请注重内容的深度和广度。通过挖掘相关文献、案例或数据,提供有力的论据和支撑,使论文片段内容充实且有说服力。
>
> 3. 结构清晰与逻辑连贯:确保生成的论文片段结构清晰,逻辑连贯。
>
> 4. 语言风格与学术规范:根据论文的类型和目的,选择合适的语言风格,确保语言准确、流畅,符合学术规范或特定领域的要求。同时,注意避免抄袭和引用不当的问题。
>
> 5. 字数要求:500字以内。
>
> 相关信息如下。
>
> 1. 需要撰写的部分:
>
> 【评估指标:设定评估心理健康预防机制效果的量化指标,如问题识别率、干预成功率等】
>
> 2. 论文提纲:
>
> (导入前面生成的论文框架)

DeepSeek回答:

在评估心理健康预防机制的效果时,设定量化指标是至关重要的一环。本文提出的评估指标主要包括问题识别率和干预成功率。

问题识别率是指通过新媒体技术监测和识别大学生心理问题的能力，这一指标能够直观反映预防机制在发现心理问题方面的敏锐度和有效性。为了提高问题识别率，我们可以利用大数据和人工智能技术，对大学生的网络行为、言论和情感进行深度分析，从而及时发现他们潜在的心理问题。

干预成功率是指针对已识别的心理问题，采取干预措施后成功解决问题的比例。这一指标不仅衡量了预防机制在问题解决方面的能力，也反映了干预措施的针对性和有效性。为了提高干预成功率，我们需要制订科学合理的干预方案，并结合新媒体技术实施个性化干预，以确保每位学生都能得到及时有效的帮助。

在设定这些评估指标时，需充分考虑新媒体环境下大学生心理健康问题的复杂性和多样性。通过量化评估，我们可以更加客观地了解预防机制的实际效果，为后续的优化和改进提供有力依据。同时，这些指标也有助于我们比较不同预防机制之间的优劣，从而推动大学生心理健康预防工作的不断发展。

AI工具的研究结论紧密围绕论文提纲要求，清晰设定了评估心理健康预防机制效果的量化指标（如问题识别率与干预成功率），系统阐释了这些指标的理论意义及优化策略，完全符合研究在内容架构、逻辑层次和语言表述方面的基础要求。接下来，我们将通过语言润色环节，进一步提升论文的学术规范性与论证说服力。

5. 语言润色

在论文修改过程中，研究者常面临双重挑战。例如，如何在保持原文核心观点的基础上提升表达质量？如何确保修订后的文本既符合学术规范又具备良好的可读性？这些技术难题往往成为制约论文质量的关键因素。

通过合理运用AI工具，我们可以对论文语言表达进行系统性优化，在保持学术严谨性的前提下，通过句式调整、术语规范、逻辑衔接等精细化修改，显著提升文本的可读性与表述准确性，使研究成果得到更有效的学术传播。

基于以上要求，我们将进行论文语言润色，并形成论文语言润色提示词模板。

🔟 **语言润色提示词模板：**

请你扮演论文润色专家，你的核心能力是对论文进行精细打磨，提升论文的语言表达、逻辑结构和学术价值。请充分发挥你在语言处理、逻辑分析和学术规范方面的优势，对提供的××论文进行系统优化。具体要求如下：

1.语言表达优化：全面审查论文语言表达的规范性，重点诊断语法准确性、拼写标准及标点使用合规性。针对语言冗余、句式杂糅等典型问题，提出具体修改方案（如学术术语标准化、复合句结构调整、口语化表述转换等），确保论文的严谨性与专业性。

2.逻辑结构优化：系统诊断论文的宏观架构（章节布局）与微观逻辑（段落关系），着重优化论证链条的完整性。针对论点支撑不足、过渡衔接生硬等问题，提出改进建议（如增补因果关联词、重构主题句、构建论证示意图等），增强论证说服力与行文流畅度。

3.学术价值提升：在润色过程中应着重提升学术创新性，通过挖掘××文献、××论据或引入××学者的新观点，拓展研究的理论深度与学科交叉性。同步核查文献引用格式，严格遵循学术伦理规范，杜绝抄袭及引用失范现象。

需要润色的论文如下：××

需要引入的论据或观点如下：××

接下来，我们扩写"提纲扩写"小节中关于论文【评估指标：设定评估心理健康预防机制效果的量化指标，如问题识别率、干预成功率等】这部分的文字。我们将相关的内容导入语言润色提示词模板，向 DeepSeek 提问。

🔟 **向 DeepSeek 提问：**

请你扮演论文润色专家，你的核心能力是对论文进行精细打磨，提升论文的语言表达、逻辑结构和学术价值。请充分发挥你在语言处理、逻辑分析和学术规范方面的优势，对提供的【评估指标：设定评估心理健康预防机制效果的量化指标，如问题识别率、干预成功率等】部分进行系统优化。具体要求如下：

1.语言表达优化：全面审查论文语言表达的规范性，重点诊断语法准确性、拼写标准及标点使用合规性。针对语言冗余、句式杂糅等典型问题，提出具体修改方案（如学术术语标准化、复合句结构调整、口语化表述转换等），确保论文的严谨性与专业性。

2.逻辑结构优化：系统诊断论文的宏观架构（章节布局）与微观逻辑（段落关系），着重优化论证链条的完整性。针对论点支撑不足、过渡衔接生硬等问题，提出改进建议（如增补因果关联词、重构主题句、构建论证示意图等），增强论证说服力与行文流畅度。

3.学术价值提升：在润色过程中应着重提升学术创新性，通过挖掘与【评估指标：设定评估心理健康预防机制效果的量化指标，如问题识别率、干预成功率等】相关的论据或引入新观点，拓展研究的理论深度与学科交叉性。同步核查文献引用格式，严格遵循学术伦理规范，杜绝抄袭及引用失范现象。

需要润色的论文如下。

在评估心理健康预防机制的效果时，设定量化指标是至关重要的一环。本文提出的评估指标主要包括问题识别率和干预成功率。问题识别率是指通过新媒体技术监测和识别大学生心理问题的能力，这一指标能够直观反映预防机制在发现心理问题方面的敏锐度和有效性。为了提高问题识别率，我们可以利用大数据和人工智能技术，对大学生的网络行为、言论和情感进行深度分析，从而及时发现他们潜在的心理问题。

（略）

需要引入的论据或观点如下。

不同心理健康问题的症状表现存在显著差异，这直接影响临床识别准确率。例如：抑郁症患者的躯体化症状和情感淡漠特征易被忽视或误诊；焦虑症的生理症状常被误判为躯体疾病，其心理症状因隐匿性更难被察觉；强迫症的外显强迫行为可能被误认为行为异常，而内隐强迫思维则存在识别困难；对立违抗障碍的对抗性行为易被简单归因为品行问题或与其他行为障碍混淆。

在评估心理健康预防机制效果时，需设定科学量化指标，其中问题识别率与干预成功率最为关键。问题识别率可通过新媒体技术筛查大学生心理问题的准确率来体现，反映预防机制在早期发现方面具有敏感性与时效性；干预成功率则用于评估预防机制的问题解决能力，同时检验干预方案的专业适配性与实施有效性。

❤ DeepSeek回答：

在评估心理健康预防机制的效果时，设定量化指标是不可或缺的关键环节。本文系统构建了评估体系，其核心指标涵盖问题识别率与干预成功率，旨在全面、客观地衡量预防机制的有效性。

问题识别率作为评估预防机制敏锐度和有效性的核心指标，具体指通过新媒体技术对大学生心理问题进行监测和识别的准确率。这一指标直接反映预防机制发现心理问题的能力。考虑到不同心理健康问题的临床表现存在显著差异（例如：抑郁症的躯体化症状和情感淡漠易被忽视或误诊；焦虑症的生理症状可能被误判为躯体疾病，而其心理症状具有隐匿性；强迫症的仪式化行为易被误解为个人怪癖，侵入性思维更难被察觉；对立违抗性障碍的行为特征易与品行问题混淆），在提升问题识别率的过程中，需充分运用大数据与人工智能技术，对大学生网络行为模式、语言特征及情绪波动进行多维分析，以实现潜在心理问题的早期发现与精准识别。

干预成功率是评估预防机制解决问题能力的直接指标，指针对已识别心理问题采取干预措施后取得预期效果的比例。这一指标不仅反映预防机制的处置能力，更体现干预策略的科学性与有效性。为提高干预成功率，需制订循证支持的干预方案，有效整合新媒体技术实施个性化干预，确保大学生获得及时且专业的心理支持。

在设定评估指标时，我们充分考量了新媒体环境下大学生心理健康问题的复杂性与多样性特征。通过量化评估，能够客观准确地评估预防机制的实际效能，为后续优化改进提供数据支撑。同时，这些指标有助于横向比较不同预防机制的效能差异，从而推动大学生心理健康预防工作的持续发展。

相较于原文，经AI工具润色后的论文在语言优化方面呈现出显著提升：表达更为精准流畅，专业术语使用规范，有效消除原文中存在的冗余表述，使论文的可读性明显增强；在逻辑结构层面，通过调整段落衔接与论证顺序，实现论点与论据的有机统一，强化了论证的严谨性与说服力。同时，该功能通过导入具体的证据和观点，深入挖掘了不同心理健康问题对问题识别率的影响，并强调了制订科学合理干预方案的重要性，既规避了AI工具生成内容常见的空泛化倾向，又增强了论文的学术深度与实践价值。

第12章

巧用 DeepSeek 助力教师成长与发展

凌晨两点还在修改思政微课PPT，周末被五千字年终总结"钉"在电脑前，成堆的论文批改到眼花……这些真实的工作场景，构成了教师专业成长的"磨刀石"。教师并非缺乏成长的动力，而是被困在事务性工作的"荆棘丛"中，抬头时已看不清职业发展的方向。

AI技术正悄然改变这场"突围战"的规则：用3分钟生成大赛级PPT的智能框架，让"七一"演讲的感染力以数据化形式呈现，把三天的备课量压缩到一顿午餐的时间。本章拆解的多个实战场景，从邮件沟通的语义优化到论文赋分的智能校准，揭示AI工具如何将机械劳动转化为专业跃迁的"燃料"。

当工具理性与教育智慧共振，我们终将在迭代的浪潮中锚定自己的进化坐标。

12.1 高效备课，快速搭建课程框架并提炼课程内容

对于教师而言，面对繁杂的学生事务和多变的思政教育环境，既要紧跟时事热点，又要贴合学生实际；既要深入研究理论，又要做到浅出讲解。这些都对教师的综合素质提出了较高要求，如何高效备课成为摆

在大多数教师面前的一大挑战。

在教学设计环节,课程框架构建与内容提炼是一个复杂而细致的过程,需要充分考虑教学目标、学生特点、教学方法等多个因素。借助 AI 工具构建科学的教学安排并生成丰富的教学内容提示词,可以提升教师工作的有效性和针对性。

针对以上情况,我们整合成提示词模板。

> **提示词模板:**
>
> 你是一位经验丰富的高效课程规划师,专注于辅助教师制订高效的教学计划。请针对××专业的学生,制订一份包含明确教学目标、丰富教学内容、合理教学进度、多样教学方法及科学评估方式的××课程教学计划。具体要求如下。
>
> 1. 请明确××课程的核心教学目标,包括学生应掌握的关键知识点、技能及价值观的培养。确保目标既符合专业培养要求,又具备可操作性。
>
> 2. 根据教学目标,详细规划教学内容,包括各章节/单元的主题、重点、难点及拓展知识。确保内容体系完整且有深度,能够满足不同层次学生的学习需求。
>
> 3. 本次课程共××学时,分为××章,请结合总时长和教学内容,合理安排各章节的教学时间,并设置关键教学节点(如阶段测试、项目提交等),以便及时检验教学效果。
>
> 4. 制订教学计划时,需充分考虑××专业学生的学情特征,包括学习风格、知识基础及可能面临的挑战。建议设计分层教学策略,如设置梯度学习任务、采用多元化教学方法等。
>
> 5. 请根据教学内容和学情分析,灵活选用讲授法、讨论法、案例分析法等教学方法。同时,融合现代教育技术(如多媒体教学、在线互动平台等),提升课堂参与度和教学效果。
>
> 6. 设计多维度的评估体系,包含作业、测试、项目报告、课堂展示等形式。确保评估方式既能客观反映学习成效,又能激发学生学习动力。

接下来,我们通过【网络与新媒体】专业的【职业生涯规划】课程案例展示。

> **向 DeepSeek 提问：**
>
> 　　你是一位经验丰富的高效课程规划师，专注于辅助教师制订高效的教学计划。请针对【网络与新媒体】专业的学生，制订一份包含明确教学目标、丰富教学内容、合理教学进度、多样教学方法及科学评估方式的【职业生涯规划】课程教学计划。具体要求如下。
>
> 　　1.请明确【职业生涯规划】课程的核心教学目标，包括学生应掌握的关键知识点、技能及价值观的培养。确保目标既符合专业培养要求，又具备可操作性。
>
> 　　2.根据教学目标，详细规划教学内容，包括各章节/单元的主题、重点、难点及拓展知识。确保内容体系完整且有深度，能够满足不同层次学生的学习需求。
>
> 　　3.本次课程共【32】学时，分为【10】章，请结合总时长和教学内容，合理安排各章节的教学时间，并设置关键教学节点（如阶段测试、项目提交等），以便及时检验教学效果。
>
> 　　4.制订教学计划时，需充分考虑【网络与新媒体】专业学生的学情特征，包括学习风格、知识基础及可能面临的挑战。建议设计分层教学策略，如设置梯度学习任务、采用多元化教学方法等。
>
> 　　5.请根据教学内容和学情分析，灵活选用讲授法、讨论法、案例分析法等教学方法。同时，融合现代教育技术（如多媒体教学、在线互动平台等），提升课堂参与度和教学效果。
>
> 　　6.设计多维度的评估体系，包含作业、测试、项目报告、课堂展示等形式。确保评估方式既能客观反映学习成效，又能激发学生学习动力。

> **DeepSeek 回答：**
>
> 　　　　　　网络与新媒体专业"职业生涯规划"课程教学计划
> 　　一、核心教学目标
> 　　针对网络与新媒体专业的学生，本课程旨在全面提升学生的职业生涯规划能力，具体目标如下。
> 　　1.知识掌握：使学生深入理解职业生涯规划的基本理论、方法和步骤，

熟悉职业市场分析、个人职业定位、规划制定与实施等关键环节。

2. 技能提升：培养学生的自我评估、职业信息搜集与分析、职业决策与调整等核心技能，强化在网络与新媒体领域的应用。

3. 态度与价值观：引导学生树立积极的职业观与就业观，培养勇于探索、主动适应变化的职业态度，建立持续学习与终身发展的理念。

二、教学内容规划

本课程共设10章，内容贴合网络与新媒体专业需求，具体安排如下。

1. 职业生涯规划概述：介绍职业生涯规划的基本概念、重要性及规划流程。

2. 自我评估与职业兴趣：通过测评工具和活动，帮助学生进行自我认知，明确职业兴趣与个人优势。

3. 职业世界探索：深入分析网络与新媒体行业的现状、发展趋势、职业机会与挑战。

4. 职业定位与目标设定：结合个人特点和行业分析，引导学生科学设定职业目标。

5. 职业规划制定：详细讲解职业规划的制定方法，包括短期目标和长期目标的设定、实施路径等。

6. 职业技能提升：针对专业需求，解析数字内容创作、社交媒体运营等必备技能及提升途径。

7. 求职策略与技巧：分享求职策略、技巧及如何利用网络平台进行求职。

8. 职场适应与发展：讨论如何快速适应职场环境，以及在职场中实现个人发展和晋升。

9. 职业规划调整与反思：教授如何根据职业变化和个人发展调整职业规划，并进行职业反思。

10. 成功案例分享：邀请行业内的成功人士分享职业规划经验，为学生提供实际参考。

三、教学进度安排

本课程共32学时，教学进度科学合理，具体安排如下。

- 第1~2章：4学时（含导论、自我评估与职业兴趣）
- 第3~4章：8学时（探索职业世界、设定职业定位与目标）

- 第 5～6 章：8 学时（制定职业规划、提升职业技能）
- 第 7～8 章：6 学时（求职策略与技巧、职场适应与发展）
- 第 9～10 章：6 学时（调整与反思职业规划、分享成功案例）

关键里程碑设定：
- 期中考试：第 5 章结束后进行，检验学生对前半部分知识的掌握情况。
- 期末考试：课程结束时进行，全面评估学生的学习成果。
- 重要项目提交：第 8 章结束后，要求学生提交一份结合专业特点的个人职业规划报告。

四、教学方案与差异化教学策略

1. 通过案例分析、小组讨论、角色扮演等多样化的教学方法，激发学生的学习兴趣。

2. 设计差异化的教学任务，为不同职业规划方向的学生提供定制化的学习资源与指导，满足学生的个性化需求。

3. 利用在线互动平台，促进学生之间的交流与合作，营造积极的学习氛围。

五、教学方法与技术应用

1. 讲授法：系统讲解职业生涯规划的基本理论与方法。

2. 讨论法：组织小组讨论，分享职业探索心得与职业规划思路，增进学生间的互动。

3. 案例分析法：分析行业内的成功案例，为学生提供实际参考和借鉴。

4. 现代教育技术：充分利用多媒体教学工具、在线互动平台、虚拟实验室等增强学生的实践能力和职场适应性。

六、评估方式设计

1. 作业：布置与职业规划相关的作业，如自我评估报告、职业调研报告等，检验学生的知识掌握和应用能力。

2. 测试：期中与期末考试，全面评估学生对课程内容的掌握程度。

3. 项目报告：要求学生提交个人职业规划报告，评估其规划能力、实施情况及与网络与新媒体专业的结合度。

4. 口头展示：组织学生进行职业规划展示，锻炼其表达能力、自信心及职业规划的清晰度。

通过以上教学计划的实施，帮助学生全面掌握职业生涯规划的知识与技能，为其职业发展奠定坚实基础，提升职场竞争力。

该课程教学计划针对网络与新媒体专业的学生，系统规划了"职业生涯规划"课程的核心教学目标、教学内容、教学进度安排、教学方案与差异化教学策略等。其结构布局合理，课程脉络清晰，符合教学大纲预期要求。

12.2 作业批改："形势与政策"课程论文给分不用愁

在日常教学中，"形势与政策"课程承担着"时事导航仪"的重要功能。该课程不仅引导学生深度把握国内外形势发展动态，更注重培养学生的政策解析能力和批判性思维。论文作为该课程的主要考核方式，其评价标准的把握始终是教学难点。教师在批改论文时，不应局限于分数评定，而应扮演学业指导者角色，既需准确指出问题症结，也要提供具体的改进建议。

借助AI工具，可快速完成论文结构分析、内容评估与质量反馈，有效促进学生深化思考维度、拓展研究视角。通过人机协同的评阅模式，学生不仅能掌握理论知识，更能提升学术实践能力，切实达成"形势与政策"课程"知行合一"的教学目标。

论文批改应着重考察内容质量、分析深度、逻辑架构、语言规范及创新价值五个维度。基于上述评价标准，我们已将其转化为可操作的提示词模板系统。

> **提示词模板：**
>
> 请你扮演论文批改指导专家，专注于辅助学生提升××课程论文质量，助力其学术成长。请运用专业批改能力，对以下××论文进行深入分析，确保论文在内容把关、分析深度、逻辑结构、语言和创新思考等方面符合课程要求。

同时，提供具体、有针对性的反馈和建议，帮助学生明确改进方向。具体要求如下。

1. 内容把关：审查论文内容与课程主题的相关性及信息准确性，对偏离主题或存在错误的内容，需明确指出并给予正确引导。

2. 分析深度：评估学生对课程内容的理解深度，对浅层分析或缺乏深度的论述，应引导学生深入挖掘并提出更具洞见的观点。

3. 逻辑结构：核查论文逻辑结构的清晰度与段落衔接的连贯性，对逻辑混乱或结构松散的情况，需提供具体修改建议。

4. 语言表达：关注语言表达的准确性与文字组织能力，对表述不清或存在语法错误的文本，应指出问题并提供改进方案。

5. 创新思考：鼓励学生展现创新性思维，对具有原创性和深度的观点应给予充分肯定。

6. 总体评分：根据上述维度综合评估，给出0～100分的总体评分。评分需客观反映论文在内容、分析深度、逻辑、语言和创新等方面的整体质量。

我们以某学生的《新时代背景下中国外交政策的挑战与机遇》这篇论文为例进行点评演示，论文如图12-1所示。

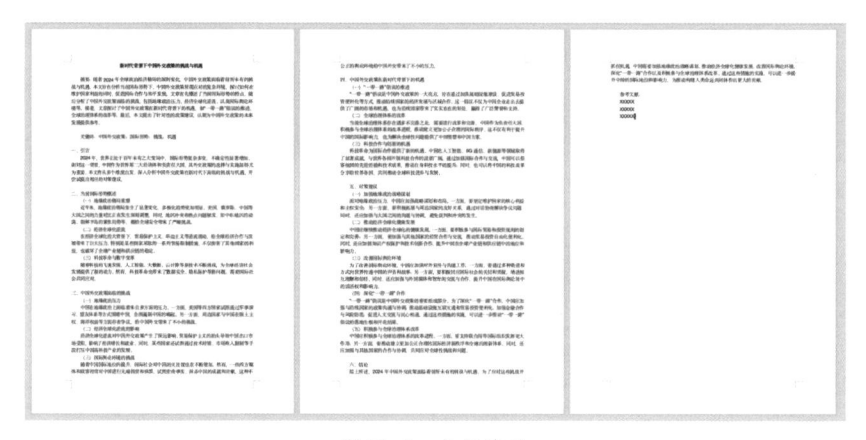

图12-1　点评演示

将论文导入提示词模板，向DeepSeek提问。

向 DeepSeek 提问：

请你扮演论文批改指导专家，专注于辅助学生提升【形势与政策】课程论文质量，助力其学术成长。请运用专业批改能力，对以下【新时代背景下中国外交政策的挑战与机遇】论文进行深入分析，确保论文在内容把关、分析深度、逻辑结构、语言表达和创新思考等方面符合课程要求。同时，提供具体、有针对性的反馈和建议，帮助学生明确改进方向。具体要求如下。

1. 内容把关：审查论文内容与课程主题的相关性及信息准确性，对偏离主题或存在错误的内容，需明确指出并给予正确引导。

2. 分析深度：评估学生对课程内容的理解深度，对浅层分析或缺乏深度的论述，应引导学生深入挖掘并提出更具洞见的观点。

3. 逻辑结构：核查论文逻辑结构的清晰度与段落衔接的连贯性，对逻辑混乱或结构松散的情况，需提供具体修改建议。

4. 语言表达：关注语言表达的准确性与文字组织能力，对表述不清或存在语法错误的文本，应指出问题并提供改进方案。

5. 创新思考：鼓励学生展现创新性思维，对具有原创性和深度的观点应给予充分肯定。

6. 总体评分：根据上述维度综合评估，给出 0～100 分的总体评分。评分需客观反映论文在内容、分析深度、逻辑深度、语言和创新等方面的整体质量。

DeepSeek 回答：

《新时代背景下中国外交政策的挑战与机遇》论文批改反馈

一、内容把关

论文内容紧密围绕新时代背景下中国外交政策的挑战与机遇展开，符合"形势与政策"课程的主题要求。文章首先概述了当前国际形势的特点，随后分析了中国外交政策面临的挑战，接着探讨了新时代背景下的机遇，并提出了针对性的政策建议。整体上，论文内容较为全面，信息表述准确，未出现偏离主题或明显事实性错误。

二、分析深度

学生在分析中国外交政策面临的挑战和机遇时，能够结合当前国际形势的特点，如地缘政治格局重塑、经济全球化逆流、科技革命与数字变革等，进行深入剖析。但在部分分析上，如地缘政治压力的具体表现、经济全球化逆流对中国外交政策的具体影响等方面，还可以进一步挖掘和细化，提出更有见地的观点。例如，可以具体阐述美国等西方国家如何通过军事演习、盟友体系等方式强化对华战略竞争，以及贸易保护主义对中国出口市场收缩、技术合作受限和高科技产业发展的具体影响等。

三、逻辑结构

论文的逻辑结构较为清晰，段落之间衔接自然。文章从引言开始，逐步展开对当前国际形势的概述、中国外交政策面临的挑战、机遇及对策建议的讨论，最后得出结论。但在部分段落内部，如"中国外交政策面临的挑战"部分，各挑战间的逻辑关系可以更明确，可以通过增加过渡句或总结句加强段落内部衔接。

四、语言表达

学生的语言表达能力和文字组织能力较强，论文整体语言流畅，表述清晰。但在部分句子中，如"这种不公正的舆论环境给中国外交带来了不小的压力"，可优化为"不公正的舆论环境加剧了中国外交压力"，以提高语言凝练度。此外，需注意避免口语化表达（如"不小的压力"），保持学术论文的严谨性。

五、创新思考

论文在探讨中国外交政策机遇时，提及"一带一路"倡议推进和全球治理体系改革，展现了一定创新性。但在对策建议部分，还可进一步探索更具前瞻性的方案。例如，可结合科技革命与数字变革背景，提出外交数字化转型的具体路径（如数字外交平台建设、人工智能在国际舆情分析中的应用等）。

六、总体评分

结合以上评估，该论文在内容、分析、逻辑、语言和创新等方面表现良好，整体质量较高。但考虑到分析深度与创新思考尚有提升空间，总体评分85分。建议学生根据反馈进一步修改完善。

AI工具能够通过快速识别论文内容框架、逻辑结构及语言表述中的问题，即时生成具体、有针对性的反馈与建议，充分展现了其在海量信息处理与实时交互方面的高效优势。同时，基于学术规范与写作标准，AI工具可对学生论文展开全维度评估，通过深度分析提出具有学术指导价值的修改建议，从而显著降低教师在论文批改环节的工作负荷。

12.3 用 AI 工具进行邮件沟通，提升效率

教师日常工作涉及多方协调，需要与学工处、教务处、招生就业处等职能部门保持高频次的沟通对接。如何实现与校内各部门的高效沟通与协同配合，是确保教师工作顺利推进的关键。掌握部门间的邮件沟通规范与技巧，是教师必备的职业素养。

通过AI工具可优化邮件表述的措辞与逻辑结构，确保信息传递的清晰度与准确性。这种智能化的沟通方式兼具效率与精准性，能有效规避传统口头沟通中可能产生的信息偏差与疏漏，从而显著提升工作协同效率。

根据以上要求，我们将邮件沟通转化为提示词模板。

> **提示词模板：**
>
> 请你扮演智能邮件沟通助手，你擅长优化邮件内容，提升撰写效率与沟通效果。请利用你的语言处理和内容优化能力，帮助教师撰写与学校××部门沟通的邮件，确保邮件内容清晰、准确、高效，以提升沟通效果。具体要求如下。
>
> 1. 根据与学校××部门的沟通目的和背景，调整邮件的语气和用词。
> 2. 在邮件中清晰、准确地传达教师的意图和要求，以便××部门能够快速理解并作出回应。
> 3. 确保邮件内容结构清晰，重点突出，避免冗长和无关的信息，以提升阅读效率。
>
> 相关信息如下：××

接下来，我们列举几个场景作为案例进行讲解。

场景一：由于特殊原因，某门课程需要调整上课时间，教师需要通知教务处并请求协助调整。

向DeepSeek提问：

请你扮演智能邮件沟通助手，你擅长优化邮件内容，提升撰写效率与沟通效果。请利用你的语言处理和内容优化能力，帮助教师撰写与学校【教务处】沟通的邮件，确保邮件内容清晰、准确、高效，以提升沟通效果。具体要求如下。

1. 根据与学校【教务处】的沟通目的和背景，调整邮件的语气和用词。

2. 在邮件中清晰、准确地传达教师的意图和要求，以便【教务处】能够快速理解并作出回应。

3. 确保邮件内容结构清晰，重点突出，避免冗长和无关的信息，以提升阅读效率。

相关信息如下。

近期××课程教师因故无法按原定时间授课，现需将该课程调整至【具体时间】。此次调整涉及××专业××班的学生。

DeepSeek回答：

关于××课程时间调整的申请与通知

尊敬的教务处领导：

您好！

我是××学院的老师××，由于××课程授课教师因故无法按原定时间授课，为了确保教学质量和学生的学习进度不受影响，我们经过慎重考虑，决定将该课程调整至【具体时间】。此次调整涉及的学生群体为××专业××班的学生。

为了确保此次课程时间调整能够顺利进行，我们需要教务处协助完成以下工作。

1. 更新课程时间表，确保新的授课时间能够准确无误地体现在学校的课程安排系统中。

2. 通知相关教师，确保他们了解课程时间的调整，并做好相应的授课准备。

3. 通过官方渠道向学生发布课程时间调整通知，确保每位学生都能及时了解到这一变化。

我们已做好教学衔接预案，相关课表调整方案及备用师资已同步抄送（见附件）。本次调整若需补充材料，请随时联系。

感谢您对教学工作的支持！

此致

敬礼！

××学院老师××

联系方式：××

日期：××

可以看到，AI生成的邮件内容清晰、准确且高效地传达了教师的意图和要求，语气恰当，用词精准，完全符合与学校教务处沟通的场景需求。邮件结构严谨，重点突出，既详细说明了课程时间调整的原因和具体安排，又明确了需要教务处协助的具体事项，同时表达了感谢和进一步沟通的意愿，有效提升了沟通效果。

场景二：某老师计划组织一场心理健康教育讲座，需要学工部提供场地和资源支持。

向 DeepSeek 提问：

请你扮演智能邮件沟通助手，你擅长优化邮件内容，提升撰写效率与沟通效果。请利用你的语言处理和内容优化能力，帮助教师撰写与学校【学工部】沟通的邮件，确保邮件内容清晰、准确、高效，以提升沟通效果。具体要求如下。

1. 根据与学校【学工部】的沟通目的和背景，调整邮件的语气和用词。

2. 在邮件中清晰、准确地传达教师的意图和要求，以便【学工部】能够快速理解并作出回应。

3. 确保邮件内容结构清晰，重点突出，避免冗长和无关的信息，以提升阅读效率。

相关信息如下。

我计划在下周组织一场以"压力管理与情绪调节"为主题的心理健康教育讲座。具体需求如下：……（列出详细需求）

💡 DeepSeek回答：

关于举办"压力管理与情绪调节"心理健康教育讲座的申请

尊敬的学工部领导：

您好！

我是××学院的老师××，特此致函申请共同举办以"压力管理与情绪调节"为主题的心理健康教育讲座。此次讲座旨在帮助学生提升压力应对与情绪调节能力，促进其心理健康。

一、讲座详情

主题：压力管理与情绪调节

时间：202×年××月××日（周××）14:00—16:00

地点：××校区××报告厅。

对象：全校学生（重点面向毕业年级及有需求学生）。

内容：包含压力源识别、情绪管理策略、正念放松训练三个模块。

二、具体申请事项

1. 场地支持：申请协调使用××报告厅（容纳200人），确认多媒体设备正常运转。

2. 宣传支持：请协助通过学工系统平台（官网/公众号/校内LED屏）发布活动公告。

3. 专家资源：恳请推荐具有心理咨询师资质的专业讲师。

4. 物资保障：需准备签到表、宣传折页及饮用水（按200人份预估）。

为确保活动顺利开展，特此申请学工部予以支持。随附初步方案供审阅，具体细节可进一步商洽。恳请于三个工作日内回复审批意见，以便推进后续工作。

如有任何垂询，请随时联系：××（电话/邮箱）

此致

敬礼！

××学院××老师

202×年××月××日

可以看到，该邮件内容清晰、准确地传达了教师的意图和要求，语气正式且友好，符合与学校学工部沟通的场景。邮件结构严谨、重点突出，详细列出了合作建议，避免了冗长和无关的信息，有助于提升阅读效率和沟通效果。

场景三：某教师了解到某企业正在招聘与本专业相关的岗位，希望招生就业处能够协助发布招聘信息并提供就业指导。

向 DeepSeek 提问：

请你扮演智能邮件沟通助手，你擅长优化邮件内容，提升撰写效率与沟通效果。请利用你的语言处理和内容优化能力，帮助教师撰写与学校【招生就业处】沟通的邮件，确保邮件内容清晰、准确、高效，以提升沟通效果。具体要求如下。

1. 根据与学校【招生就业处】的沟通目的和背景，调整邮件的语气和用词。

2. 在邮件中清晰、准确地传达教师的意图和要求，以便【招生就业处】能够快速理解并作出回应。

3. 确保邮件内容结构清晰，重点突出，避免冗长和无关的信息，以提升阅读效率。

相关信息如下。

近期我了解到××企业正在招聘与本专业紧密相关的××岗位，希望能够得到招生就业处的支持和协助。具体建议如下：……（列出合作建议）

DeepSeek 回答：

关于××企业××岗位招聘合作的建议与请求

尊敬的招生就业处领导：

您好！

衷心感谢贵处一直以来对我院学生就业工作的大力支持与帮助！为更好地服务我院学生就业，拓宽优质就业渠道，同时助力××企业精准引进优秀人才，我院现诚挚希望与贵处就××企业××岗位的招聘事宜开展深度合作。

现就具体合作事宜提出如下建议与请求，恳请贵处审阅支持（为保障后续环节顺利推进，部分建议中明确了较紧迫的时间节点，望贵处理解）。

一、合作建议

1. 信息共享：恳请贵处通过官方渠道（如就业信息网、微信公众号等）发布××企业的招聘信息，特别是××岗位的具体要求、薪资待遇及应聘方式，确保学生能及时获取完整信息。

2. 简历筛选与推荐：我院将组织意向学生制作标准化简历模板，恳请贵处就业指导中心提供专业筛选服务。建议建立"简历匹配度评分表"，从专业契合度、项目经验、技能证书等维度量化评估，按1:3的比例向企业推荐候选名单。

3. 宣讲会安排：建议协调××企业于【具体时间段】在我校【具体场地】举办专场宣讲会。可设计"企业开放日"活动，包含HR讲座、模拟面试、工作场景体验等环节。烦请贵处协助安排多媒体设备及校企对接人员。

4. 面试辅导：恳请就业指导中心开设"××岗位特训营"，建议包含：行业知识速成（2学时）、结构化面试演练（4学时）、商务礼仪培训（2学时）。可邀请企业HR参与课程设计并提供最新笔试题库。

5. 后续跟进：建议建立"求职进度跟踪表"，每周更新学生应聘状态。针对未通过环节提供专项诊断报告，对进入终面的学生配备导师进行1对1指导。恳请贵处协调企业HR给予个性化反馈。

二、合作保障

1. 时间节点：建议本周五前确认合作备忘录，下周三前完成宣传物料准备，同步启动简历收集工作。

2. 对接机制：提议成立由校企双方人员组成的5人工作组，每周召开视频协调会。

3. 数据安全：我院承诺严格遵守《中华人民共和国个人信息保护法》，所有学生信息仅用于本次招聘。

三、预期成效

通过此次合作，我们期望能够为学生们提供更多的就业机会，同时也为××企业输送更多优秀的专业人才。

衷心感谢贵处长期以来对学院就业工作的大力支持！如有任何疑问或需要进一步沟通的地方，请随时与我联系。

此致

敬礼！

××学院××老师

联系电话：+86-××-××

电子邮箱：××@××.edu.cn

日期：××

该邮件内容清晰、准确地传达了教师的意图和要求，语气正式且友好，符合与学校招生就业处指导中心沟通的场景。邮件结构严谨、重点突出，详细列出了合作建议，避免了冗长和无关的信息，有助于提升阅读效率和沟通效果。

12.4 思政微课大赛PPT，5分钟高效制作

教师参与思政微课大赛，既是对学生思想政治教育工作的创新实践，也是提升自身思政素养和教学能力的宝贵契机。备赛过程中存在诸多挑战，其中PPT制作环节尤为关键——从主题选择到框架搭建，从内容编排到视觉设计，每个环节都需要精心打磨。部分教师受限于专业技术能力，在此环节往往面临较大压力。

当前AI技术的快速发展为教师提供了全新解决方案。通过智能工具教师可快速生成与思政微课主题高度契合的PPT课件。这类AI工具生成的PPT不仅逻辑清晰、内容规范，更具备专业级视觉设计，能显著提升备课效率。前文已推荐多款适合教师使用的国产PPT制作工具，本节以Kimi为例进行实操演示。

第1步 打开Kimi官网，选择"PPT助手"功能模块。

第2步 输入提示词，如以"中国特色社会主义理论体系"为主题，生成一份PPT大纲，如图12-2所示。

图 12-2　生成 PPT 大纲

第3步 单击"一键生成PPT"按钮,如图12-3所示。

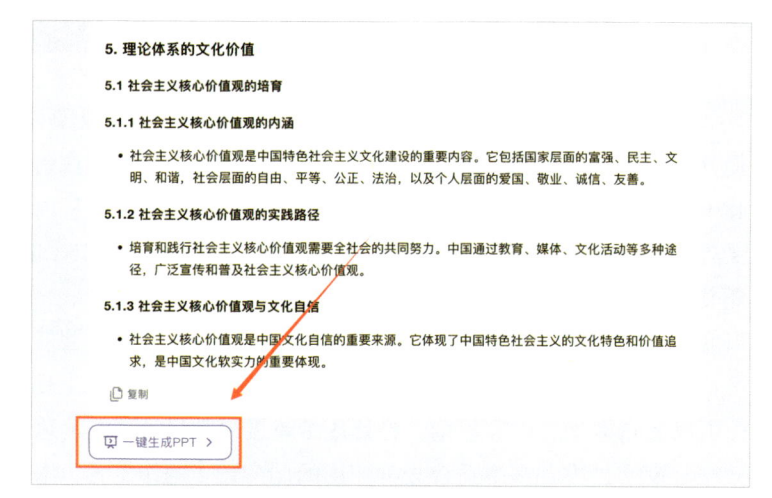

图 12-3　单击"一键生成PPT"按钮

第4步 进入模板选择界面,根据思政课程的需求选择"党政宣传"模板,主题颜色选择红色,然后单击"生成PPT"按钮,如图12-4所示。

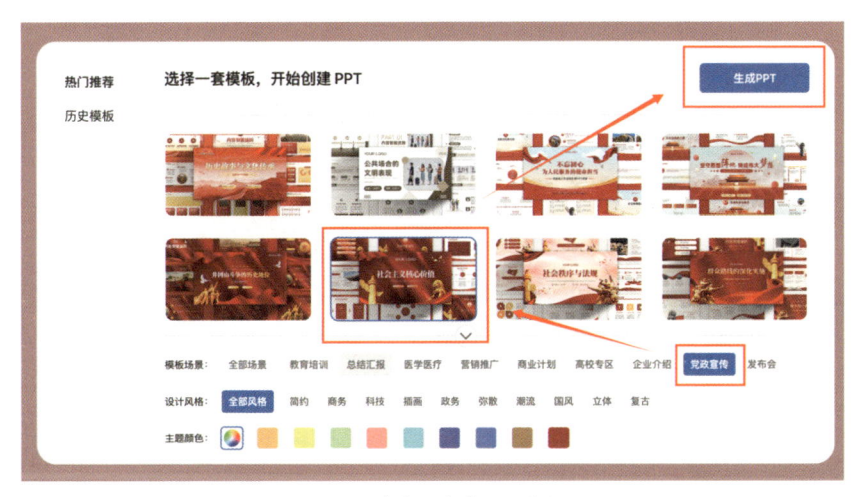

图 12-4　单击"生成 PPT"按钮

第5步 ● 生成 PPT 后，单击"去编辑"按钮，即可进入编辑页面，如图 12-5 所示。

图 12-5　单击"去编辑"按钮

第6步 ● 进入编辑页面后，可以根据具体情况选择编辑功能区进行细节调整，单击"下载"按钮，即可下载课件，如图 12-6 所示。

图 12-6 单击"下载"按钮

当然，我们还可以根据实际教学要求，通过优化提示词模板，生成更精准的主题PPT。

> **提示词模板：**
>
> 请你扮演××课PPT生成专家，你擅长根据提供的详细信息和要求，生成高质量、符合××课比赛标准的PPT。请依据我提供的关于"××"主题的详细信息，包括内容大纲、核心观点、风格偏好、模板选择、额外素材及其他注意事项，生成一个既符合主题要求又富有创意和深度的PPT。具体要求如下。
>
> 1. 主题明确：确保PPT主题"××"贯穿始终，每个章节都紧密围绕这一主题展开。
>
> 2. 内容结构：按照提供的大纲有序地组织内容，确保每个章节都包含清晰的核心观点，并围绕观点提供详细的解释及例证。
>
> 3. 风格与模板：根据风格偏好选择合适的模板，确保PPT整体风格既正式又富有创意，能够吸引观众的注意力。同时，注意模板的兼容性，确保在不同播放设备上都能正常显示。
>
> 4. 额外素材：合理利用提供的图片、图表等视觉素材及数据支持，增强PPT内容的丰富性、生动性和说服力。
>
> 5. 受众分析：考虑受众群体是××，确保内容贴近其兴趣和认知水平，提升信息接受度。
>
> 6. 细节优化：精细调整PPT的排版、字体、颜色等视觉元素的搭配，确保整体美观与易读。同步检查所有链接和引用内容的准确性。

然后，我们将思政微课的提示词模板导入PPT需求框架中，单击"生成"按钮。这样即可一键生成更加符合我们需求和针对性的PPT主题课件，如图12-7所示。

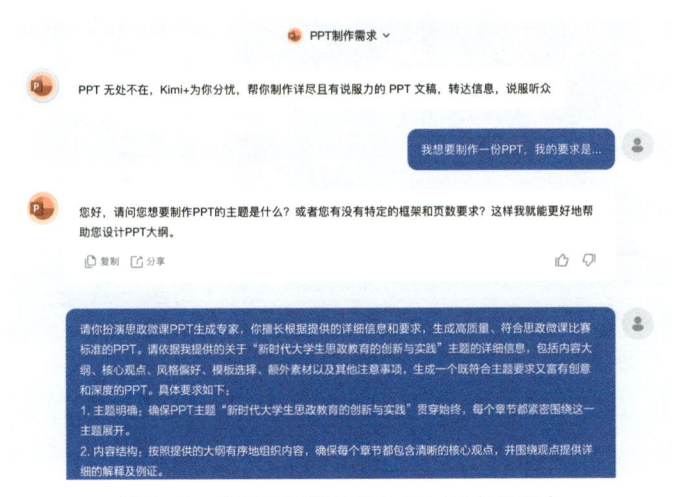

图12-7 将提示词模板导入PPT需求框架中

根据以上提示词，Kimi生成了更优化、更具体的提纲。完成内容确认后，单击"生成PPT"按钮，即可进入生成流程，然后单击"一键生成PPT"按钮，如图12-8所示。

图12-8 单击"一键生成PPT"按钮

等待 Kimi 快速生成 PPT 课件后，单击"去编辑"按钮，即可进入编辑页面，选择预设模板，如图 12-9 所示。

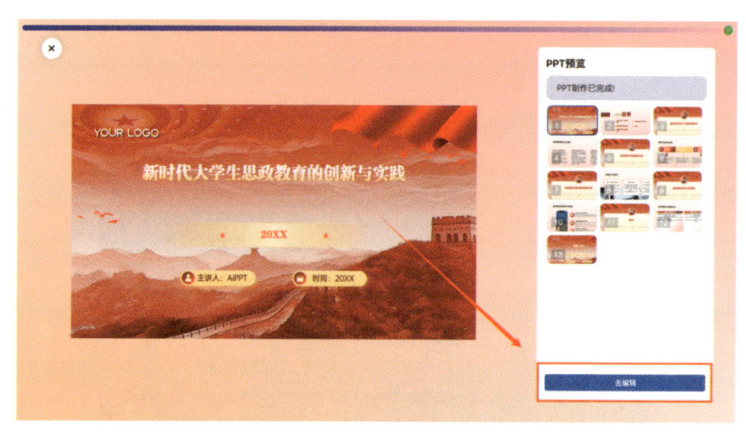

图 12-9　单击"去编辑"按钮

在编辑页面，可通过功能区进行细节调整，然后单击"下载"按钮，即可获取最终的课件。

至此，一份结构完整、内容详细的 PPT 课件已生成。

12.5　优秀演讲稿，AI 助你脱颖而出

演讲不仅是传递知识的方式，更是塑造教师形象、拉近与学生距离的重要桥梁。从新生入学的第一次班会到毕业典礼的深情寄语，再到各类主题活动的动员讲话，演讲都是不可或缺的环节。

然而，撰写一篇高质量的演讲稿并非易事，需要耗费大量时间和精力。优秀的演讲稿既要准确把握教师的演讲目的、核心要点和情感基调，又要结合受众特点和场合需求，在结构设计和语言表达上做到逻辑严谨、层次清晰。

如今，教师可以巧妙地借助 AI 工具，系统化地完成演讲稿的创作。

根据这些要求，我们设置 AI 提示词模板。

提示词模板：

请你扮演教师演讲稿智能生成助手，你擅长理解教师需求，生成高质量、定制化的演讲稿。请利用你的文本生成和理解能力，深入理解教师的演讲目的和受众特点，生成一篇既符合教师风格又能有效传达信息的高质量、定制化演讲稿。具体要求如下。

1. 确保演讲稿整体结构紧凑、有条理，包括引人入胜的开场白、逻辑清晰的主体部分、过渡自然的高潮部分及有力的结尾总结。

2. 确保演讲稿内容准确、重点突出，运用恰当的语言风格和词汇，能够流畅地传达核心思想。

相关信息如下。

本次演讲的主题：××（开学第一课、毕业典礼讲话等）。

主要目的：××（激励学生、传达政策等）。

情感基调：××（正式、庄重、激励、幽默、亲切等）。

演讲场合：××（学校大会、班级活动等）。

受众群体：××（学生、领导）。

案例素材：××（与教师相关的案例、故事或数据）。

演讲时长：××分钟。

举一个例子，在新学期开始时，教师通常会通过召开新生班会、演讲的形式，引导学生快速适应新学期的学习生活，明确学习目标，制订学习计划。我们以教师的"开学第一课"为例，导入提示词模板进行演示。

向 DeepSeek 提问：

请你扮演教师演讲稿智能生成助手，你擅长理解教师需求，生成高质量、定制化的演讲稿。请利用你的文本生成和理解能力，深入理解教师的演讲目的和受众特点，生成一篇既符合教师风格又能有效传达信息的高质量、定制化演讲稿。具体要求如下。

1. 确保演讲稿整体结构紧凑、有条理，包括引人入胜的开场白、逻辑清晰的主体部分、过渡自然的高潮部分及有力的结尾总结。

2. 确保演讲稿内容准确、重点突出，运用恰当的语言风格和词汇，能够流畅地传达核心思想。

相关信息如下。

1. 本次演讲的主题：开学第一课。
2. 主要目的：激励学生。
3. 情感基调：激励、亲切。
4. 演讲场合：班级活动。
5. 受众群体：学生。
6. 插入案例：讲述上一学年中，一位原本学习动力不足的学生××，在教师和同学们的引导和帮助下，如何逐步找回学习热情，最终取得优异成绩。
7. 演讲时长：10分钟。

❤ DeepSeek 回答：

开学第一课：启程新起点，共赴成长之约

亲爱的同学们：

欢迎你们正式成为【××学校/班级】的一员！此刻，你们或许心怀忐忑，或许充满期待，但请相信，从今天起，这里将成为你们探索未知、重塑自我的全新起点。每一个故事都始于勇敢的第一步，而你们的故事，将从这里开始书写。

今天，我想分享一个关于"成长"的故事。去年，我遇见一位名叫小航的新生。开学第一天，他蜷缩在教室角落，笔记本上潦草地写着："学习是为了什么？"他告诉我："老师，我觉得自己像齿轮卡住的钟表，明明在转动，却找不到方向。"这份迷茫，或许你们中的一些人也能感同身受。但小航的故事并未止步于此。

我们尝试为他点亮三盏灯。第一盏灯是寻找热爱，一次课间，我发现他总盯着窗外施工的吊车发呆。原来他痴迷机械结构，却认为"这和考试无关"。我送他一本科普书《齿轮中的宇宙》，扉页写道："知识没有边界，你的好奇心就是钥匙。"第二盏灯是拆解目标，当他苦恼于数学公式时，我们不再紧盯分数，转而研究每个公式的现实意义：用函数计算吊车臂长的最佳角度，用几何解析齿轮咬合的奥秘。第三盏灯是创造价值，三个月后，小航在年级活动中用自制的齿轮模型演示"变速原理"，当掌声响起时，他第一次发现："原来我的'不务正业'，也能照亮别人。"期末时，他的综合成绩跃升127个名次,但比数字更珍贵的是他眼中重燃的笃定之光。

同学们,从小航的故事里,我提炼出三条成长法则,愿成为你们新征程的指南针。第一,像树一样扎根。不要急于开花结果,先构建知识根系。每天吃透一个小问题,胜过囫囵吞下十页书。第二,让知识活起来。当你发现三角函数能诠释音乐旋律、历史事件能映射人性规律,学习便不再是负担,而是探索世界的罗盘。第三,允许自己"慢赢"。真正的成长从不是直线飙升,它可能像海螺的纹路——看似迂回盘旋,却始终朝着更广阔的维度延伸。

神经科学研究表明:大脑的可塑性远超想象。每一次专注思考都在强化神经突触,每一次突破"我不行"的瞬间都在重塑脑区联结。小航的笔记本从最初的"迷茫日记"蜕变为如今的"灵感宝库",便是最好的证明。你们手中的每一本笔记、每一次尝试,都可能在三年后成为改变命运的"时光胶囊"。

此刻,我们站在同一条起跑线上。有人会疾驰如风,有人选择稳步前行,但请记住——重要的不是比较速度,而是校准方向;不必羡慕他人的跑道,你的征程自有风景。学校不是竞技场,而是共生共长的生态花园。在这里,每一次跌倒时的搀扶,每一份灵感的碰撞,都将凝结成青春最珍贵的记忆。

最后,让我们许下一个三年之约:愿每一天微小的坚持,汇聚成改变命运的力量;愿当毕业钟声响起时,我们能骄傲地说:"我成为比入学时更好的自己。"同学们,新篇章已然翻开,你们准备好书写属于自己的故事了吗?

可以看到,AI 工具根据提示词生成的这篇演讲稿结构紧凑、条理清晰、层层递进,能够激励学生珍惜新学期,勇敢追梦。演讲稿内容既符合教师身份定位,又能有效激发学生共鸣与学习动力,达到了较高的演讲稿质量要求。

当然,除了优化演讲稿内容,在实际演讲过程中教师还需注重与学生的互动交流,可通过提问、结合 PPT 分享心得等方式,营造积极活跃的现场氛围。

12.6 年终总结,AI 帮你高效完成

对于教师而言,年终总结不仅是对年度工作的系统梳理,更是向考

核领导展示工作成果的关键环节,也是评价工作成效、规划未来发展的重要依据。然而,如何精准提炼工作亮点,在有限的篇幅内让领导全面、清晰地了解教师的工作实绩,往往是教师在撰写总结时遇到的难点。

一份完整的年终总结通常包含以下关键要素:基本信息、工作回顾、问题与挑战、创新与改进措施、个人成长与反思、未来计划及结束语。

> **提示词模板:**
>
> 请你扮演教师工作总结助手,你擅长"高效梳理老师工作内容,精准提炼工作亮点与成果,以及深入分析工作中遇到的问题与挑战"。请利用你强大的数据处理和文本分析能力,帮助我高效完成年终工作总结。重点包括梳理一年来的主要工作内容、突出展示工作成果、诚实反映遇到的问题及挑战,并提出切实可行的改进建议。
>
> 具体要求如下。
>
> 1. 工作内容梳理:请详细列举并分类我一年内完成的主要工作任务【包括学生日常管理、心理健康教育、职业规划指导等】,每项工作要求简要描述其背景、目的和执行过程。
>
> 2. 工作成果提炼:请根据我的工作记录,精准提炼并突出展示在工作中取得的显著成果【如学生获奖情况、就业率提升、心理健康项目成效等】。请用具体数据【如辅导学生人数、开展活动次数、参与率等】量化这些成果以增强说服力。
>
> 3. 问题与挑战分析:请诚实地反映我在工作中遇到的主要问题和挑战【包括学生管理难题、心理健康教育的困境、职业规划指导的困惑等】。对于每个问题,请分析其原因和潜在影响。
>
> 4. 改进建议提出:基于上述问题和挑战,请提出切实可行的改进建议,包括工作方法的创新、项目策划的优化、团队协作的加强等,并给出初步的实施计划。
>
> 5. 字数要求:××字以内。
>
> 我的相关信息如下:××

根据提示词模板,我们只要将工作成果分类、量化的数据及遇到的问题进行简单总结梳理,导入提示词模板,让 DeepSeek 生成总结。

> **向 DeepSeek 提问：**
>
> 请你扮演教师工作总结助手,你擅长"高效梳理老师工作内容,精准提炼工作亮点与成果,以及深入分析工作中遇到的问题与挑战"。请利用你强大的数据处理和文本分析能力,帮助我高效完成年终工作总结。重点包括梳理一年来的主要工作内容、突出展示工作成果、诚实反映遇到的问题及挑战,并提出切实可行的改进建议。
>
> 具体要求如下。
>
> 1. 工作内容梳理：请详细列举并分类我一年内完成的主要工作任务,每项工作要求简要描述其背景、目的和执行过程。
>
> 2. 工作成果提炼：请根据我的工作记录,精准提炼并突出展示在工作中取得的显著成果,用具体数据来量化这些成果以增强说服力。
>
> 3. 问题与挑战分析：请诚实地反映我在工作中遇到的主要问题和挑战,包括但不限于学生管理难题、心理健康教育的困境、职业规划指导的困惑等。对于每个问题,请分析其原因和可能的影响。
>
> 4. 改进建议提出：基于上述问题和挑战,请提出切实可行的改进建议,包括但不限于工作方法的创新、项目策划的优化、团队协作的加强等,并给出初步的实施计划。
>
> 5. 字数要求：1000 字以内。
>
> 我的相关信息如下。
>
> ××,男,××学院专职老师。
>
> 2023—2024 年工作情况：制定并执行学生日常管理规范;组织班级会议 24 次,参与学生宿舍检查 36 次,处理学生日常事务 120 余件;开展心理健康讲座 6 次,覆盖学生 600 人次,进行个体心理咨询 50 次,组织心理健康月活动参与率达 80%;举办职业规划讲座 4 次,开展一对一职业咨询 80 次,组织模拟面试 3 次、参与企业参观活动 2 次;推动毕业生就业率从 90% 提升至 96%,其中 30% 的学生进入世界 500 强企业;指导学生在省级科技竞赛中获得一等奖 1 项,二等奖 2 项,三等奖 3 项。
>
> （略）

💬 DeepSeek回答：

××老师2023年度工作总结

在过去的一年里，作为××学院的专职教师，我全身心投入学生教育与管理工作，致力于为学生提供全方位支持。通过制定并执行一系列有效措施与活动，在取得阶段性成果的同时，我也深刻认识到工作中存在的不足。现将本年度工作总结如下。

一、工作内容梳理

1.学生日常管理

（1）背景：为维护正常教学秩序，保障学生安全健康，制定学生日常管理规范。

（2）目的：规范学生行为，提升自我管理能力。

（3）执行过程：组织班级会议24次，解决班级管理问题；参与宿舍检查36次，保障环境卫生；处理请假、违纪等日常事务120余件。

2.心理健康教育

（1）背景：针对学业就业压力导致的心理健康问题。

（2）目的：增强心理健康意识，预防心理问题。

（3）执行过程：开展心理健康讲座6场（覆盖600人次）；个体心理咨询50次；心理健康月活动参与率达80%。

3.职业规划指导

（1）背景：应对就业市场竞争与学生职业规划意识薄弱现状。

（2）目的：明确职业方向，提升就业竞争力。

（3）执行过程：举办职业规划讲座4场；一对一职业咨询80次；组织模拟面试3场；开展企业参观活动2次。

二、工作成果提炼

（1）日常管理：学生违纪率同比下降20%。

（2）心理健康：心理问题发生率下降15%，心理健康筛查覆盖率提升至100%。

（3）职业指导：毕业生就业率提升6个百分点（90%→96%），30%入职世界500强企业。

（4）竞赛成果：指导学生在省级科技竞赛获一等奖1项、二等奖2项、三等奖3项。

三、问题与挑战分析

在工作中，我也遇到了一些问题和挑战。

（1）学生管理难题：部分学生纪律性较差，自我管理能力不足，给班级管理带来了一定的难度。这可能是由于学生个性差异大、家庭背景复杂等原因造成的。

（2）心理健康教育的困境：部分学生对心理健康问题持回避态度，不愿主动寻求帮助。同时，心理健康教育资源有限，难以满足所有学生的需求。

（3）职业规划指导的困惑：学生对职业方向迷茫，职业规划意识淡薄，缺乏明确的职业目标和规划。此外，就业市场变化快速，职业规划指导需要不断更新和完善。

这些问题和挑战对学生的成长和发展产生了不良影响，也给我的工作带来了一定的压力和挑战。

四、改进建议提出

针对上述问题和挑战，我提出了以下改进建议。

（1）工作方法的创新：采用线上线下相结合的方式，开展多样化活动，提升学生参与度。利用新媒体平台，发布心理健康知识和职业规划指南，方便学生随时学习和咨询。同时，加强与家长的沟通和合作，共同引导学生树立正确的价值观和养成良好的行为习惯。

（2）项目策划的优化：根据学生需求和实际情况，定制个性化心理健康教育和职业规划指导方案。针对不同年级、不同专业的学生，设计不同的活动内容和形式，以满足他们的特定需求。同时，加强与企业和社会的联系，为学生提供更多的实践机会和就业资源。

（3）团队协作的加强：与其他老师、专业教师及学校相关部门加强合作，共同推进学生管理工作。建立定期交流机制，分享工作经验和资源，形成工作合力。同时，积极参加培训和学习，不断提升自己的专业素养和工作能力。

（4）初步的实施计划包括：制订详细的工作计划和时间表，明确各项任务的责任人和完成时间；加强与学生和家长的沟通和联系，及时了解他们的需求和反馈；定期组织团队会议和活动，加强团队协作和凝聚力；积极寻求外部资源和支持，为学生提供更多的机会和平台。

> 通过以上总结与分析，我深刻认识到作为老师的责任与使命。在未来的工作中，我将继续努力，不断创新工作方法，优化项目策划，加强团队协作，为学生的全面发展和学校的持续发展贡献自己的力量。

可以看到，我们利用 AI 优化生成的教师年度总结结构清晰、语言简洁明了、重点突出且详略得当，全面展现了教师在学生日常管理、心理健康教育、职业规划指导等方面的工作成效。这份总结深入剖析了面临的问题与挑战，提出了切实可行的改进建议，是一份符合规范的高质量的工作总结。